교육, 문해, 그리고 인간화

전작으로 보는 파울루 프레이리의 삶과 사상

교육, 문해, 그리고 인간화

전작으로 보는 파울루 프레이리의 삶과 사상

일러두기

각 장(chapter) 끝의 주석은 원서의 주석이고, 본문의 각주는 옮긴이의 주석이다.

|목차|

옮긴이의 말

더 나은 삶과 세상을 향해 나아가는 교육

이 책은 피터 로버츠(Peter Roberts)의 《Education, Literacy, and Humanization》을 옮긴 것이다. 로버츠는 프레이리의 사상과 철학 및 교육론을 '맥락적으로, 전체론적으로, 그리고 비판적'으로 읽으며 논의하고 있다. 또한 로버츠는 프레이리 사상의 기원과 성장 과정을 다른 비판적 관점을 통해 설명하고 있다. 로버츠의 비판적 고찰을 통해 우리는 프레이리의 모더니즘과 포스트모더니즘이 만나는 지점에 대해 좀 더 명확히 이해할 수 있다. 특히 로버츠는 프레이리를 비판하는 여러 학자의 주장을 분석하면서 프레이리 사상의 여러 측면을 새롭게 이해할 기회를 제공하고 있다. 독자들도 이 책을 통해 프레이리를 '맥락적이고, 전체론적이며, 비판적'으로 읽는 경험을 할 수 있을 것이다.

프레이리를 번역하는 일은 프레이리의 사상과 철학 및 그의 삶을 지금 여기에 되살리는 일이라고 믿는다. 이 일이 프레이리의 삶을 온전하게 드러낼 수 있는 과업이라고 생각하지 않는다. 그런데도 우리는 여전히 프레이리의 사상과 삶을 우리말로 옮기고 있다. 이는 더 나은 삶에 대한 이상적 전범이 프레이리의 삶과 사상에 내재하고 있다는 믿기 때문이다. 따라서 우리는 프레이리를 토대로 지금보다 더 나은 삶과 더 나은 세상에 대한 희망을 찾아가는 교육론을 탐구하는 일을 지속할 것이다. 이러한 희망은 교육과 사회적 삶, 그리고 세계에 대한 윤리적 책무로 이어진다. 프레이리의 말처럼, '보다 덜 사악하고, 보다 덜 권위주의적이며, 보다 더 민주적이고, 보다 더 인간적인 세상'을 만들어가는 윤리적 책무가 인간 존재의 본질임을 확인한다. 요컨대 프레이리를 번역하는 일은 더 나은 삶을 지향하는 인간의 존재론적인 본질을 추구하는 일과 맞닿아 있다. 그렇기에 프레이리를 옮기는 일은 고통스러운 희망이다.

프레이리를 읽기 위해서 그의 사상을 구성하는 주요 개념을 이해할 필요가 있다. 프레이리의 교육론(사상, 철학, 세계관, 인간관)에서 논의되는 주요 개념은 '인간화', '의식화', '희망', '대화', '윤리적 책무' 등이다. 이 개념들은 모두 '인간과 세계에 대한 사랑'으로 통합된다. 이들은 프레이리가 사변적 차원에서 논의한 것이 아니라 교육 실천의 구체적인 삶의 현장에서 구성한 개념이다. 프레이리에게 '겸손'은 매우 중요한 의미가 있는 삶의 습관이다. 나와 너를 함께 성장시키는 삶의 방식(습관)이 바로 '겸손'이다. 프레이리는 일생을 '겸손'이라는 삶의 태세를 견지하며 끊임없이 성장하는 삶을 살았다.

북미의 보수 지식인들은 프레이리의 사상이 '난해하며 잘난 체하는 것'이라고 비판했다. 그러나 전문적 지식을 갖추었지만 자기 이익만 중요시하고 인간으로서의 '도리'에 무관심한 이들이 프레이리를 이해하기는 불가능할 것이다. 프레이리는 역사적 주체로서 세계에 대한 지식과 인식의 과정을 일관되게 유지하면서도 삶의 후반기에 보다 자기비판적이고 정치적으로 변한다. 인식론적 발전을 거듭하면서 급진적인 휴머니즘의 가치를 주장한다. 우리가 프레이리의 사상이 전개되는 과정을 더 잘 이해하기 위해서는 프레이리의 실존적 맥락을 형성하는 다양한 사회적 권력관계에 대해 이해하고 있어야 한다.

현장의 교사들이 프레이리의 사상을 이해하고 실천하는 것은 쉬운 일이 아니다. 그의 대화교육을 하나의 교육방법으로 인식하면서 프레이리의 교육론을 실현하고자 하는 것은 불가능하기 때문이다. 대화교육은 하나의 방법론이 아니라 교육목적과 내용, 방법이 통합된 교육론으로 이해해야 한다. 프레이리에게는 세계를 더욱 비판적으로 읽어내고 보다 나은 세상으로 만들어가는 과정이 곧 교육자의 삶의 존재 방식이다. 교원연수에서 어떤 교사는 '내일 당장 교실에서 써먹을 수 있는 구체적이고 확실한 교육방법'을 요구한다. 교육철학이나 교육의 이상적인 담론에 관한 논의를 하는 연수에 대해서는 상당한 거부감을 보이는 교사도 있다. 이를 어떻게 해석해야 하는가? 교육은 목적과 내용, 방법 및 평가가 따로 분리되어 논의될 수 없다. 교육의 목적과 따로 분리된 교육방법은 있을 수 없다. 교육의 방법은 교육목적과 내용에서 나오며, 교육목적이 배제된 교육방법에서 교육적 가치와 의미를 찾기는 어려울 것이다. 교육을 논할 때 '그것은 너무 이상적이다. 현실과 맞지 않는다'라는 논리를 펴는 사람들을 자주 만날 수 있다. 이 말은 우리 현실이 이상적인 삶의 형식과 너무 동떨어져 있다는 것을 방증하는 것은 아닌가?

프레이리를 읽으면서 우리는 교육이란 지식을 전달하는 과정일 수 없다는 것을 깨닫는다. 지식은 전달될 수 있는 것이 아니라 탐구를 통해 획득하는 정신의 세계이다. 이러한 지식은 우리가 더 나은 방향을 찾아 움직이게 만든다. 더 나은 삶과 세상을 향해 나아가는 과정이 곧 교육이다. 프레이리의 교육론은 대화교육론으로 이해할 수 있다. 대화교육은 직접적으로 가르치지 않으면서도 결과적으로 가르침과 배움이 동시에 일어나는 교육을 지향한다. 가르치는 자와 배우는 자가 따로 존재하기보다는 가르치면서 배우고, 배우면서 가르치는 자가 함께 세계와 인간을 탐구하는 과정이 곧 대화교육이라 할 수 있다. 대화교육은 문제제기식 교육으로 구체화하며 비판적 의식을 고양하는 중요한 방법이다. 대화교육은 사회정의 윤리적 계획을 실현할 수 있는 것이다. 인간은 변화의 주체자이며, 지식을 구성하는 존재이다. 교육은 곧 대화이며, 대화는 인식론적 차원에서 이루어진다. 프레이리는 교육을 정치·철학·교육의 실천 과정으로 설명한다. 그의 교육론을 방법론 안에 가두어 이해하고 실천하는 방식은 그의 교육사상(실천)과 맞지 않는다. 교육은 중립을 견지하는 삶의 방식이 아니다. 프레이리에 의하면 교육은 정치다. 교육이 정치인 것은 인간이 윤리적 책무를 가진 존재이기 때문이다. 윤리적 존재이기에 우리는 교육을 지식을 전달하는 행위로 제한할 수 없다.

우리에게 프레이리는 어떤 의미인가? 안을 수 없는 벅참을 받아들이고픈 아픔이었을까. 지금도 놓지 못하는 애달픔이었을까. 우리가 우리일 수 있을까, 가능한 꿈이라고 믿는 우리가 어리석은 것인가. 프레이리를 통해 본 세상은 꿈이었고 비참함이었다. 우리는 그 둘이 동시에 가능한 세상을 살며 살아야 한다. 우리가 보고자 했던 세상을 그가 먼저 보았고, 우리가 살고자 했던 세상을 그가 먼저 살아갔다. 우리가 꿈꾸고 바라는 세상을 그는 이미 먼저 걸어갔다. 이제 우리는 그를 넘어설 그 무언가를 지금 여기에서 찾아야 한다. 아니 그와는 다른 우리 자신의 삶을 찾아야 한다. 그의 교육사상을 지금 여기의 우리 교육 현실에서 어떻게 이해하고 실천해야 할지에 대한 답을 찾기 위해 우리는 길을 나서야 한다.

배우지 않고도 아는 앎이 있다고 믿는다. 그 앎이 우리의 본성 그 깊은 곳에서 나오지 않을 수도 있으리라. 말로서 말을 이해하지 못하는 만남 속에서도 우리는 삶을 꿈꾼다. 이해하지 못한다고 해서 우리는 남이 아니다. 마주할 수 있는 만남을 단지 미루었을 뿐. 내가 너를 이해하지 못하는 것은 오로지 나의 한계라는 것을 이제야 깨닫는다. 그런데도 너를 안을 수 있을 것이라는 희망을 포기하지 않는다. 우리가 공부하는 이유 중의 하나는 바로 이것 때문이리라.

이 책은 프레이리의 철학, 사상, 그리고 교육론을 보다 비판적으로 바라볼 수 있는 관점을 제공하고 있다. 프레이리를 좋아하든 그렇지 않든, 잘 이해하고 있다고 생각하는 사람이나 어려워하는 사람 모두가 보다 '맥락적이고, 전체론적이며, 비판적으로' 프레이리의 사상을 이해할 기회를 얻게 될 것이다. 다양한 독자층을 기대할 수 없는 현실 상황에서도 기꺼이 이 책을 출판해준 빈빈책방의 박유상 대표께 감사드리며, 이 땅에 프레이리의 교육론을 새롭게 되실리는 교육자들이 많아지기를 기대한다.

지역문화연구 사람대사람

시리즈 서문

　교육 개혁이 어려운 시기를 맞이하고 있다. 학교교육은 근본적으로 시민의 의무와 관련되어 있다. 시민의 리더십과 공적인 책무를 다하도록 가르쳐야 한다는 학교교육의 전통적 가정은 서서히 무너지고 있다. 이제 학교는, 시민성에 대한 요구를 시장과 상업 영역의 변화에 종속시키고 전문적·기술적으로 훈련된, 자격을 갖춘 노동자를 생산하는 핵심 기관이 되었다. 기업과 우익의 공교육과 고등교육에 대한 공격, 그리고 새로운 사회 다원주의에 의한 도덕적·정치적 분위기의 변화는 교육이 열망하는 민주적 의미, 목적, 효용의 문제를 더욱 직업적이며, 협소한 이데올로기적인 문제들로 대체했다.

　진정한 민주주의의 가르침을 고집하는 교육의 가능성에 대한 전쟁이 단지 이데올로기적인 것이라고 볼 수는 없다. 공립 학교에 대한 재정 감축, 민영화 요구, 바우처, 문화적 획일성, 그리고 선택권 등의 배경에는 물질적 힘과 억압이라는 더 큰 사회적 현실이 있다는 것이 종종 무시된다. 국가적 차원에서는 인종차별이 부활하고 있다. 이것은 캘리

포니아주의 조례 187호와 같은 반이민법 통과, 복지국가의 해체, 대중매체에서 일어나고 있는 흑인 청년의 악마화, 흑인이 지적으로 열등하다는 미디어의 주장에 대한 주목, 인종적 정의에 대한 요구를 1960년대 '도덕적으로 파산한' 유산으로 치부하면서 일축해버린 것에서 명백히 드러나고 있다.

미국에서 아동의 빈곤 문제가 부상하고 있다. 18세 이하 아동의 20%가 빈곤선 아래에 있다. 특히 대도심의 가난한 유색 청년 실업률은 놀라울 정도로 증가하고 있다. 흑인 청년이 공립 학교 안팎에서 감시받고 징계받는 동안 보수와 진보 가릴 것 없이 교육자들은 민영화, 국가 표준과 글로벌 경쟁력이라는 윤리적으로 절름발이인 담론을 통해 교육을 규정하고자 한다.

한편 비판적 교육의 전통을 따르는 많은 저술가는 미국과 다른 여러 나라의 교육과 사회개혁의 배후에 있는 우파 근본주의에 도전하는 동시에 예언적이고 변혁적인 교육과 민주주의에 대한 공적 담론을 위한 윤리적 이정표를 제공하고 있다. 많은 비판적 이론가와 교육자는 전통적 범주를 피하면서, 고질적인 냉소와 절망의 시선이 담긴 학교교육과 시민 생활에 관한 담론에 함의된 정치적이고 윤리적인 의미를 폭로하는 데 성공했다. 그들은 또한 학교교육에 대한 투쟁이 현 사회와 문화의 위험을 이해하고 변혁하는 것과 밀접하게 관련되어 있다는 희망의 언어를 제공하고자 고군분투하고 있다.

문화연구자와 비판 교육자는 과도한 일반화의 위험이 있음에도 이론의 이해가 중요하다는 것을 강조한다. 이론에 대한 이해는, "맥락과 권력에 개입하고…. 사람들이 그들의 상황을 더 나은 것으로 바꿀 수 있는 방식으로 전략적으로 행동할 수 있도록" 하는 기반이 되기 때문이다.[1] 더구나 두 분야 이론가들은 대중의 문화 저항은 일종의 정치적 저항의 형태로, 그것이 아무리 덧없다 할지라도, 비판적 대중 공간에 대한 요구와 투쟁은 정치적으로 우선되어야 한다는 주장을 해왔다.[2] 이들은, 교사들이 교육의 새로운 임무를 재정립할 때 부딪히는 문제들이 무엇인가를 분석해냈다. 이 새로운 교육의 임무는, 민주주의 유산에 도전하고 참여하는 여러 내러티브를 표현하는 다양한 역사 및 언어의 경험, 관심사 등을 존중하는 것과 관련이 있다.

또한 최근의 비판적 교육학 연구 중에서 차이의 정치학(politics of difference)은 역시 동일한 중요성을 가지는데, 그것은 다문화·다인종·다중언어 학교에서 학교교육과 경제, 그리고 시민성과 의미의 정치학 간의 중대한 관계를 나타내는 구체적인 전략과 관련되어 있다.

'교육과 문화에 관한 비판적 연구(Critical Studies in Education and Culture)' 시리즈는 문화학과 비판적 교육학 분야에서 학자들이, 비판적이지만 냉소적인 것을 거부하는 이론적으로 엄격한 담론에 기반하고, 교육과 정치 관행의 중심으로서 희망을 확립하면서 낭만적인 유토피아주의를 피하는, 근본적인 프로젝트와 실천에 어떻게 함께 참여할 수 있는지를 보여주고자 한다. 이 프로젝트의 핵심은 교육학이 문화학 이론가와 교육자들에게, 한편으로 횐문의 구분을 뛰어넘고, 법을 초월하며, 대립적이면서, 또 한편으로는 인종적·경제적·정치적 민주주의를 증진하기 위해 기획된 더 큰 프로젝트와 연계된 교육적 관행에 참여할 기회를 제공하는 데 있다.[3] 우리는 문화와 권력 간의 관계를 진지하게 받아들임으로써, 저항·투쟁·도전의 가능성을 더 확장할 것이다.

'교육과 문화에 관한 비판적 연구'는 맥락적이고 구체적인 것을 지지하는 내러티브 공간인 동시에 권력의 문제로 가득 찬 그러한 공간으로 인식되는 내러티브 공간을 여는 출판에 전념하고자 한다. 이 시리즈는 사회적 책임, 시민의 용기, 그리고 민주적인 공적 생활의 재건이라는 보다 큰 맥락 안에서 교육을 이해하고 논의하는 문화학의 이론적 연구의 중요한 유산을 계승하고자 한다. 우리는 "가장 깊은 충동(문화 정치학을 활기차게 하는)은 배움을 사회변화 과정의 일부로 만들려는 열망이다"라는 레이먼드 윌리엄스(Raymond Williams)의 통찰을 마음 깊이 새겨야 한다.[4] 문화적 교육 실천으로서 교육은 다양한 수많은 곳에서 행해진다. 여기에는 학교와 대학뿐만 아니라 대중매체, 대중문화, 그리고 기타 공공 영역, 다양한 맥락에서의 신호방식이 있다. 교육은 우리를 권력관계의 주체로 만들기도 하는 한편, 권력관계에 종속시키기도 한다.

이 시리즈는 교육 이론가, 입법자, 정책 분석가가 명백하게 시장가치를 우선하는 방향으로 복귀함과 동시에 정치적으로 후퇴하는 문제들에 이의를 제기한다. 점점 더 많은 수의 학자가 공교육과 고등교육을 비판적 공공 영역으로 인정하기를 거부하며, 학교교육의 직업교육화와 지적 노동력의 지속적인 제거, 가난한 노동자와 고령자, 약한 여성과 아동에 대한 공격에 대해 거의 혹은 아무런 저항을 하지 않고 있다. 이 어려운 시기, 직업의 재합법화는 오늘의 명령인 듯하다.[5]

'교육과 문화에서 비판적 연구'는 정치, 문화, 그리고 권력의 중심성을 강조하면서, 비판적 지식, 민주적 가치, 그리고 사회적 관행을 우리가 어떻게 이해할 것인가와 관련되는 교육적 문제들을 풍부한 상상력과 변혁적인 방식으로 다룰 것이다. 그리고 이 시리즈물은 헌신적이고 공적 지식인으로서의 교사, 학생, 그리고 다른 문화 노동자의 역할을 다시 정의하는 데 기초를 제공할 수 있다. 각 권은 다인종, 다문화 사회에서 매력적이고 심화된 민주적 학교교육의 가능성을 위한 더 큰 프로젝트의 일환으로 언어와 경험, 교육과 인간행위, 윤리와 사회적 책임 간의 관계를 재고할 것이다. '교육과 문화에서 비판적 연구'는 공립 교육과 시민 생활의 가장 절박한 문제를 목도하고 언급할 책임이 있다. 그리고 결실 있는 사회변화를 위한 결정적인 현장으로, 전략적 영향력으로 문화와 관련을 맺을 것이다.

헨리 지루(Henry A. Giroux)

주

1. Lawrence Grossberg, "문화학 현황의 계보에 대하여(Toward a Genealogy of the State of Cultural Studies)" in Cary Nelson and Dilip Parameshwar Gaonkar eds., 《문화학에서 규율과 반대(Disciplinarity and Dissent in Cultural Studies)》(New York: Routledge, 1996), p. 143.

2. David Bailey and Stuart Hall, "대체의 혼란(The Vertigo of Diisplacement", Ten 8 2:3(1992), p. 19.

3. 나의 학제간 개념(noton of transdisciplinary)은 Mas'ud Zavarzadeh와 Donald Morton 의 "이론 교육 정치학에서 인문학에서 주체의 위기: 변화를 위한 텍스트들(The Crisis of the 'Subject' in the Humanities", in Theory Pedagogy Politics: Texts for Change, Mas'ud Zavarzadeh와 Donald Morton eds. (Urbana: University of Illinois Press, 1992), p. 10에서 가져온 것이다. 여기서 문제는 학문에 기초한 지식의 경계를 무시하거나 단순히 다른 학문을 융합한 것도 아니다. 그러나 기존의 학문의 정돈된 경계 안에서 취할 수 없는 이론적 패러다임, 문제, 그리고 지식을 창조하는 것이다.

4. Raymond Williams, "성인 교육과 사회 변화(Adult Education and Social Change)", 《내 가 말하고자 한 것(What I come to say)》(London: Hutchinson-Radus, 1989), p. 158

5. '직업적 재합법화(professional relegitimation)' 용어는 이스트 캐롤라이나 대학교(East Carolina University)의 제프 윌리엄스(Jeff Williams) 교수와의 개인적 서신에서 가져온 것이다.

감사의 말씀

이 책은 저명한 브라질의 교육학자인 파울루 프레이리의 철학과 교육학을 소개하고자 쓴 것이다. 1980년대 초, 처음 프레이리의 저술을 접했다. 그리고 거의 20년 동안 그의 저술을 계속 살펴보았다. 비록 프레이리를, 제자를 거느린 교육 권위자로 흔히들 여기거나, 혹은 추종자를 지닌 문화적·정치적 영웅으로 여겼지만, 나는 그를 다른 사람들이 탐구하고 싶어 하는 길을 연 한 사람의 교사, 저술가, 그리고 활동가로 보고 싶다. 이런 관점에서 볼 때, 프레이리는 사람들이 조심스럽지만, 항상 유쾌하지는 않을 자신의 지적인 여행을 함께할 사상가가 된다. 프레이리가 우리에게 상기시키곤 했듯이, 이런 여행은 종종 필요하며, 결코 혼자서는 해낼 수 없다.

나는 아래에 말하는 사람들의 특별한 도움에 감사드린다. 또한 여기서 거명하지 않은 많은 사람에게 빚을 지고 있다. 나는 타인들에게 그의 저술을 비판적으로 말하도록 격려해주고 그의 행동과 말을 통해, 지금도 계속되고 있는 토론과 논의의 가치가 있는 유산을 만들어준 데대해 프레이리에게 감사를 드린다. 콜린 랭커셔(Colin Lankshear)는 프레이리안(Freirean) 사상에 대한 나의 초기 연구를 격려해주었고, 내가 아는 그 누구보다도 일관되게 정치적 헌신과 학문적 엄격성과 철학적 명료성을 결합하는 것에 관한 중요성을 보여주었다. 매우 에너지 넘치는 동료인 마이클 피터스(Michael Peters)와 함께한 연구는 나에게는 교육적이고 가치 있는 경험이었다. 마틴 설리번(Martin Sullivan)은 1985년 이후 가까운 친구이고 변함없는 지지자였다. 와이카토 대학교(University of Waikato)와 오클랜드 대학교(University of Auckland)에서 나의 프레이리 수업에 참여했던 학생들에게 감사한다. 그들은 수년에 걸쳐 자극적이고 가치 있는 대화를 나누어주었다. 제인 게리(Jane Garry), 린 젤렘(Lynn Zelem), 그리고 다이앤 버크(Diane Burke)는 그린우드 출판사(Greenwood Publishing Group)와 함께 이 책이 출판되기까지 신속하고도 전문적이며 유익한 도움을 주고, 원고를 검토해주었다. 그에 대해 감사드린다. 헨리 지루가 '교육과 문화에 관한 비판적 연구(Critical Studies in Education and Culture)' 시리즈의 편집자로서, 이 프로젝트에 직접 보여준 관심은, 힘을 불어넣는 후원이었다. 또한 과거 몇 년에 걸쳐 유익한 토론과 격려의 말을 해준 Ira Shor, Pamela Gay, Trevor Gale, Harvey Graff, Bill Pinar, Peter Mayo, Nicole Bishop, Megan Boler, Nicholas Burbules, Peter McLaren, Carlos Alberto Torres, Donaldo Macedo, James Paul Gee, 그리고 Michael Apple에게 감사드린다. 끝으로 나의 아내 린다와 우리 아이들(벤과 에마)에게 진심으로 감사하는 마음으로 이 책을 바친다.

개요

파울루 프레이리보다 영향력이 큰 교육사상가는 드물다.[1] 지난 30년에 걸쳐 수많은 정치 활동가, 좌파 지식인, 해방 신학자, 그리고 급진적 교육학자들이 프레이리의 고전적 텍스트인 《페다고지(Pedagogy of the Oppressed)》(1972a)를 공부했다. 또한 교사, 학자, 성인문해 코디네이터, 개발 이론가, 교회 지도자, 상담사, 심리학자, 사회활동가, 보건전문가, 죄수 재활 담당자, 그리고 언어학습 전문가들이 그의 사상을 적용했다. 수천 권의 책, 논문, 학위논문, 비디오, 인터뷰, 그리고 심지어 연극 작품도 직간접으로 프레이리에게서 영감을 받았다. 1997년 5월 2일 세상을 떠날 때까지 프레이리는 상당히 많은 저술을 남겼다.[2]

　프레이리는 브라질과 칠레의 농민공동체와 도시 빈민과 함께했던 경험을 토대로 교육이 보다 온전한 인간으로 되는 과정과 밀접한 관련이 있다는 것을 이론으로 정립했다. 프레이리는 교육이 비판적이고, 대화적이며, 프락시스적으로 이루어질 때 인간이 '인간답게 된다(인간화)'고 보았다. 프레이리는 교육은 중립적이다라는 생각을 거부하면서, 교사들이 주어진 학습목표를 더 깊이 이해할 수 있도록 가르칠 때 정치적 견해를 드러내되 강요하지는 말 것을 요구했다. 프레이리안의 관점에서, 교육은 '말'과 '세계'에 관한 성찰과 행동을 촉진하는 것이다. 이것은 텍스트와 맥락에 대한 철저한 질문이 뒤따르고, 구조화되며, 의도적인 대화를 통해 일상생활의 투쟁에 실질적으로 참여하는 것으로 연결된다. 프레이리는 은행저금식 교수과정 모델을 거부하고 문제제기식 방법을 지지한다. 그리고 학생들이 호기심을 가지고 질문하며, 탐구하는 자세를 가질 것을 촉구한다. 프레이리의 교육은 더 나은 사회의 건설이라는 목표를 위해 깊이 헌신할 것을 요구하며, 억압적인 구조, 생각, 그리고 관행에 적극적으로 저항할 것을 요구한다.

프레이리가 (지속적으로) 사랑받는 이유는 그의 저술이 매우 희망적인 성격을 지니는 것도 한몫한다고 나는 생각한다. 프레이리의 후기 저술의 하나인 《희망의 교육학(Pedagogy of Hope)》(1994)은 그의 이론과 실천에서 이 주제, 희망이 중요하다는 것을 보여준다. 그의 첫 문해 프로그램에서부터 1980년대 후반과 1990년대 초에 상파울루시에서 교육감으로 일할 때까지 프레이리의 전체 교육의 역사는 희망의 이야기로 읽힌다. 프레이리에게 희망은 단지 근성이나 용기의 문제가 아니다. 그것은 인간 조건에 대한 존재론적 차원의 문제다. 심지어 가장 억압적인 사회 환경, 아니 오히려 그런 상황에서라면 프레이리는 결코 자신을 절망의 구렁텅이에 빠뜨리지 않을 것이다. 《도시의 교육학(Pedagogy of the City)》에서 그는 당시 브라질의 민주적 교육자들이 직면한 엄청난 장벽에 주목한다. 이와 유사한 정도의 어려움이 프레이리가 성인 교육자, 또는 자문으로 공헌했던 칠레, 기니비사우, 니카라과, 그리고 그라나다 등에서도 나타났다. 그럼에도 프레이리는 그 스스로 떳떳하게 '유토피아적인 꿈'이라고 일컫던 것을 늘 간직했다. 그것은 수많은 형태의 투쟁을 통해서 '덜 부정의하고, 덜 잔혹하며, 더 민주적이고, 더 공평하며, 인종차별과 성차별이 덜한 사회가 출현할 것'이라는 희망이다.

프레이리의 저술은 수년간 다양한 비판을 받았다. 교육을 중립적이거나 기술적 과정으로 여기는 사람들은 프레이리의 방법이 가르침과 배움을 '정치화'한다고 비판했다. 프레이리가 '패키지(packages)[1]'를 제공하는 것을 거부하자, 교육 문제에 대한 명쾌한 방법론적인 해결책을 찾던 사람들은 답답해했다. 《페다고지》와 다른 초기 저술에서는 남

---

1) 프레이리는 종종 전통적 은행저금식 교육의 교육 과정을 패키지(package)라는 메타포로 표현한다. 이것은 교육 과정은 패키지화된 상품처럼 교사나 학생에게 이미 완벽하고 명쾌하게 만들어져 주어진 것이라는 의미다.

성 대명사를 사용했다고 공격받았다. 비판적 의식을 촉진한다는 생각은 의문시되었다. 많은 현대 교육 이론가는 프레이리가 억압에 대한 초기 분석에서 (성별과 인종을 희생하면서) 사회계급에 초점을 맞춘 것을 문제로 삼았다. 그러나 한편 프레이리가 책에서 계급 이론에 더 많은 공간을 할애해야 한다고 제안하는 사람들도 있었다. 일부 비평가는 프레이리의 교육은 그가 공언한 목표와는 달리 문화적 침략의 한 형태라고 주장했다. 마지막으로 최근 들어 포스트모던 사상이 점점 더 유행하면서 프레이리의 윤리, 인식론, 그리고 교육학에 함의된 보편주의적인 가정들이 비난받고 있다.

프레이리는 이들 비판 중 일부를 그의 후기 저술에서 직접 다뤘다. 다른 비판들은 여전히 계속되는 논쟁의 주제로 남아 있다. 프레이리는 그의 저술에 대한 비판에 직면했을 때, 때로 '상처받은' 사람의 자세를 취하고 싶은 유혹을 받았지만 그것을 떨쳐내려고 했다. 물론 늘 자신의 생각만큼 성공적이지 않았어도, 그는 공개적으로 그리고 정직하게 비판에 대처하고자 했으며, 다른 모든 일도 그렇게 하고자 했다고 설명했다. 《자유의 교육학(Pedagogy of Freedom)》에서 그는 다음과 같이 말한다.

나는 아내와 아이들, 혹은 수년 동안 함께 공부했던 학생들로부터 비판받는 것에 대해 결코 두려워해 본 적이 없다. 나는 자유와 희망의 가치, 타인의 말이 지닌 가치, 그리고 비판적이기보다 순진했으므로 시도하고 다시 시도하려 한 사람의 욕구가 지닌 가치를 깊이 확신했기 때문이다. (Freire, 1998, p. 98)

프레이리에게 있어 이러한 건설적 비판은 이제까지 받아들였던 생각을 새롭게 검토하고 반대 입장을 가진 다른 사람과의 대화에 (글로든 말로든) 참여하도록 하는 긍정적인 초대를 의미했다.(Freire, 1985, pp. 151~152)

이 책은 프레이리 주요 사상을 소개하는 것을 목표로 하는 한편, 이런 비판적 학문의 전통에 조금이나마 기여하고자 한다. 이 책은 프레이리 사상의 모든 차원을 다루려고 하지 않거니와 또한 지금 논의 중인 많은 이론적 난점과 중요한 새로운 비판들을 포괄적으로 다루지도 않는다. 비록 프레이리가 그의 특정한 저술을 읽는 것이 다른 저술을 읽는 것보다 더 좋다고 했더라도, 그의 이론과 실천에 대한 완전한 혹은 최종적 설명은 있을 수 없다. 이 책에서 강조한 주제, 사건, 그리고 문제는 프레이리의 철학과 교육을 이해하는 데 앞으로도 계속 중요하다고 생각한다. 그러나 프레이리 사상에 대한 많은 다른 해석이 가능하고, 그리고 앞으로도 해야 할 많은 작업이 남아 있는 것은 사실이다.[3]

이 장에서는 먼저 간략하게 그의 생애를 살펴본 후, 제1세계 출신 교육자들이 프레이리 저술에 접근하는 방법에 관한 문제를 논의할 것이다. 프레이리 이론을 아전인수식으로 수용하는 위험을 피하려면 프레이리의 저술뿐만 아니라 그의 교육적 실천 등을 적절하게 맥락화해서 파악해야 한다. 물론 프레이리의 사상을 전체적이고 비판적 방식으로 연구해야 할 충분한 이유가 있다. 또한 프레이리안의 교육 원리를 적용하는 데는, 교육적 질문, 주제, 그리고 문제에 대한 반(反)기술만능주의의 자세가 필요하다. 이 장에서는 마지막으로 이 책의 구조와 내용의 요약으로 결론을 맺을 것이다.

프레이리의 간략한 일대기

파울루 프레이리는 1921년 브라질 헤시피(Recife)에서 태어났다. 그는 네 명의 아이를 둔 중류 가정 출신이었다. 비록 프레이리가 성장기에 많은 어려움을 겪기는 했지만, 좋은 기억들이 없었던 것은 아니다. 프레이리가《크리스티나에게 보내는 편지(Letters to Cristina)》(1996, p. 21)에서 말한 것처럼, 그의 아동기는 두 세계와 연결되어 있다. 즉, 잘 먹고 잘사는 아이들의 세계(그의 가족은 그들의 계급 지위에 의해 연결되어 있었다)와 도시 변두리 출신의 가난한 아이들(그와 그의 가족이 굶주림에 의해 연결되어 있었다)의 세계이다. 프레이리 가족은 프레이리가 열 살 때 자부아탕(Jaboatao)으로 이사했다. 아버지는 한동안 군에서 복무했고 그 뒤 페르남부쿠(Pernambuco) 헌병대에 근무했다. 그는 동맥경화증으로 은퇴했고 1934년 결국 사망했다. 어머니가 '미미한' 미망인 연금만으로(p. 75) 가족의 생계를 유지해야 했기에, 프레이리는 말 그대로 배고픔을 경험했다. 그는 배고픔을 참으며 숙제를 끝내려고 하다가 마치 약에 취한 것처럼 책상에서 잠들었다고 기억했다.(p. 15) 식탁에 음식이 많아지자 학교 성적은 놀랍게 향상했다.(Freire and Shor, 1987, p. 29) 마침내 프레이리는 다른 청소년들에게 포르투갈어를 가르치는 보충수업을 하면서 고등학교를 졸업할 수 있었다. 고등학교를 졸업 후, 프레이리는 헤시피 대학 법학과에 입학했다.

프레이리는 23세에 엘자 올리베이라(Elza Oliveira)와 결혼했다. 프레이리는 엘자가 그에게 영향을 미치고 격려해주었다고 자주 말했다.[4] 20대 초반 학위를 마친 후 프레이리는 단 한 건의 사건을 수임한 후 그의 변호사 경력을 포기했다.(A.M.A. Freire and Macedo, 1998, p. 14)

그는 교육에 강한 관심을 가지게 되었다. 교육에 대한 관심은 언어학과 포르투갈어 문법 공부에서 촉발되었다.(Freire, 1996, p. 79) 그와 엘자는 가톨릭 평신도 운동(Catholic Action Movement)에 참여하였다. 하지만 곧 그는 당시 정통 교회의 사회적 보수주의를 거부했다. 프레이리는 근본 교회 협의회(Basic Church Communities)와 긴밀하게 연계되었는데, 이곳에서 그는 빈곤층과의 명확한 동일시, 보통 사람과 관련한 해방신학의 필요성을 키워나가는 운동을 해나갔다.(Taylor, 1993, p. 22) 1947년 프레이리는 페르남부쿠 지역에 있는 산업 사회국(Social Service of Industry, SESI)에서 일을 시작했고, 10년간 그곳에 머물렀다. SESI 시절, 그는 노동 계급 성인들을 위한 민중 교육 프로그램을 맡아서 운영했다. 프레이리는 이후에 교화적이고, 온정주의적이며, 관료적인 SESI의 성격을 비판했지만, 조직의 지도자인 시드 삼파이우(Cid Sampaio)는 당시 많은 그의 산업 동료들보다 더 진보적이라는 것을 인정했다.(Freire, 1996, pp. 81~82) 그는 당시 노동자, 농부, 어부와의 접촉이 그의 사상을 발전시키는 데 큰 영향력을 주었음을 여러 번 말했다.(예컨대 Freire, 1985, pp. 175~176; Freire and Shor, 1987, pp. 29~30을 보라) 프레이리가 다른 사회계급 간의 모순에 대해 배우기 시작한 것도 SESI에 있을 때였다.(Freire, 1996, p. 83) 교육과 성인문해에 관한 프레이리의 사상은 1959년 박사학위 논문에서 나타나기 시작한다. 그리고 이후 그는 헤시피 대학교에서 교육사와 철학과 교수직을 맡았다.

1961년 헤시피에서 시범 성인문해 프로젝트가 성공하자, 프레이리는 헤시피 대학교 문화확장원(Culture Extension Service) 원장에 임명되었다. 이때 나중에 유명해진 '문화 서클'을 만들었다. 1963년 진행한 북동지역 문맹 성인에 대한 탁월한 연구 덕에 프레이리는 브라질 국가 문해 프로그램의 지도자가 되기에 이르렀다. 처음부터 그가 생각한 문해는 성인들이 읽고 쓰기를 배우면서 동시에 억압적인 사회 조건에 대한 (더 많은) 비판적 이해를 촉진하는 것이었다. 이 프로그램은 짧은 기간에 문해의 기본 능력을 얻도록 하는 데 매우 효과적이었다.(Brown, 1974; Sanders, 1972를 보라) 그러나 1964년 군부에 의해 굴라르 (Goulart) 정부가 몰락하자, 이 캠페인은 돌연 중지되었다. 프레이리의 성인 교육 방법은 정부 전복 활동으로 간주되었다. 그는 두 번이나 체포되었고,(Mackie, 1980a, p. 5; Freire, 1985, p. 180) 군경조사에 증언하기 위해 리우데자네이루로 가야만 했다.(A.M.A. Freire and Macedo, 1998, p. 20)

볼리비아에 잠시 머문 후, 프레이리는 칠레로 망명했다. 프레이리는 그곳에서 5년 동안 머물러야만 했다. 그는 산티아고 대학교에 자리를 확보했다. 또한 칠레농업개혁회사에 일하는 농촌지도사(extension workers)를 교육하게 되었다. 이 기간 동안 칠레에서, 그는 박사학위 논문의 일부를 통합한(Freire, 1996, p. 87을 보라)《교육: 자유의 실천(Education: The Practice of Freedom, Freire)》(1976)을 완성했다. 1969년에 미국 하버드 대학교와 스위스 세계교회협의회로부터 초청을 받은 후, 프레이리는 이듬해 2월, 제네바로 가기 전 몇 달 동안 미국에 거주할 것을 결심했다.(Freire and Faundez, 1989, pp. 11~12) 하버드에 있는 동안, 그는 두 편의 집필작업을 했다. 그것은 나중에《자유를 위한 문화적 행동(Cultural Action for Freedom)》[5]으로 출간되었다. 그리고 1970년에 처음으로 영어판《페다고지》가 나왔다.[6]

세계교회협의회에 있던 10년 동안 프레이리는 많은 곳을 여행할 수 있었다. 그는 아프리카, 아시아, 라틴 아메리카, 카리브해, 북미, 유럽 그리고 오스트레일리아를 방문했다.(p. 13) 그는 1970년대에 많은 제3세계 국가의 성인문해 프로그램에 참여했고 기여했다. 그는 기니비사우 성인문해 연구에 깊이 참여했고, 이는 1978년에 출간한 《성인문해 과정의 교육: 기니비사우에 보내는 편지(Pedagogy in Process: The Letters to Guinea-Bissau)》의 토대가 되었다. 프레이리는 또한 상투메 프린시페에서 문해활동에서 실질적인 역할을 했다. 또한 1980년 니카라과 문해운동과 그레나다에서 성인 교육 계획을 위한 고문으로 일했다.

1980년대, 프레이리는 브라질에서 다시 한번 터를 잡았다. 그리고 상파울루에서 대학에 복직했다. 브라질에 복귀한 뒤 정기적으로 미국을 방문해 세미나와 강의, 인터뷰를 했다. 프레이리는 긴 기간 동안 주목할 만한 새로운 출판을 하지 않았지만, 그 기간이 지나자[7] 어느 때보다도 많은 저술 활동을 했다. 그는 아이라 쇼, 도날도 마세도, 안토니아 파운데즈, 마일스 호튼, 그리고 다른 사람들과 협력하여 대담집 형태의 일련의 공저를 내놓았다.[8] 1980년대 중반, 엘자가 세상을 떠났고, 1988년에 프레이리는 어릴 때부터 잘 알고 지낸 친구인 아나 마리아 아라우조(Ana Maria Araujo)와 재혼했다. 1980년 후반인 1989년 1월 프레이리가 상파울루시 교육감에 취임하여 브라질 정치에 관여하면서 새로운 국면이 전개되었다. 브라질 노동당 창설 멤버인 프레이리는 1989년 대통령선거에서 콜로르 지 멜루(Collor de Melo)에 패배했던 루이스 이나시우 룰라 다 시우바(Luis Inacio Lula da Silva)를 지지했다.(Torres, 1994a, p. 184) 프레이리는 1991년에 시교육감에서 물러났다. 그는 "그의 실질적인 기술과 야망이 … 교육받은 정치인보다는 정치적인 교육자가 되는 데 있다는 것을 확신했다."(Taylor, 1993, p. 33)

그리고 저술 활동으로 복귀했다. 프레이리는 1997년 5월 2일 심장마비로 숨졌다.

프레이리의 생애에서도 드러나듯이 그의 교육과 정치에 주된 헌신은 늘 제3세계에 있었다. 프레이리의 교육, 즉 인간적인 것을 의미하는 그의 이론, 그의 윤리적 입장, 억압에 대한 견해의 뿌리는 브라질, 칠레, 그리고 또 다른 제3세계 국가에서 그가 경험했던 것에 깊이 박혀 있다. 1970년 이래, 제1세계에서 많은 이론가와 활동가들이 그의 사상을 열정적으로 받아들였다. 그러나 서구적 환경에서 프레이리안(Freirean)[2] 사상을 해석하고 적용하는 데는 주의가 필요하다. 다음 절에서는 이런 시도와 관련한 몇 가지 위험을 살펴보고, 프레이리 저술의 아전인수식 수용(domestication)의 문제점에 관해 논의할 것이다.

제1세계에서 프레이리에 접근하기

서구학자들은 그들의 제3세계 동료들과 늘 양가적인 관계를 가진다. 한편으로, 라틴아메리카와 아프리카(세계 다른 지역 중에서) 출신 활동가들과 지성인들의 저술은 제1세계 급진적인 학자들에게 환상과 영감의 원천이 되었다. 혁명 지도자들은 비록 존경받지는 못했을지라도, 적어도 지배 사상(그리고 사회구조)에 투쟁하는 많은 좌파 지식인들의 조심스러운 동경의 대상이었다. 제1세계에서 저항의 길을 모색할 때, 제3세계 저술가들로부터 배울 것이 많은 듯하다. 반면에, 제3세계를 괴롭히는 문제는, 미국·캐나다·영국·호주·뉴질랜드가 직면한 문제

2) 프레이리안(Freirian)을 프레이리의 교육학, 교육철학, 교육사상, 프레이리 교육의 추종자 등으로 번역할 수 있는데, 맥락에 따라 그 의미를 부여할 수 있다.

와는 그 정도는 물론이고, 종류도 엄청나게 다르다. 따라서 제3세계 사상가들의 통찰을 제1세계 환경에 적용할 때, 그들의 사상을 곧이 곧대로 도입하지 않도록 특별히 주의해야 한다.

대부분의 제1세계에는 사실상 제3세계가 있다고 주장할 수 있다. 즉, 제1세계에서도 기본적 욕구를 충족하고자 점점 많은 사람이 푸드뱅크나 다른 비상 공급원에 몰리고 있다. 표면상으로는 '문명화된' 사회에서도 가난이 실지로 존재하고 있음을 최근 쉽게 (더 많이) 확인할 수 있다. 실업과 불완전 고용은 대부분 산업 사회의 영구적인 특징처럼 보인다. 사회계급의 한쪽 끝에는 최하층 계급이 점점 증가하는 반면에, 다른 쪽에서는 다국적 기업이 중요한 재화와 용역의 생산과 유통을 꽉 잡으려고 한다. 임금을 낮추는 입법 조치를 하고 노동조합의 힘을 억압한다. 예를 들어 뉴질랜드에서는 빈부격차를 더 악화시키는 고용계약법을 제정했다.

파울루 프레이리는 제1세계 안에 있는 제3세계와 제3세계 안에 있는 제1세계를 이야기한다. 프레이리의 입장에서는 제3세계의 개념은 (단순히) 지리적인 것이 아니라, 이데올로기적이고 정치적인 것이다. 즉, '제3세계는 최종 분석에서 침묵, 억압, 종속, 착취, 피억압자에 대해 지배 계급이 행사하는 폭력의 세계이다.'(1985, p. 140) 이런 조건은, 이른바 '저개발' 국가 내에서 엘리트 그룹이 사치와 부를 누리듯이, 서구 국가에서도 명백하게 나타난다. 더욱이 무역과 통신의 글로벌 네트워크의 계속적인 성장, 냉전의 종식을 감안하면, 제3세계와 제1세계라는 범주 자체가 문제라고 할 수 있다. 의심할 여지 없이 세계는 (급격하고도 극적으로) 변화 중이지만, 국가 간 총체적 불평등의 징후는 매우 뚜렷하게 드러나고 있다. 배고픔, 착취, 그리고 억압은 제1세계에 걸쳐 퍼져 있지만, 제3세계 수백만 민중이 겪는 어려움(영양실조 만연, 거의 통제 불능의 질병, 놀라운 영아 사망률, 끔찍한 주거 조건, 놀랍게도 낮거나 혹은 존재하지 않는 임금 등)은 그 규모와 심각성에서 서구사회에서는 거의 상상할 수 없는 정도다. 프레이리는 몇몇 후기 저술에서 용어를 바꾸어 여러 나라 간의 관계를 논의하는 데 '북/남' 명칭을 채택하고 있지만,(Freire, 1996, pp. 179~180을 보라) 여전히 국가 간 구조적 불평등이 사라졌다는 주장에는 반대한다. 제3세계가 최근 글로벌화가 되었다고들 하지만, 여전히 다른 세계이고, 그 세계에서 도출된 이론적 틀과 실천, 방법론적 원리, 혹은 혁신을 제1세계 적용하려는 시도는 조심스럽게 추진해야 한다.

교육은 길들이기의 위험이 특히 큰 인간적 노력의 한 영역이다. 그리고 프레이리의 교육학은 특히 이 문제에 취약한 것으로 보인다. 프레이리의 성인문해 활동이 성공했다는 소식이 널리 퍼지고 교육자로서 그의 명성이 커짐에 따라, 그의 사상을 전달하는 데 왜곡의 위험 또한 커졌다. 프레이리의 저술을 그것이 탄생한 사회적 맥락에서 고려하지 않는 것, 그의 텍스트를 단편적으로 읽는 것, 프레이리의 개념·원리·실천을 환원주의로 이해하는 것은 공통적인 문제 경향이다. 이런 가능성에 대응하기 위해서 나는 프레이리를 맥락적, 전체론적(holistically), 그리고 비판적으로 읽어야 한다고 제안한다.

사회적 맥락에서 프레이리 저술 읽기

프레이리의 교육을 종합적으로 평가하려면, 그가 활동했던 역사적·

문화적·정치적 맥락을 고려해야 한다. 1950년대와 1960년대, 브라질은 자원배분의 극심한 불평등으로 소수 엘리트 지주의 수중에 부가 고도로 집중되면서, 농촌 농민 공동체와 도시 빈민은 가혹한 가난에 시달렸다. 주택, 식량, 물 공급, 그리고 의료 및 교육 서비스 제공에서 서로 다른 집단 간의 불평등이 두드러지게 나타났다. 브라질은 지금처럼 깊이 분열된 사회였다. 토레스(Torres)는 프레이리가 교육감으로서 직면했던 상황에 대해 쓰면서, 상파울루에 대해 다음과 같이 말한다.

> 상파울루의 거리에서 살아가는 버려진 아동들, 가난과 도시 폭력의 증가, 특히 브라질의 증가하는 외채로 말미암은 재정적 제약, 그리고 독재 이후[3] 브라질의 정치와 선거 투쟁의 특수성이라는 겉으로 보아도 해결이 어려운 문제들이 많았다. (Torres and Freire, 1994, p. 105)

프레이리는 그 후의 글에서, 브라질의 정치 체제가 극심한 부패와 폭력으로 물들어 있음을 언급한다. 그는 1996년에 1990년대 콜로르(Collor) 대통령 지지자 혹은 비지지자(Collored or de-Collored)[4]에 대해 "훔치고, 살인하고, 폭행하고, 납치해도 그들에게는 아무 일도 혹은 거의 아무 일도 일어나지 않는다"라고 말한다.(Freire, 1996, p. 46)

---

3) 브라질을 포함한 파라과이, 우루과이, 칠레, 아르헨티나 등 여러 남미 나라는 20세기에 군부 독재를 경험했는데, 브라질에서 정치 기간을 구분할 때 독재 이후(post-dictatorship)는 군부 독재 기간(1964년~1985년) 이후를 말한다.

4) 1989년 11월 브라질은 국민 투표로 첫 직선 대통령으로 페르난두 콜로르 지 멜루(Fernando Collor de Mello)가 사회주의자 루이스 다 실바(Luiz da Silva)를 근소하지만 확실한 표 차로 누르고 당선되었다. 그러나 그는 1992년 부패로 물러나 기소되었다. 이때 콜로르를 지지하는 자들과 비지지자들이 모두 노동계급에 대한 착취와 횡령으로 브라질을 부패한 나라로 만들고 경제를 파탄에 빠지게 하였다. 자세한 것은 프레이리가 쓴 《크리스티나에게 보내는 편지》(1996) 참조.

프레이리는 처음부터 문해를 브라질 사회의 질병을 치료하는 만병통치약으로는 보지 않았지만, 광범위한 문맹은 깊은 구조적 부정의가 낳은 하나의 증상이라고 믿었다. 왜냐하면 프레이리에게 문맹은 형편없는 보건이나 영양의 원인이 아니며, 그것이 브라질에서 계급 간 심한 분열을 '설명'하지도 못했기 때문이다. 오히려 가난한 사람들의 높은 문맹률이 권력과 통제의 더 큰 불균형을 반영하고 강화했다. 프레이리의 관점에서 볼 때, 정형화된 문맹은 정책과 억압적 사회질서의 직접적인 결과였다. 이런 환경에서 문해는 '단순히' 읽고 쓰는 법을 배우는 것을 넘어서는 것이었다. 프레이리에게 문해는 더 폭넓은 사회 변혁의 과정과 밀접하게 얽혀 있다. 프레이리가 추진한 문해 학습의 특성은, 브라질이 처한 현실에 대한 특별한 생각과 억압에서 해방된 사회가 가지는 뚜렷한 삶의 비전으로 구성되었다.

4장이 잘 보여주듯이, 문해운동은 내용과 스타일에서 완전히 브라질적이었다. 프로그램의 핵심을 형성했던 단어와 주제는 상당 부분 문해 조력자들과 함께한 민중에게서 나왔다. 한 논평자에 따르면, 자연·문화·노동 그리고 인간관계에 대한 논의는 '실제 문해력 훈련(actual literacy training)'이라고 가끔 (틀리게) 불렸던 것보다 먼저 나온 것으로, 적어도 브라질인들 사이에서 그들의 세계에 대해 기꺼이 말하고 싶어 하는 것에 잘 맞추어져 있었다.(Sanders, 1972, p. 593) 프레이리의 문화 서클에서 심각하게 생각했던 많은 문제들은 보편적 인간의 중요성에 관한 것이라고 주장할 수도 있겠지만, 프로그램의 목표는 아주 구체적인 것이었다. 그것은 프레이리가 무엇보다도 관심을 가졌던 특정 역사적 기간에 브라질에서 피억압자들이 감내했던 특별한 고난과 착취에서 해방하는 것이었다.

프레이리의 개념을 탈맥락적으로 분석할 때의 위험은 '의식화'에 대한 특정 해석에 생생하게 나타난다. (이 문제는 8장에서 상세하게 언급된다.) 프레이리의 초기 저술에서 의식화 수준(주술적, 순진한, 비판적)에 대한 묘사는 철학적으로 원숙한 것이었다. 그러나 이런 틀이 본래 기초했던 사회적 상황에서 이탈하면 새로운 난점이 생긴다. 세 가지 수준을 미리 정해진 인격과 행동 특징의 뚜렷하고, 계열적인 단계로 체계화한 것으로서, '의식화'를 '의식 고양'으로 번역하는 것은 특히 문제가 된다. 프레이리는 주어진 역사적 시기에 브라질 사회 내 특정 그룹의 사유와 행위 양식의 특성을 밝히고 포착하려고 '주술적' 그리고 '순진한'이라는 용어를 사용했다. 그의 의식화 이론은, 본래 개발했던 바와 같이, 특정한 사회 내 이미 존재했던 것(주술적이고 순진한 의식의 수준의 경우)을 설명하려는 의도였다. 그것은 **모든** 사회의 개인을 분류하기 위한 청사진으로 내놓은 것이 아니었다.

프레이리는 그의 모든 저술에 대한 비판적 논의를 환영했지만, 그의 텍스트를 검토할 때는 그의 사상이 나온 맥락을 고려해줄 것을 독자들에게 적극적으로 요구했다. 그는 한 인터뷰에서, 《페다고지》에서 남성 지시대명사 사용으로 일어난 분노에 대해 실망을 표명했다.

> 나는 얼마 전 최근 《페다고지》를 처음 접했던 젊은 여성에게서 내가 남성우월주의(machista) 용어를 사용했다고 비판하는, 한 통의 편지를 받았다. 이 편지는 매우 무례하고 다소 천박했다. 그러나 나는 화내지 않았다. 나는 그녀의 편지에 화나지 않았다. 왜냐하면, 매우 확실하게, 그녀는 단순히 《페다고지》만을 읽고 마치 이 책을 지난해에 썼던 것처럼 내 언어를 평가했기 때문이다. (Freire and Macedo, 1993, p. 171)

프레이리는 이 책에 나오는 성차별적 언어에 대해 변명하지 않고, 그의 저술을 그가 처했던 사회적이고 문화적인 배경에 비추어 바라보아야 한다는 점을 강조했다.[9] 그는 한창 성장기에 자신을 둘러싼 매우 성차별적인 문화에서 벗어날 수 없었다. 프레이리는 후기 출판물에서, 그의 책을 영어로 번역하는 사람들이 성차별적이지 않은 언어를 사용했다고 말했다.(p. 171) 그가 성차별에 관한 인식을 발전시키는 데 북미 여권 신장론자들의 공이 있었음을 인정했다. 한 저자의 사상(그리고 그 저자의 사상 교류)에 미친 이론적·사회·문화적 영향을 고려할 필요가 있다. 프레이리는《페다고지》를 쓸 때, 주된 초점이 사회계급에 있었다는 것을 인정한다. 이것은 브라질에서 일어난 '믿을 수 없을 정도로 잔혹한' 계급 억압의 생생함뿐만 아니라, 프레이리의 지성 발달에 마르크스가 큰 영향을 미쳤다는 것을 보여준다.(p. 172) 만일 프레이리가 초기 저술에서 성 문제를 무시했다면, 이것은 (그가 주장하기에) 적어도 일부분은, 그 당시 활용할 수 있는 여권 신장론자의 저술이 부족했기 때문이라고 할 수 있다. 프레이리는 만일 그가 오늘날《페다고지》를 쓴다면, 그리고 "성차별에 관한 막대한 정보와 오늘날 남녀의 성차별에 관한 인식 수준을 무시하면 … 이 책에 대한 비판은 타당할 뿐만 아니라 매우 필요할 것이라"고 지적한다.[10]

프레이리를 전체론적으로 읽기

프레이리는 1970년대 초 처음으로 국제적인 인정을 받았다. 영어로《페다고지》를 출판하자, 많은 서구 교육학자, 정치활동가, 그리고 사회 이론가들은 그의 사상을 논의의 주제로 삼았다. 교육의 전통적인 교수 방법과 공교육 체제에 대한 불만의 파도를 타고,[11] 프레이리는 급진적 사상가들 사이에 흔하지 않은 인기를 누렸다. 《페다고지》는 '역사에서 극도로 어수선한 시기'에 나타났다.(Freire, 1994. p. 120) 성차별, 인종차별, 핵무장, 그리고 자연환경의 파괴에 대항하는 사회 운동은 이미 잘 진행되고 있었다. 탈학교교육 운동은 시작되었고, 프레이리는 그 운동의 가장 유명한 두 명의 대변인인, 이반 일리치(Ivan Illich)와 에버레트 라이머(Everett Reimer)와 자주 협력한 것으로 보인다. 회고적인 평가에서 탈학교론자와 프레이리의 이론적이고 정치적인 협력이 이전에 믿었던 것보다 오히려 더 약해졌다고는 하지만,[12] 그는 당대 형식 교육 제도에 대한 큰 관심, 라틴아메리카 사람들의 생활 여건 개선에 대한 헌신, 그리고 학습과 존재의 가치를 높이고자 하는 바람을 일리치·라이머와 함께 공유하였다. 프레이리는 특히, 배타적이지 않은 다른 많은 급진 마르크스주의 교육자들과 함께, 학교가 현존 사회적 불평등을 저지하기보다는 오히려 재생산한다고 보았다. 프레이리는 책에서 상세하게 밝히고 실천에서 구체화한 대안적 교육이 학교의 전통적 교육 제도와 그 밖의 형식적 교육 환경보다 인간 존재와 학습 과정에 대해 더 깊은 이해에 바탕을 두고 있다고 믿었다.

《페다고지》는 지배적인 교육 형태에 불만을 지닌 사람들의 바이블이 되었다. 학계에서 '은행저금식' 교육이 유행어로 등장했고, 프레이리의 저술에서 가장 이해하기 어려운 개념의 하나로서, '문제제기식' 교육이 의식화와 대화에 신속하게 합류했다. 프레이리는 거듭 세미나를 열고 글을 써서 그의 철학에서 이들 용어가 무엇을 의미하는지를 설명했지만, 혼란은 지속되었다. 복잡한 개념들을 명확히 하려는 시도가 실패하자, 1970년대에서 1980년대 그는, 이들 용어 중 가장 논란이 된, 의식화의 사용을 극적으로 삼간 것 같다.

프레이리는 영어판 《페다고지》의 발간에 뒤이어 나온 많은 출판물에서 다른 주요 개념을 다듬고 다시 만들었다. 그러나 많은 교육자와 활동가는 매우 제한된 몇 편의 그의 저술을 읽고 그의 사상을 이해하려고 할 뿐이었다. 《페다고지》는 의심의 여지 없이 프레이리의 가장 유명한 책이다. 이 책은 또한 그의 철학 이해에 실마리가 되는 중요한 것, 특히 인간화와 비인간화 간의 존재론적 구별을 가장 간결하게 제시해준다. 모든 주요한 프레이리의 연구에서, 이 책은 매우 중요하게 논의되어야 한다. 그러나 이 고전 텍스트를 출간하고 몇 년간 프레이리 자신의 생각과 교육, 여타 분야에서 폭넓은 이론적 발전이라는 의미 있는 변화가 있었다. 1990년대 초, 프레이리는 기니비사우에서 광범위한 활동을 경험했으며, 브라질로 돌아와 다시 국가 정책을 만드는 활동을 하게 되었다. 그리고 특히 다른 이들과 함께한 '대담집'을 통해, 그의 초기 사상을 비판적으로 반성해나갔다. 프레이리에 동의하든 안 하든 간에, 독자들은 그의 저술을 전체적으로 다루는 것이 중요하다. 프레이리의 영향력은 교육적·정치적·신학적 그룹으로 광범위하게 뻗어나갔다. 한편으로 이런 다양성은 프레이리의 절충주의와 그의 사상이 폭넓은 매력이 있다는 긍정적인 증거이다. 반면 프레이리의 이론이 너무 얇게 퍼져나갈 위험이 있다는 증거이기도 하다. 프레이리가 모든 사람의 비위를 맞출 수는 없다. 더욱 중요한 것은, 앞으로도 그의 저술을 바꾸어서는 안 되며, 그것이 아닌 것으로 만들어서는 안 된다는 점이다. 프레이리안 교육적 이상의 왜곡은 흔히 프레이리 저술을 단편적·피상적·선별적으로 읽은 결과였고, 더 나아가 프레이리안 사상을 의도적으로 점점 더 '물 타기' 하듯 이 사람에게서 저 사람에게 전달한 결과이다. 어떤 경우에는, 자신을 프레이리안이라고 선언한 사람들도 기껏해야, 프레이리의 텍스트를 '전해 들어' 알 뿐이었다. 예컨대 《페다고지》를 주의 깊게 읽으면 프레이리가 자유방임식 교육을 지지하지 않는다는 것을 알 수 있다. 하지만 그 자세한 이유는 후기 저술을 읽어야만 알 수 있다.

물론, 단편적으로 읽거나 얻어들었다고 해서 반드시 그의 사상을 크게 잘못 이해하지는 않을 것이다. 그런데도 프레이리 자신이 말했듯이 심각한 왜곡이 드물지 않았다.(예컨대 Freire, 1985, pp. 123~125, 125; Freire, 1994, pp. 73~77; Fonseca, 1973, p. 94를 보라) 프레이리는 종종 텍스트에 대한 폭넓고 글로벌적인 접근을 옹호했다. 그는 폭넓게 읽는 것을 우선하면서도 깊이읽기의 중요성을 인정하는 한편, 또한 주어진 이론가의 사상을 이해하기 위해서는 진지하고 포괄적인 노력이 필요하며, 시간과 자원이 허용하는 한 그 사상가의 많은 저술이 지닌 여러 측면을 세심하게 비판적으로 연구해야 한다고 말했다. 전해 듣는 식으로 알아보거나, 혹은 단지 일부를 읽고 프레이리의 사상을 파악하려는 교육자들은 프레이리에게뿐만 아니라 그와 함께 연구하는 학자들에게 해를 끼치게 된다.

프레이리의 이론의 변천과 모순을 확인하고 분석하려면 그를 전체론적인 접근으로 연구하는 것이 필요하다. 실례로, 교육과 정치의 관계를 이해하기 위해서는 프레이리가 말한 세 가지 '계기'를 참조할 수 있을 것이다. 그의 정치적 입장의 첫 번째 변화는 《자유의 실천으로서 교육(Education: The Practice of Freedom)》의 자유주의와 《페다고지》의 혁명적 윤리에서 드러난다. 전자에는 '정치와 교육에 대해 말하지 않았는데', 후자에는 교육의 '정치적 측면'을 언급하고 있다. 1987년에 프레이리는 세 번째 계기를 맞았고, 그때 그는 '교육은 정치다'라는 것을 확신했다고 말했다.(Freire and Shor, 1987, p. 61)

프레이리는 늘 자신을 반성적인 사상가라고 생각했다. (비록 그를 비판하는 일부 사람은 이런 평가에 동의하지 않을 수도 있지만) 쉬지 않고 사회적 현실을 더욱 깊이 이해하기 위해 부단하게 탐구하고, 필요하면 이전의 가정을 다시 검토하고 버리기도 했다.(Freire, 1976, p. 195와 Freire, 1985, p. 180을 비교해보라) 오랜 경력 중 사상의 일부가 바뀌는 일은 모든 이론가에게서 나타날 수 있는 일이다. 역설적으로, 프레이리의 원리와 완전히 일치하는 점은 일종의 불일치가 수시로 일어난다는 것이다. 프레이리가 말하는 불일치는 다른 활동 영역에서와 마찬가지로 그의 저술에도 적용된다. 많은 경우, 이런 탐구에 대한 자극은 그의 텍스트를 비판적으로 읽고 반응했던 다른 사람들이 제공해왔다. 여권 신장론자들은 프레이리의 글(그리고 그의 억압 인식)에 변화의 계기를 마련해주었다. 그리고 마르크스주의 비판자들은 프레이리가 계급에 대해 깊이 이해할 수 있는 자극을 주었다. 그리고 프레이리는 본질적으로 모더니스트 사상가였음에도 그는 후기 저술에서 포스트모던의 생각들을 인정했고 받아들였다.(예컨대 Freire, 1993b, 1994, 1998b를 보라)

프레이리 사상의 적용에서 환원주의를 피하기

프레이리는 그의 교육학이 일련의 전문기술, 기술, 혹은 방법으로 환원할 수 없다고 주장했다. 예를 들어, 그의 브라질 문해활동에서 읽고 쓰기의 '기계적' 측면(글자, 단어, 문장을 만들고 해독하는 방법을 배우는 것)은 단지 프로그램의 일부분이다. 그 프로그램은 자연, 문화, 노동, 그리고 인간관계에 대한 더 넓은 논의와 불가분의 관계에 있고, 참여자들의 정치적 의식을 고양하는 것과 밀접하게 관련되어 있다. 그러나 아로노비츠(Aronowitz, 1993, p. 8)가 지적한 바와 같이, '프레이리의 사상은 북미교육의 지배적인 강박관념에 동화되어 왔다.' 즉, 그것은 모든 인문·사회과학에서, **방법**을 가지고 지식을 증명하고, 학교에서 **방법**을 갖고 수업하는, 즉 달리 준비되지 않은 학생들에게 지식을 전달하는 경향을 따르는 것이었다. 이런 경향은 미국뿐만 아니라 캐나다, 영국, 호주, 그리고 뉴질랜드에서 광범위하게 나타나는 것으로, 프레이리안의 이론과 실천을 기술공학적인 용어로 번역해버리는 것이다. 프레이리는 '교육'이라는 용어를 복합적인 철학·정치·교육 실천을 나타내는 데 썼으나, 단순한 '교수 방법'으로 좁게 보는 사람들도 있었다. 이에 근거해 프레이리안의 과정과 프로그램을 표방한 것이 급증했고, 흔히 교사들은, 최선의 의도를 갖고, 교사-학생의 역할에 대해 수정하고 내용에서 변화를 주면 해방을 꿈꾸는 교육의 모범이 되기에 충분하다고 여겼다.

프레이리 텍스트의 불완전한 읽기가 이런 문제를 만드는 데 일조한다. 예를 들어, 프레이리가 《페다고지》(1972a, pp. 46~47)에서 은행저금식 교육의 특징을 열거한 것을 잘못 이해한 결과, 비인간화하는 교육 방법에 대한 프레이리식의 비판을 10개의 방법과 태도의 목록으로 완전하게 요약하고 설명할 수 있다는 잘못된 믿음을 가지게 되었다. 은행저금식 교육도 문제제기식 교육도 일련의 처방적인 규칙으로 요약할 수는 없다.(Brady, 1994, p. 144) 물론 프레이리식 교육의 뚜렷한 특징에 속하는 특정한 태도, 방법론적 원리, 그리고 기술(예컨대 읽기와 쓰기를 가르치기 위한)이 있다. 그러나 중요한 것은 프레이리의 철학과 실천은 이 이상을 함의한다. 특히 프레이리는 (특히 마르크스에서 파생된) 사회 이론의 깊은 이해 위에 그의 교육학을 구축했으며, 억압적 사회 여건을 변혁하기 위한 분명한 윤리적·정치적 헌신을 교육자들에게 요구했다. 이런 입장이 위험하다는 것은 프레이리 자신의 경험으로 분명하게 드러났다. 즉, 그는 체포되었고, 조국에서 추방되었으며, 엄청난 비판을 받았다. 주변으로 밀려나고 착취당한 그룹의 해방을 돕다가 살해당한 사람들도 있었다. 방법과 기술은 혁명적 헌신에서 나오지만, 그들은 그것이 어떤 것이라고 정의하지 않는다.

두 번째(밀접히 관련된) 문제는 프레이리가 그의 교육학과 제한적인 관련을 가지거나 그럴싸한 관련을 가진 것처럼 보이는 교실 관행들을 정당화하거나 합법화하는 데 이용되었다는 점이다. 어떤 경우에는 프레이리의 이름을 지지를 얻기 위한 브랜드로 이용하는데, 그것은 사악하거나 명백히 허위이다. 예를 들어, 단지 학생들 간의 토론을 권장하거나, 혹은 그날의 정치적 문제를 학생 프로젝트 주제로 삼는 것을 허용한다고 해서, 자신들을 '프레이리안(Freirean)'이라고 묘사하는 교사들은 무심결에 프레이리의 이론과 실천의 깊이를 우롱하고 있다. 공공연하게 프레이리안 교육자들이라고 하는 사람들은 학생들에게 그들 자신의 경험을 타인들과 공유하도록 요구하고, 이 목적을 위해서 배려하고 지지하는 환경을 마련하는 데 열렬하게 힘을 쏟고 있다. 그러나 많은 이들이 개인적인 경험을 비판적으로 검토하라는 프레이리의 분명한 명령을 외면하고 있다. 요컨대 필요한 것은 기존의 견해와 가정에 대한 단순히 긍정이 아니라 그에 대한 반성이다. 프레이리는 그의 사상을 그들 자신의 환경에 맞게 적용하려는 교육자들에 반대하지 않았다. 실제로 그는 이런 방향의 몇몇 노력을 '대단히 생산적인 일'이라고 말했다.(Freire, 1993b, p. ix) 그러나 그는 자신의 이름이 거짓되게 불리는 것에는 반대했다. 그리고 흔히 증명되지는 않지만, 프레이리안을 지향한다고 알려진 프로그램, 과정, 실천과 태도의 수에 놀라움을 나타냈다.

이 문제에는 다른 면이 있다. 지난 30년간 서구 국가의 교실 수업 과정은 극적으로 변했다. 이런 변화 중 많은 것이 교육의 논의(그리고 실행)에서 프레이리가 제안했던 변혁과 일정한 유사성을 지닌다. 정치인, 정책 결정자와 교사 양성에 책임 있는 사람들은 프레이리의 이름을 부르기를 열망하기는커녕 그의 저술을 읽기는 고사하고, 심지어 프레이리를 전혀 들어본 적도 없었다. '잠재적 교육 과정'을 창조한 많은 문서에서 일리치(1971)가 오랫동안 망각된 것처럼, 프레이리도 '은행저금식' 교육을 비판하는 문건에서 한동안 찾아볼 수 없었다. 이것은 교육사상사에 대해 많은 사람들이 무지하다는 것을 보여준다. 교육대학을 졸업한 학생들이 마치 스타이너, 듀이, 프레이리, 그리고 다수의 다른 교육학자들이 전혀 존재하지 않았던 것처럼 현재 학교에서 **새롭게** 추진되고 있는 상호작용적이고, 경험에 바탕을 둔 방법을 빈번히 언급하는 것은 우습지만 좀 짜증스럽기도 하다. 물론, 이들 이론가 사이에, 그리고 그들의 사상과 새로운 교육 과정 개발에 담긴 생각들 간에는 중요한 차이가 있다. 그러나 인정을 받아야 할 사람은 마땅히 인정받아야 한다. 따라서 프레이리 교육과 일부 유사하거나 모호한 관행은 그렇다는 것을 밝혀야 하고, 그것은 기껏해야 '프레이리 사상'을 '개작한 것(reworking)'이거나 '수정한 것(revisions)', 혹은 '변경한 것(modifications)'임을 분명히 알리는 것이 중요하다. 다른 한편으로, 교육 이론과 실천에 대한 과거의 기여가 마땅히 받아야 할 인정을 받는 것과, 교육 이론에서 독창적이거나 획기적인 발전으로 가장한 생각들이 적절한 역사적 맥락에 놓이는 것은 똑같이 중요하다.

또 다른 수준에서, 프레이리 이론의 적용에서의 환원주의 경향은 복잡한 개념들이 그 본래의 힘을 상실할 정도로 '물 타기' 하는 것으로 나타난다. 이런 현상은 프레이리 사상의 적용에 국한된 것은 아니다. 데일(Dale)은 다음과 같이 지적한다.

'국가'란 이론적 그림에서 숫자로 난잡하게 채색함으로써 그 본연의 가치가 고갈된 개념의 본보기가 되는 위험에 처할 것이다. 그리고 결과적으로는 이론적 진부함의 선반 위에 … '저항'과 '비판'을 덧붙이는 위험에 빠지게 된다. 그처럼, 그 위험은 '국가'란 그 공간을 채우기 위해 이론적 연구를 요구하기보다는 오히려 그 공간을 이름 짓기(name)에 사용했다는 것이다, 그리고 설상가상으로, 그런 이름을 지음으로써, 분명히 더 많은 이론적 연구의 필요성을 배제했다는 것이다. (Lankshear and McLaren, 1993, pp. xvi~xvii)

프레이리의 저술과 자주 연관되는 이상적 개념인 '권력강화'에 대한 많은 당대 논의의 이론적 빈약함 또한 주목할 문제였다. 랭커셔(1994a, p. 59)는 권력강화 개념의 반성 없는 남용으로 그 개념은 시시한 것이 되어버릴 위험에 처했고, 결과적으로 그것의 의미론적 생명력과 설득력이 상실될 위험에 빠졌다고 주장했다. 프레이리의 개념은 데일과 랭커셔가 발견한 문제에 특히 취약한 것으로 보인다.[13] 의식화의 운명은 이미 지적했다. '대화'도 마찬가지로 제1세계 환경에 프레이리 사상을 남용했던 이전의 그림자로 빈번하게 환원되었다. 두 사람 혹은 그 이상의 사람들 사이의 거의 모든 형태의 담론이 프레이리가 말한 대화의 사례로 간주되고 있다. 그러나 내가 후반의 장에서 주장하는 바와 같이, 프레이리는 교육적 대화가 분명한 목적, 구조 감각, 그리고 명확한 방향을 지녀야 한다고 단호하게 주장한다.(Freire, 1972a, pp. 61, 65; Freire and Shor, 1987; pp. 102, 109, 171~172를 보라) 프레이리의 대화는 '뭐든 좋다는 식의 무책임한' 일이 아니다. 즉, 그것을 단순한 '한가한 잡담'과 동일시할 수는 없다(실제로는 그것에 반대되는 대화이다).

마지막으로, 미국 교육 현장에 대한 아로노비츠의 평가가 정확하고 (그리고 서구 다른 곳의 추세를 나타내는 것이라면), 프레이리는 때로 분명히 이론과는 관계없는 렌즈를 통해 교육을 바라본 것처럼 보인다. 이것이 아로노비츠가 말한 자칭 프레이리안이라는 사람들이 이론적 가정 없이 프레이리의 저술을 해석하거나 적용했다는 것을 의미하지는 않는다. 프레이리 자신이 우리에게 상기시켜 주었듯이, 이것은 불가능하다. 그보다 그것은 물리적·사회적·문화적 의미에서뿐만 아니라 지적인 의미에서도 프레이리가 어디에서 나온 것인가를 망각한 사례이다. 프레이리 사상은 광범위한 지적 전통에 근거한다.(Mackie, 1980b) 그리고 그는 때로 다른 이론가들의 사상을 참조한다. 그의 교육학은 이론과 실천이 종합되어 있다. 즉, 프레이리의 이론을 검토하지 않은 채 학교와 다른 환경에서 소위 프레이리의 '방법'이란 것을 실행하려고 하는 것은 이런 변증법적 관계를 부정하는 것이다.

프레이리 저술 비판적으로 읽기

프레이리를 만났거나 그의 말을 들었던 사람들은 겸손함을 그의 뚜렷한 특징의 하나로 인정하곤 한다. 그에게 부여된 수많은 공적인 영예와 동료의 찬사에도 불구하고, 그는 스스로 결코 독창적이고 통찰력 있는 무엇을 제공했다고 말하지 않았다.[14] 그 대신 그는 자신을 '눈에 거슬리는 부랑자(vagabond of the obvious)'[5]로 생각하고 싶다고 말했다.(Shallcrass, 1974, p. 24) 1974년에, 그의 책이 왜 그렇게 인기가 있고 널리 읽히는 것인지 질문을 받았을 때, 프레이리는 "대개 많은 사람이 그들 마음속에 갖고 있지만, 표현할 수 없었던 명백한 것을 말하고 있기 때문입니다. 그들은 그 책들을 읽고 생각할 때 '바로 내가 생각했던 것'을 스스로 발견합니다"라고 대답했다.(《New Citizen》, 1974)

프레이리는 종종 그의 지적 선조뿐만 아니라, 수년에 걸쳐 그와 함께 (교사와 동료로서) 일했던 사람을 포함한 많은 사람에게 빚을 졌다고 인정했다.《페다고지》의 엄청난 영향력과 브라질과 칠레에서의 문해를 위한 활동이 성공하면서, 프레이리는 국제적인 인정과 호평을 받았다. 프레이리는 교육과 문해를 새롭게 보도록 영감을 제공했고, 많은 교육자에게 이론과 실천을 역동적으로 결합하는 모델을 제시했다. 그러나 갑작스러운 관심은 프레이리와 그의 교육 방법을 신화화하는 부작용을 가져왔다.[15] 어떤 사람들은 의식화를 사회적 질병을 하루아침에 치료할 수 있는 일종의 마법 같은 해결책으로 받아들였다.(참조. Freire's

---

5) 한 기자가 프레이리에게 자신을 어떻게 정의했느냐고 물었을 때, 그는 "교육은 중립적인 것이 아니라는 것과 같은 명백하고도 눈에 거슬리는 말을 하면서 세계를 돌아다녔기 때문에 나는 눈에 거슬리는 부랑자입니다"라고 대답했다. Jorge Jeria, *Vagabond of the obvious: a biobibliographical presentation of Paulo Freire, Retrospective Theses and Dissertations*, Iowa State University, 1984. p. 85.

comments in LP News Service, 1971) 프레이리는 위대한 스승의 지위로 승격되었고 일부 지역에서는 경건한 어조로 언급되었다. 특히, 성인 교육 분야에서, 프레이리는 거의 학문적인 신이 되었다. 그는 실제적 경험이 뒷받침된 학문적인 엄격성을 성인 학습 담론에 더했고, 대학과 다른 기관에서 탐구를 위한 중요한 영역으로서 그 분야의 정당성을 강화했다.(Findsen, 1999) 사람들의 숭배는 늘 프레이리를 불안하게 만들었다.(Hill, 1974; Rowe, 1974, p. 7. 비교) 프레이리는 1970년대 그를 신화로 만들려는 시도에 저항했다. 이러한 저항이 모두 성공적이었는가는 물론 알 수 없다. 대신 그는 다양한 교육적·정치적 이니셔티브에 대한 헌신으로 스스로 말하고자 했다.

프레이리의 원리를 무비판적으로 수용하는 것은 그의 저술에 적극 개입하고 논의하라는 프레이리의 주장과 어긋난다. 예컨대《교육과 정치의식(The Politics of Education)》말미에서, 그는 독자들에게 첫 번째 읽기보다 두 번째 읽기가 훨씬 더 비판적인 것이 되도록, 그의 책을 다시 읽으라고 충고한다.(Freire, 1985, p. 198) 앞서 이 장에서 언급한 경고는 이런 목적에 어긋나기보다 오히려 그것을 확인시켜준다. 왜냐하면 텍스트에 대한 비판적 접근이 텍스트를 글로벌하게, 맥락 속에서 읽는 것을 의미하기 때문이다. 프레이리는 독자들이 그가 말하는 어떤 것도 액면 그대로 받아들이거나 거부하지 않기를 원했다. 즉, 그가 자주 말했듯이, 그의 책을 읽을 때, 다른 텍스트와 마찬가지로 연구 대상을 설명하는 존재 이유나 본질을 찾고, 표면 아래로 들어가 숨은 의미를 발견하려고 노력해야 한다고 생각했다. 그는 자신을 포함한 모든 사람이 행동을 신화화하는 것을 근본적으로 반대했다. 프레이리는 지배 집단이 현실을 이데올로기적으로 잘못 해석하는 것에 대해 비난하고 교육자들과 다른 사람들에게 신화를 무너뜨려야 한다고 주장했다. 그의 교육이 억압의 만병통치약은 아니다. 프레이리는 구조적 변화를 가져 오는 교육의 잠재력을 과대평가하지 않도록 늘 조심했다.(참조. Freire, 1975, p. 16; 1998c, p. 110; Freire and Shor, 1987, pp. 31~32) 사회 이 론가로서 프레이리에 대한 우리의 기대에 대해서도 동일하게 말할 수 있다. 프레이리의 저술은 교육, 문해, 억압, 해방 사이의 관계를 이해하 기 위한 많은 것을 제공하지만, 물론 한계도 있다. 프레이리가 언급한 수많은 형이상학적·존재론적·인식론적·윤리적·정치적 질문들은 교육 적 문제에 대해 관심이 적었던 다른 사람들(예를 들어, 철학자들과 정 치과학자들)이 더 정교하고도 확장된 방법으로 탐구했다. 프레이리는 그 자신의 몇 가지 결함을 알고 있었고 자신의 사상을 연구하고 확장 시킨 동료 학자들의 저술을 즐겨 읽었다.

교육, 문해, 그리고 인간화

비록 결함이 있어도, 프레이리의 저술은 교육과 다양한 분야에서 제 1세계 이론가들과 실천가들에게 많은 도움을 주었다. 프레이리는 서구 교육자들이 그들 자신의 투쟁을 특징 짓는 주제와 과제를 다루면서 그 의 아이디어를 '재창조'하도록 권장한다. 그러나 그는 또한 이런 재창조 과정은 그의 책을 **철저하게** 읽는 것과 그의 교육이 구축되었던 특별 한 사회적 환경을 인정하는 것에 토대를 두어야 한다고 강조한다. 프레 이리 이론을 특정한 제1세계 교육 상황에 적용하는 데는, 그의 사상을 아전인수식으로 수용할 위험이 상존한다. 프레이리 이론에는 (그가 주장하는) 국가와 문화적 경계를 초월하는 주요 개념이 있지만, 이들 프레이리 원리의 완전한 의미를 이해하기 위해서는, 그의 저술을 전체론적으로, 맥락적으로 그리고 비판적으로 연구해야 한다.

이런 것들을 염두에 두고, 1장에서는 프레이리 전집에 있는 다른 책과 《페다고지》(1972a)의 관계에 특히 집중해서, 프레이리 주요 저술을 개괄하고자 한다. 《페다고지》의 중요성을 언급함과 동시에, 이 책을 지나치게 강조하는 데서 나오는 몇 가지 잠재적인 위험을 지적한다. 프레이리의 출간 경력은 세 기간으로 나눠 볼 수 있다. 즉, 초기(1960년대 중반부터 1970년대 중반까지)는 《페다고지》가 영어로 번역되어 세계적으로 널리 알려진 시기이고, 그다음은 더욱 조용한 기간(1976년부터 1986년까지 10년)으로 이 시기는 《문해활동 과정에서 교육: 기니비사우에 보내는 편지(Pedagogy in Process: The Letters to Guinea Bissau, Freire)》(1978)가 주목할 만한 유일한 출판물이었다. 그리고 특히 생산적이었던 마지막 기간은 1987년 프레이리와 쇼의 《해방을 꿈꾸는 교육(A Pedagogy for Liberation)》으로 시작한다. 1장에서는 비판적 읽기의 성격, 좌파와 우파의 정치, 교사와 학생의 관계, 연대와 다양성의 문제, 그리고 여러 다른 문제에 관한 프레이리의 견해를 이해하기 위해서 흔히 소홀히 했던 후기 저술의 중요성을 강조한다.

2장은 프레이리 사상의 형이상학적·존재론적·인식론적·윤리적인 차원들을 다룬다. 플라톤, 아리스토텔레스, 그리고 다른 사람들과의 비교를 통해 프레이리의 지식 이론과 그의 인간화의 이상의 특징적인 요소를 설명한다. 프레이리 저술에서 많은 주요 도덕적 원리가 확인된다. 이 장의 분석에 의하면 프레이리 철학은 세계에 대한 변증법적인 접근과 피억압자의 해방에 대한 열정적인 헌신에 토대를 둔다. 프레이리는 실재의 객관적인(물질적인) 그리고 주관적인(의식적인) 영역 간의 역동적인 상호작용과 부단한 변화의 과정을 설명한다. 프레이리에게 인간은 필연적으로 불완전하고 미완성의 존재이다. 마찬가지로, '알고자 하는' 탐구는 부단한 과정이고 '절대적인 지식'은 얻을 수 없다. 프레이리의 입장에서 인간화의 본질은 프락시스의 개념 안에 있다. 즉, 비판적·대화적인 반성과 세계를 변화시키는 행동에 있다.

3장은 개요와 1장에서 개진했던 주장으로 프레이리의 교육 이론에 관한 더 자세한 설명이다. 《페다고지》에서 은행저금식 교육과 문제제기식 교육에 대한 프레이리의 논의는 지난 30년 이상 제3세계와 제1세계 교육자들 사이에 상당한 영향력을 행사했다. 그러나 고전적 설명은 가르치고 배우는 것에 관해 더 풍부하고 더 복잡한 아이디어를 제공하고 있는 후속 출판물들과 함께 연계하여 읽어야 한다. 특히, 후기 저술은 프레이리가 해방 교육에서 강조했던 교육의 구조, 방향, 엄중함에 대한 필요성을 논의한다. 나는 프레이리의 교육학이 하나의 '방법'이 아니라 인간과 세계에 대한 독특한 접근으로 읽을 때 가장 잘 이해할 수 있다고 주장한다. 프레이리의 저술을 읽음으로써 일련의 광범위한 교육 원리를 생성할 수 있지만, 교수와 학습을 위한 적절한 방법의 개발은 맥락에 따라 다양할 것이다.

4장과 5장은 프레이리의 문해활동의 여러 가지 측면을 말한다. 1960년대 브라질과 칠레의 성인들과 함께 한 프레이리의 경험은 그의 초기 저술인, 《자유의 실천으로서 교육(Education: The Practice of Freedom)》(1976)과 《자유를 위한 문화적 행동(Cultural Action for Freedom)》(1972b)에 간결하게 기술되고 지난 30년 이상 광범위한 논평을 불러일으켰다. 4장은 이들 국가에서 프레이리가 주도적으로 실행

했던 것을 요약하고, 1970년대 프레이리가 관여했던 다른 문해 프로그램에 대해 간단하게 언급한다. 5장은 프레이리의 후기 텍스트와 초기의 실제 경험에서 나온 통찰력을 다차원적인 '글(word)'의 개념을 통해 통합하려고 시도한다. 프레이리에게 글은 구어, 문어, 그리고 행동적 차원을 포함하고, 문해 교육 프로그램의 축을 제공한다. 나는 프레이리의 문해 개념은 전통적 문해 개념보다 더 포괄적인 것이라고 주장한다. 프레이리의 입장에서 문해는 정치적 현상으로, 개인적 그리고 집단적 경험과 밀접하게 관련되어 있다. 프레이리의 비판적 문해는 인쇄된 텍스트만이 아니라, 사회적 존재의 희망 이야기, 투쟁 윤리, 그리고 변혁 교육에 기반을 두고 있는, 반성적·대화적·프락시스적인 방식의 개발을 의미한다.

6장은 지난 30년 동안 프레이리의 저술에 대한 몇몇 주요 비평을 요약한다. 이들은 프레이리의 교육 활동에 속하는 문제에 초점을 두고 있다. 즉, 바우어스(Bowers)는 문화적 그리고 언어적 문제에 집중한다. 버거(Berger)는 의식화 개념을 공격한다. 워커(Walker)는 프레이리의 정치학에서 반(反)대화적인 흐름을 확인한다. 엘스워스(Ellsworth)와 와일러(Weiler)는 프레이리가 보편적인 철학 언어에 의존하고 억압과 해방의 특수한 점을 무시하고 있다고 주장한다. 종합해보면, 이들은 프레이리의 철학이 의존하고 있는 바로 그 토대에 대해 예리한 질문을 한다. 6장에서, 나는 이들 비판에 대해 예비적인 논평을 제시하고, 7장과 8장에서 내 생각을 더 자세하게 설명한다. 6장은 부분적으로는, 비판에 대한 프레이리의 반응에 관한 것이다. 현대 정치에서 좌익과 우익이 취한 다른 정치적 입장, 신자유주의 담론의 '운명론', '양성 속에서 연대(unity in diversity)'의 필요성에 대해 그가 표명한 관점에서 볼 때,

비록 프레이리가 많은 포스트모더니즘의 통찰을 수용했지만, 그의 한 후기 저술(Freire, 1998c)에서 그가 '보편적 인간 윤리'로 불렀던 것에 헌신했던 철학자, 교육학자, 그리고 실천가로서 여전히 모더니스트의 사상가로 머물렀음이 분명하다.

7장에서는 바우어스가 프레이리안의 교육자들에게 제기한 도전에 대해 더 자세하게 대응한다. 바우어스는 프레이리를 매우 문제가 많은 서구적 사고방식의 '담지자(carrier)'로 보았다. 즉, 그는 프레이리를 진보적 변화, 비판적 반성, 그리고 개입에 대한 '문화적 편향성'을 지닌 서구적 사고방식의 전달자로 본다. 바우어스는, 전통적인 권위와 신념 체계에 대한 도전하는 프레이리의 성인문해 프로그램은 잠재적으로 침략적이고 헤게모니적이라고 주장한다. 이 장에서는 바우어스의 분석을 비판하고 프레이리의 교육적 '개입주의'를 옹호한다. 나는 바우어스가 서구 사상과 행동 방식을 균질화하고 프레이리 이론을 왜곡하며, '전통적' 문화를 낭만적으로 묘사하고, 프레이리가 다루고 있던 상황의 구체적인 현실을 무시한다고 주장한다. 7장에서는 교육 프로그램은 반드시 개입주의적이어야 한다는 입장을 상세히 전개하고, 프레이리의 교육 접근은 어려움이 없지는 않지만, 강력하게 옹호될 수 있다는 결론을 맺는다.

프레이리의 의식화 개념은 1970년대 초 이래 상당한 논란이 되는 주제였다. 의식화를 해석하는 한 가지 방법은 그것을 의식을 불러일으키는 과정으로 보는 것으로, 이를 통해 개인은 뚜렷한 일련의 단계를 거쳐 간다. 마지막 장에서는 '단계' 모델을 비판하고 의식화에 관한 대안적인 관점을 발전시킨다. 나는 비판적 의식의 개인주의적인 관점을 거부하고, 의식화와 프락시스의 관련성에 집중하며, 포스트모더니즘의 다중적 주체성(multiple subjectivities)의 개념에 비추어 프레이리의 이상을 다시 평가한다.

주

1 프레이리의 세계적인 영향이 얼마나 광범위했던 것인가를 보자면, 타부(Taboo) 가을호, 즉 1997년에 출간한 《문화와 교육 저널》 2권을 보라. 이 저널은 프레이리에 대한 매우 다양한 감사의 글을 싣고 있다. 몇 자에서부터 여러 페이지에 이르기까지 길이도 각각이다. 브라질, 멕시코, 미국, 캐나다, 영국, 오스트레일리아, 몰타, 그리고 뉴질랜드 사람들이 글을 기고했다.

2 프레이리의 생애에서 사건들은 과거 시제로 기술될 것이지만, 그의 저술은 현재 시제로 논의될 것이다. 이것은 텍스트를 '죽은 기록물'로 다루기보다는 그것과의 '생생한' 대화에 참여하도록 독자들에게 요구하는 이론가를 언급할 때 적합한 것으로 보인다.

3 이 책은 프레이리 교육의 이론과 실천에 대한 더 포괄적인 프로젝트 일부다. 이 텍스트는 개요적인 방식으로, 프레이리의 저술에서 주요 철학적이고 교육학적인 원리를 다룬다. 적용에 더 초점을 둔 다른 책, 즉 프레이리의 생각을 교육 과정 개혁, 정치적 공정성, 그리고 고등교육에 대한 논의에 적용한 책은 가까운 미래에 출간될 것으로 기대한다. 현재의 책은 이전에 출간된 글에 의존했다. 개요 부분은 《생애교육 국제 저널》(Roberts, 1998a)에 출판되었던 글에 기초를 둔다. 1장과 2장의 이전 판은 각각 《뉴질랜드 성인 학급 저널》(Roberts, 1998a)와 《교육 사상 저널》(Roberts, 1998b)에 있다. 3장은 《옥스퍼드 교육 리뷰》(Roberts, 1996b)에 있는 긴 글을 각색했다. 4장은 《교육 연구》(Roberts, 1994)에 있는 논문의 일부를 사용했다. 5장은 본래, 실질적으로는 비슷한 형태로, 《교육 리뷰》(Roberts, 1998c)에 있다. 6장의 작은 부분이 《교육 리뷰/교육학/문화 연구》(Roberts, 1995c)에 있는 글에서 가져왔다. 7장과 8장은 《교육 이론》(Roberts, 1996d)과 《교육철학 저널》(Roberts, 1996e)에서 처음 출간한 논문에 토대를 둔다.

4 예컨대 Freire(1985, p. 175)를 보라.

5 가장 널리 유포된 판은 펭귄 출판사가 발행한 1972판(Freire, 1972b)이다. 《자유를 위한 문화적 행동》은 당초 1970년 《하버드 교육 리뷰》에서 발행한 글을 포함한다.

6 1970년 출판날짜는 헤르더와 헤르더(Herder and Herder)판 책을 가리킨다. 현재 연구에서 모든 인용은 펭귄판에서 나온 것이다.

7 Donaldo Macedo와의 인터뷰와 Henry Giroux가 쓴 개요와는 별개로, Freire의 《교육의 정치학》(1985)의 모든 원자료는 이전에 출판되었다.

8 Freire and Shor (1987), Freire and Macedo (1987), Horton and Freire (1990), Escobar 외(1994).

9 콜린 랭커셔(Colin Lankshear)는 프레이리가 자유와 교육(1987)에서 여성 대명사를 사용한 것이 '분노'를 불러일으켰다고 회상한다. 1980년대 중반까지 앵글로아메리카 맥락에서 사적인 소통에서는 남성 지시물(male referent)이 지배했다.

10 메이요(Mayo)는 이 대화에서 프레이리의 성 문제 분석에 관해 몇 가지 도움이 되는 비판적 논평을 한다.

11 그 당시 등장하는 '대안적' 교육 문헌에서, 많은 다양한 입장이 나왔다. 몇몇 유명한 책들은 철저하게 논의된 학문적인 것이기보다는, 강하게 논쟁을 제기하고 의도적으로 자극하는 것이었다. 예를 들어, 다음과 같은 사람들, Illich(1971), Reimer(1971), Goodman(1971), Postman and Weingartner(1971), Holt(1969·1970·1971)을 비교해보라.

12 일리치와 프레이리의 주요 초기 텍스트를 비교해보면, 후자의 교육사상은 전자보다 더 철저하게 논의된 존재론적·윤리적·정치적인 이론의 기초에 놓여 있는 것이 분명하다. 예컨대 일리치(1971)와 프레이리(1972a)를 비교해보라. 또한 Makins(1972, p. 80), Lister(1973, p. 14)에서 프레이리의 논평을 보라.

13 아마 틀림없이, 사회 이론에서 다른 개념에 대한 장황한 설명으로 그들 본연의 힘과 의도가 약해져버렸다. 권한 부여, 의식화와 대화는 이 문제에 대한 더 확대된 논의에서 비판적 사유, 해방, 합작, 참여 등과 결합할 수 있었다.

14 일련의 많은 이들 명예와 상에 대해서는, A.M.A. Freire and Macedo(1998)를 보라.

15 프레이리와 관련된 신화에 대한 견해에 대해서는, Weiler(1996)를 보라.

제1장 프레이리 읽기

파울루 프레이리 이름이 언급될 때면, 그의 고전 작품인《페다고지(Pedagogy of the Oppressed)》(1972a)가 으레 따라 나온다. 프레이리에 대해 거의 알지 못하는 사람도 대개 그가 이런 매우 영향력 있는 책의 저자였다는 정도는 알고 있다. 프레이리가 1997년 5월 2일 서거했을 때, 우리는 국제 학술 모임에서 이 책이 얼마나 중요했던가를 생각하게 되었다. 전 세계에서 프레이리에 대한 찬사가 쏟아져 나왔다. 많은 사람이《페다고지》를 이야기했다. 여러 해에 걸쳐, 교육자들뿐만 아니라 많은 다른 영역의 활동가들과 학자들도《페다고지》를 읽거나 인용했다.[1] 이 책은 많은 언어로 번역되었고, 몇몇 언어(영어, 스페인어, 포르투갈어)로는 30년 전 첫 출간 이래 여러 번 증쇄되었다. 요컨대《페다고지》는 금세기 교육학자들이 가장 널리 읽은 책 중의 하나이고, 교육 사상사에서 특별한 자리를 차지할 만하다.

　이 장에서는《페다고지》가 프레이리에게뿐만 아니라 이 책에 대해 반응을 보였던(가끔은 비판적으로) 다른 사람들에게는 중요함을 인정하면서, 다른 한편으로는 프레이리의 전집 안에 있는 다른 책들의 가치를 무시하면서《페다고지》를 너무 중시함에 따른 우려를 지적한다. 프레이리 저술을 개관해보면 그의 저술 이력에서 세 가지 주된 시기를 확인할 수 있다. 이들 시기 중, 마지막(1987~　) 시기가 프레이리의 관점, 그리고 교육·문해·정치에 대한 기여를 평가하는 데 중요함을 알수 있다. 다소 놀랍게도, 이 시기에 생산된 풍부하고 다채로운 저술이 종종 무시되거나 경시되고 있다. 이것은 논평자들이 프레이리의 서술을 다 읽지 못했다는 것과, 그들이《페다고지》를 해석한 방식의 문제를 보여준다. 우리는 프레이리에 대한 전체론적(holistic) 읽기를 통해서, 일반적으로는 프레이리안 이론의 복합적인 모습을, 그리고 특별하게는 그의 이론에서 페다고지의 위치를 밝혀낼 수 있다.

출간된 프레이리의 저술

이 논의의 목적상, 프레이리의 저술 이력을 세 단계로 나눈다. 초기(1965~1975)는, 1970년 영어판 《페다고지》의 발표를 기준 시점으로 한다. 다음은 평온한 시기(1976~1986)인데 이 시기 유일하게 중요한 새 저술은 기니비사우(Guinea-Bissau)에서 성인 교육자로서 프레이리의 경험에 바탕을 둔 한 권의 책이었다. 그리고 다작의 마지막 10년(1987~), 이 시기에는 프레이리가 종종 다른 사람들과의 대화로 만든 대담집에서, 특히 교수의 과정, 문해의 정치학, 브라질 학교교육의 행정, 고등교육과 지성적인 삶, 그리고 해방 교육에서 구조, 방향, 그리고 엄중성의 중요성의 주제에 관해 상세하게 글을 썼다. (몇 권의 저술은 사후에 출간되었고, 이들 중 일부는 출간일이 1997년보다 늦었다. 이 때문에, 마지막 시기는 프레이리가 저술에 전념한 시기로 보아 약 10년이지만, 여전히 비워둔 채로 있다. 일부 완성된 다른 저술들이 이후 몇 년에 걸쳐 프레이리의 이름으로 편집되고 출판될 가능성이 있다.)

초기 저술(1965~1975)

1970년 《페다고지》가 영어로 출판되었을 때, 그것은 교육계에 극적이고 거의 직접적인 영향을 주었다. 이 유명한 텍스트는 서구 독자들을 널리 확보한 프레이리의 첫 번째 책이었다. 그러나 이 책이 그의 첫 출판 저술은 아니었다. 프레이리는 1960년대 후반기부터 그의 생각을 책으로 출간하기 시작했다.《교육: 자유의 실천(Education: The Practice of Freedom)》(《비판적 의식화를 위한 교육(Education for Critical Consciousness)》이라는 제명으로도 출판)은《페다고지》이전에 쓴 것이었지만 1970년대 중반까지 서구 세계의 대부분 독자에게 주목을 받지 못했다. 이 두 책은, 많은 비평가(예를 들면, Mackie, 1980b)가 지적한 바와 같이, 스타일과 초점에서 아주 달랐다.《교육: 자유의 실천》(Freire, 1976)은 자유주의적 사상에 강한 인상을 지니고 있는 데 반해《페다고지》는 프레이리 사상에서 분명한 좌편향의 증거를 제시하고 있다. 뒤이은 저술들에서, 프레이리는 초기 이 두 권의 책(그리고 또 다른 텍스트,《자유를 위한 문화적 행동(Cultural Action for Freedom)》, 1970년 처음 출판되었고 후에 1972년 펭귄 출판사에서 재출간되었다)에 도입했던 몇몇 교육적 주장을 확대하고 수정했지만, 그가 출판한 저술 전체에 걸쳐 많은 핵심적 철학적 원리를 견지했다.

조용하게 보낸 해(1976~1986)

1970년대 초 프레이리는 활발한 집필과 강연활동을 이어나갔지만, 1970년대 후반과 1980년대 초에 접어들면 활동은 잠잠해진다. 이 기간 동안 프레이리가 전혀 활동을 하시 않은 것은 아니지만, 1970년대 중반과 1980년대 중반 거의 10년 동안은 국제적인 교육 무대에서 눈에 띄지 않았다. 1985년《교육의 정치학(Politics of Education)》[1]이 출판되었다. 이 책은 많은 글을 담고 있는데, 대부분은(널리 유포되지 않았지만) 이전 15년 동안 쓴 것으로, 프레이리와 도날도 마세도(Donaldo Macedo)의 새로운 대화가 첨가되어 있다. 마세도는 지난 10년에 걸쳐

---

1) 국내 번역서 이름은《교육과 정치의식》이다.

프레이리의 중요한 동료, 번역가, 친구가 되었다. 그리고 이 책에는 헨리 지루(Henry Giroux)가 쓴 긴 서문이 있다. 이 기간에 선보인 다른 책은 《문해활동 과정에서 교육: 기니비사우에 보내는 편지(Pedagogy in Process: The Letters to Guinea Bissau)》(Freire, 1978)이다. 책 이름이 보여주듯이, 이 책은 대부분 프레이리가 1970년대 중반 기니비사우에서 행한 성인 교육에 대한 접근 방법을 설명한 것이다. 이 텍스트는 몇몇 논평자들부터 강한 비판을 받았는데, 프레이리 교육에 반(反)대화적인 토대를 확인했던 교육철학자 제임스 워커(James Walker, 1980)가 주목할 만하다. 안토니오 파운데즈(Antonio Faundez) 또한 기니비사우에서 성인문해 교육의 교수 매체로 포르투갈어를 사용한 것에 관한 프레이리 입장의 문제점을 지적했다.(Freire and Faundez, 1989 참조) 어떤 이들은 지역적인 크리올어를 채택해야 한다는 프레이리의 주장을 정치적으로 순진한 것으로 여겼다. 그리고 심지어 가장 뛰어난 프레이리의 학자 몇몇에게조차 전혀 이해받지 못했다. 예를 들면, 캐슬린 와일러(Kathleen Weiler)는 프레이리의 여러 문헌에 대한 평론에서 프레이리가 포르투갈어 사용을 지지했다고 그릇된 주장을 했다.(Weiler, 1996) 워커의 글과 소수의 다른 글을 제외하면, 이 기간 프레이리의 주요 저술에 대한 대부분 비판은 출판물 생산의 '원기 회복(a second wind)'이라 불리던 것을 프레이리가 즐겼던 시기인 후기 단계에 나온 것들이었다.

마지막 10년(1987~)

1987년 아이라 쇼(Ira Shor)와 공저한 《해방을 꿈꾸는 교육(A Pedagogy for Liberation)》의 출판은 프레이리의 저술 이력에서 중요한 계기가 되었다. 이것은 적어도 세 가지 의미에서 그랬다. 첫째, 이론가이며 실천가로서 프레이리가 가장 발전한 최종 국면에 진입한 것이었다. 둘째, 프레이리가 새로운 방식으로 학문적인 텍스트를 쓰기 시작했다는 것을 분명히 보여주고 있었다. 여러 면에서 그가 내내 준비해왔던 것이지만, 적어도 그것은 새로운 것이었다. 《해방을 꿈꾸는 교육》은 프레이리와 쇼의 대담집이다. 두 저자는 구조화된 교육 대화 과정에서 상대방의 주장에 응답했다. 셋째, 이 책은 프레이리의 사상을 확대하는 방식으로 제1세계와 동시대 학교 교실에 적용하는 문제를 처음으로 다룬 출판물이었다. 잘 짜인 여러 장에 걸쳐, 프레이리와 쇼는 "교사들은 어떻게 해방하는 교육자가 될 수 있을까?" "변혁의 두려움과 위험은 무엇인가?" "해방하는 교육에서 구조와 엄중함이 있는가?" "제1세계 학생들은 해방을 요구하고 있는가?" "해방하는 교육자는 학생과의 언어 차이를 어떻게 극복할 수 있는가?"와 같은 문제를 다루었다. 프레이리가 이전의 그 어느 책보다도 《해방을 꿈꾸는 교육》에서 아주 길게 언급한 이들 문제는 여러 후속 출판물의 토대가 되었다. 쇼는 이미 《비판적 교수와 일상생활(Critical Teaching and Everyday Life)》(1980)에서 이들 중 몇 가지를 언급했고, 프레이리와 같이, 그의 생각을 그 후의 저술에서 더 확장시켰다.(Shor, 1992; 1996)

두 번째 대담집인 《문해: 글 읽기와 세계 읽기(Literacy: Reading the Word and the World)》(Freire and Macedo, 1987)는 《해방을 꿈꾸는 교육》이 출간된 직후에 나왔다. 이 책은 프레이리 문해 이론의 전모를 처음으로 상세하게 설명한 것으로, 도날도 마세도와 함께 썼다. 여러 해 동안 이 책은 서구의 사상과 실천에서 매우 지배적이던 기술적인 읽기와 쓰기 모델에 대한 대안을 구하던 학자들에게는 중요한 기준

점이 되었다. 이 책은 읽기 행위, 성인문해와 대중 도서관, 문해와 비판적 교육, 그리고 이론적 담론으로서 문해에 관한 글과, 미국에서 문해와 문맹에 관한 대화, 그리고 더 나아가 기니비사우, 상투메 프린시페에서 프레이리의 구상에 대한 반성이 실려 있다.[2] 《질문하기를 배움: 해방을 꿈꾸는 교육(Learning to Question: A Pedagogy for Liberation)》은 안토니오 파운데즈와 공동 집필했다. 이 책은 프레이리의 교육에 대한 접근법, 기니비사우에서의 정치와 언어에 관한 두 저자 간의 팽팽한 대립으로 유명하다. 이 책은 망명의 주제(theme of exile)를 상세하게 탐구하고 이데올로기와 권력의 문제를 다루고, 그리고 질문하기의 교육을 주장한다. 《우리가 걸어가면 길이 됩니다: 교육과 사회변화를 위한 프레이리와 호튼의 대화(We Make the Road by Walking: Conversation on Education and Social Change)》(Horton and Freire, 1990)는 성인 교육자 마일스 호튼과 프레이리의 대화로 구성된 것으로, 현대 제1세계 맥락에서 교육자들이 직면하고 있는 문제에 주의를 기울인 《해방을 꿈꾸는 교육》과 비슷하다. 브렌다 벨(Brenda Bell), 존 가벤타(John Gaventa), 그리고 존 피터스(John Peters)가 정성을 기울여 편집한 이 책은 소탈한 대화의 따뜻함과 격식이 없는 어조를 유지하면서도 엄격하게 주제에 충실한 구조를 보여주었다. 이 책은 넓은 영역을 주의 깊게 고찰하면서, 무엇보다도 브라질과 미국에서의 읽기, 책, 지식, 민주주의, 저항, 교육, 그리고 사회변혁과 정치 등의 문제를 언급한다. 《우리가 걸어가면 길이 됩니다》는 특히 성인 교육자들의 관심사와 관련이 있고, 교육 경험에 대한 개인적인 담론을 이론적인 관찰과 결합한 것이다.

《프레이리의 고등교육론: 멕시코대학교에서 대화(Paulo Freire

on Higher Education: A dialogue at the National University of Mexico)》(Escobar, Fernandez, and Guevara-Niebla, with Freire, 1994)는 두 가지 의미에서 특징이 있다. 첫째, 이 책은 프레이리가 고등교육(그리고 특히 대학)을 특별하게 다룬 유일한 책이다. 둘째, 이 텍스트는 프레이리 사상 발달의 두 단계에 걸쳐 있다. 이 책은 1984년 프레이리와 일단의 라틴 아메리카 학자들과의 대화에서 나온 것이지만, 10년 뒤에 출판된 것이었다. 그 결과, 이 책은 다른 후기의 텍스트들과는 이상하게 어울리지 않는 것 같다. 콜린 랭커셔(Colin Lankshear)가 그의 후기에서 지적한 바와 같이, 많은 점에서 이 책에 제시된 생각은 역사상 다른 시기에서 말하는 것 같다. 《프레이리의 고등교육론》은 이전의 저술로 잘 알려진 많은 주제, 즉 텍스트뿐만 아니라 맥락을 읽을 필요성, 교육 영역에서 한계와 가능성, 그리고 이론과 실천의 관계라는 주제를 다시 불러들이지만, 또한 니카라과 혁명, 라틴 아메리카와 대학 정치에서 지성인의 역할을 논한다. 대화에서 주창했던 어떤 생각, 예컨대 혁명의 미덕으로서 관용의 중요성은 1990년대 중반에 프레이리가 출간한 다른 책에서 언급한 관심사를 떠올리게 하지만, 대화의 시기와 출판 시기 간의 격차는 책의 내용에서 쉽게 나타난다.

《상파울루시의 교육(Pedagogy of the City)》(Freire, 1993)은 1989년과 1991년 사이 상파울루시 교육행정가로서 그의 경험을 회상한다. 브라질 학교의 수십만 아이들의 교육적인 삶을 책임진 프레이리는 이 기간 시교육감으로서 직면했던 어려움을 생생하게 묘사한다. 이런 역할에서 프레이리의 성공과 부족한 점에 대해 토레스(Torres, 1994a)와 오카디즈, 웡, 토레스(O'Cadiz, Wong, and Torres, 1998)가 책으로 출판해 체계적으로 평가했다. 《상파울루시의 교육》은 브라질의 학교교육에 관한 관찰을 이론적인 자료와 일련의 인터뷰와 대화를 엮어 '도시 지역에서 해방을 꿈꾸는 교육'과 '세 명의 교육자와 함께한 이런 경험에 대한 반성'이라는 두 개의 제목으로 느슨하게 묶었다. 이 책은 프레이리의 철학에 크게 덧붙인 것은 없지만, 교사 양성, 새로운 기술공학, 그리고 교육의 분권화에 관한 흥미로운 구절을 포함하고 있다.

《희망의 교육학: 페다고지의 되살림(Pedagogy of Hope: Reliving Pedagogy of the Oppressed)》(1994)에 와서, 프레이리는 느긋하지만 빈틈없는 표현으로 억압, 해방, 그리고 교육에 관한 그의 초기 저술에 대한 비판에 반응한다. 프레이리는 '다양성을 통한 연대'의 이상을 주창하고 보편성과 특수성을 언급할 필요성을 말한다. 비록 프레이리는 포스트모던 텍스트를 직접 다루지는 않았지만, 과거 10년에 걸쳐 후기구조주의와 포스트모더니즘 저자들이 제시한 많은 심도 있는 문제에 처음으로 직면한다. 《희망의 교육학》은 틀림없이 가장 읽을 만한 프레이리의 저술 중 하나이고, 가장 개인적인 텍스트 중 하나이다. 이 책은 《크리스티나에게 보내는 편지》(1996)와 《망고나무 그늘 아래서(Pedagogy of the Heart)》[2](1997)와 함께 프레이리의 자서전에 가장 가깝다. 프레이리는 이 책에서 그의 개인적이고 지성적인 삶의 역사를 다소 장황하게 말하고, 테일러(1993), 와일러(1996)와 많은 다른 사람들이 일종의 신화로 본 것에 대해 말을 덧붙였지만, 그의 비판자들에게는 충분히 답하지 않는다. 그를 비방한 사람들의 이름은 거의 언급되어 있지 않다. 바우어, 버거, 그리고 다른 사람들이 내놓은 주장은 이 책에 약간 언급되어 있지만, 프레이리는 그의 가장 가혹한 비평가들에 맞서 그의 입장에 대한 철저하고 견고한 변론을 성공적으로 제시하지 못했

---

2) 《Pedagogy of the Heart》는 교육문화연구회(후에 '사람대사람'으로 변경)가 《망고나무 그늘 아래서》(2003)라는 제목으로 번역하여 출판하였다.

다. 문체로 보아, 프레이리는 이 책에서 그의 정치적·교육적 발전의 다른 시기 사이를 쉽게 이동하면서, 편안하게 기록하고 있다. 이 책에는 분명한 구조나 주제가 없고 장의 제목도 없다. 프레이리가 표명한 목적은 《페다고지》를 '되살리는 것'에 대한 반성이고, 이 책의 대부분이 이런 목적으로 일관되어 있다.

이런 반성을 통해 몇 가지 놀라운 새로운 사실이 나타난다. 예컨대 우리는 매우 영향력 있었던 책인 《페다고지》의 초안이 아주 짧은 기간에 작성되었다는 것을 알게 된다. 프레이리는 처음 세 장(chapter)은 몇 주 안에 썼다고 했다. 프레이리가 읽고 무시할 수 없었던 프란츠 파농(Franz Fanon)의 《대지의 저주받은 자들(Wretched of the Earth》 (1967)이 아니었다면, 이 세 장이 전체 책을 구성했을 것이다. 프레이리는 그 (세 장의) 원고를 한동안 서랍 속에 보관하고 있다가, 파농과의 만남으로 매우 중요한 네 번째 장을 추가하였고, 그렇게 해서 이 책의 역사의 흐름이 바뀌었다. 만약 이 마지막 장이 추가되지 않았다면, 이 책이 이후 25년간 어떻게 받아들여지고 쓰였을지 상상하기는 어렵지만, 결국 그처럼 많은 사람들에게 영향을 미치지 못했을 것은 분명해 보인다. 바로 그 마지막 4장은 프레이리에게 의존한 사람들에게 정치적 행위를 통해 이미 발견된 원리를 이론적으로 정교화하는 데 매우 중요한 참조점을 제공한다. 특히 이 점은 세계적으로 '제1세계 국가' 투쟁에 참여한 원주민들에게 적용되고, 식민지 정책에 반대하는 뉴질랜드 마오리족의 항쟁과 특별히 관련된다.

《크리스티나에게 보내는 편지: 나의 삶과 활동에 관한 반성》(1996)의 제목을 짓는 데는 오래전 그의 조카딸과 한 약속이 영향을 주었다. 프레이리는 예전부터 그의 조카딸에게 교육, 철학과 정치에 관한 그의 주요 사상을 일련의 편지 형식으로 설명하려고 하였다. 그는 이런 형식이 개인적 경험에 대한 회상과 중요한 개념과 논의에 대한 이론적 분석을 결합할 수 있다고 생각했다. 이 책은 다른 어떤 책들보다 프레이리 초기의 모습을 더 깊이 엿볼 수 있게 한다. 그리고 이 책은 1990년대 영어로 출판된 책 중 가장 주의를 기울여 만들었다. 《크리스티나에게 보내는 편지》는 후반부에 명쾌하고 간결한 스타일로 자유와 권위, 교사-학생의 관계, 억압의 성격과 같은 옛 주제를 언급할 뿐만 아니라, 많은 새로운 주제를 자세하게 거론한다. 예컨대 온통 논문지도에 전념한 장(편지)이 있다. 《크리스티나에게 보내는 편지》는 자서전적인 설명에 동반되는 향수를 피하면서, 엄격함뿐만 아니라, 그의 정직성과 감정의 깊이로 유명하다. 《망고나무 그늘 아래서》(1997)는 찬사의 방식으로 인간 프레이리의 보다 많은 것을 드러내고 있다. 프레이리 사후에 출판된 이 책은 프레이리의 저작 중에서 가장 '내심을 드러내 보여주는' 책이다. 이 책에서 프레이리는 강렬하게 헌신했고 끝없이 호기심을 가진 불완전한 존재의 모습을 보인다. 그는 약간 불안해하면서, 그의 신념, 성공뿐만 아니라 실패, 그리고 미래를 위한 희망을 말한다.

　다른 두 권의 책 《멘토에게 멘토링하기: 파울루 프레이리와의 비판적 대화(Mentoring the Mentor: A Critical Dialogue with Paulo Freire)》(Freire, Fraser, Macedo, McKinnon, and Strokes, 1997)와 《프레이리의 교사론(Teachers as Cultural Workers: Letters to Those Who Dare Teach)》[3](Freire, 1998a)은 가르침, 배움, 멘토링과 그 방법에 초점을 둔다. 《멘토에게 멘토링하기》 다양한 형식적 그리고 비형식적인 환

---

3) 《Teachers as Cultural Workers: Letters to Those Who Dare Teach》는 교육문화연구회(후에 '사람대사람'으로 변경)가 《프레이리의 교사론》이라는 제목으로 2000년 번역·출판하였다.

경에서 프레이리 교육의 이론과 실천에 관한 일련의 비판 글을 모았는데, 대부분 북미 저자인 제임스 프레이저(James Fraser), 도날도 마세도, 타냐 맥킨논(Tanya McKinnon), 그리고 윌리엄 스트록스(William Strokes)와 협력해서 편집한 책이다. 프레이리는 이 책에 쓴 글에서 신자유주의(우리 시대의 지배적인 정치철학으로서)에 대해 강한 반대를 공언하고, 교사 양성에 대한 기술공학적인 접근을 비판함으로써, 그의 초기 연구를 확대한다.

《프레이리의 교사론》은 가르침의 과정과 관련한 다양한 주제(예를 들어, '학교 첫 부임(초임교사)', '가르치는 사람과 배우는 사람의 관계', '문화적 정체성', '규율의 문제'에 관한 '편지'를 싣고 있다. 사후에 출간한 이 책은 프레이리의 가르침과 배움에 대한 가장 깊이 있는 연구서로, 교실과 그 밖의 교육적 환경에서 어려운 하루하루의 결정에 직면한 교사들에게 직접 말하고 있다. 또 다른 작은 책《정치와 교육(Politics and Education)》(Freire, 1998b)은 광범위한 교육 주제, 즉 평생교육과 도시, 문해와 시민성, '연대와 다양성', 비판의 성격, 교육과 책임, 그리고 가톨릭대학에 관한 짧은 글로 구성되어 있다. 이 책은 1998년 영어로 번역되었다.

《자유의 교육학: 윤리, 민주주의와 시민의 용기(Pedagogy of Freedom: Ethics, Democracy, and Civic Courage)》(Freire, 1998c) 또한 사후에 출간되었다. 이 책은 가르침, 배움, 조사와 인식의 성격에 대한 자세한 분석을 신자유주의와 글로벌 자본주의의 부도덕성에 관한 프레이리의 비평과 결합한 것이다. 그가 언급한 교육적·인식론적·정치적 문제의 범위는 장의 제목들(〈서론적 고찰〉, 〈배움 없이 가르침은 없다〉, 〈가르침은 단순한 지식전수가 아니다〉, 〈가르침은 인간적 행위이다》)이 제시하는 것보다 더 넓다. 프레이리는 방법론적인 엄중성, 윤리, 그리고 미학, 차별, 문화적 정체성, 상식, 겸손과 관용, 자유와 권위, 그리고 이데올로기에 대한 문제를 다룬다. 그리고 형식적·비형식적 교육 환경에서 교사들이 매일의 활동을 수행하면서 직면하는 실제적인 딜레마에 다시 중점을 둔다. 프레이리는 학생이 교실에 가져오는 지식을 존중할 필요성, 가르침에서 호기심의 중요성, 그리고 대화의 교육적 의미와 같은 친숙한 주제뿐만 아니라, 좋은 경청과 진지한 의사 결정, 교육자의 권리, 그리고 가르침에 대한 헌신의 개념을 논한다. 프레이리는 이 책에서 그가 포스트모던적인 통찰을 수용한다고 해서 자신이 도덕적 상대주의자가 아님을 분명히 한다. 그는 '보편적 인간 윤리'에 대한 지지를 표명하고 브라질과 다른 지역의 예를 들어, 후기자본주의에서 사회적 그룹 간의 엄청난 불평등에 대한 혐오감을 강화한다. 도날도 마세도의 머리말과 스탠리 아로노비츠의 뛰어난 개요가 있는 이 책은, 분명 프레이리의 가장 훌륭한 후기 저술이다.[3]

《페다고지》 후의 생애

프레이리 읽기에서 가장 큰 '실수'는 후기의 많은 텍스트에 충분한 주의를 기울이지 않고 초기의 저술에 집중하는 것이다. 《페다고지》의 특별한 영향력 때문에, 이 책은 여러 면에서 프레이리에게 축복이자 저주이다. 이 책은 의심할 바 없이 그의 가장 중요한 저술이다. 《페다고지》는 그의 사상에 대한 존재론적·인식론적·윤리적인 기반의 요점을 말하고 있다. 그리고 그는 두 가지 대조되는 교육 방법 간의 전형적인 차이를 묘사하고 있다.《페다고지》는 교육의 자유주의를 표방한《자유의 실천》에서 좌경화한다.《페다고지》는 뒤이은 프레이리의 이론적·실천적 연구를 위한 정치적 문제를 설정한다.《페다고지》는 프레이리뿐만 아니라 교육 이론을 위한 이정표적인 출판물이다. 이 책은 이반 일리치의《탈학교 사회》(1971)와 함께, 1970년대에 가장 널리 읽힌 교육 저서 중 하나다. 이 책은 교육적 기반을 뒤흔드는 데 한몫했다. 즉, 모든 수준의 교육 체제에서 교사를 자극하여 그들이 당연시했던 가정을 다시 생각하게 했다.

나는 이 책의 장점이 철학적 깊이가 있고, 교육과 정치의 근본적 통합에 있다고 생각한다.《페다고지》의 1장과 3장은 포괄적이고도 자세하게 프레이리의 존재론적이고 윤리적인 사상을 펼친다. 4장은 거시적으로 지배의 정치에 대한 폭넓은 고찰을 제시한다. 교육의 논의는 주로 2장에 있고, 문해는 프레이리의 많은 다른 저서와 같이 두드러지게 보이지 않는다. 이 책은 흔히 성인 교육의 바이블로 여겨지고 있다. 그러나 (학령 아동이나 미취학 아동과는 대비되는) 성인과 함께 공부하는 특별한 도전에 특히 관심을 두는 사람들은 프레이리의 몇몇 다른 글에서 더 좋은 도움을 얻을 것이다.《페다고지》는 이제 유명한 '은행저금식' 교육과 '문제세기' 교육의 차이를 자세히 설명한다.《해방을 꿈꾸는 교육》(1987),《질문하기를 배움》(1989),《우리가 걸어가면 길이 됩니다》(1990),《희망의 교육학》(1994),《프레이리의 교사론》(1998) 그리고《자유의 교육학》(1998)은 다른 중요한 교육 주제를 훨씬 더 길게 언급한다. 이들 책(그리고 프레이리의 마지막 10년 글쓰기 이력에서 나온 다른 책)에서 탐구한 몇몇 이론적 분야에는 해방 교육에서 구조와 엄중성의 문제, 비판적 읽기와 쓰기의 성격, 교실에서 권위의 합법적이고 억압적인 사용, 공부의 과정, 지배적인 사상과 실천에 항거하는 지성인의 역할, 변증법적인 사유와 교육, 대화의 역학, '촉진하는 것'과 '가르치는 것'의 차이, 제1세계와 제3세계 간 교육 환경의 차이, 그리고 교육 프로그램에서 맥락화의 필요성에 대한 문제를 포함한다. 《페다고지》는 이러한 많은 문제를 언급하고 있지만, 그에 대한 더 깊은 논의는 후기의 저술에서 찾아보아야 한다.

그런데 프레이리가 교육 이론과 실천에 기여한 바를 타당하게 평가하기 위해서는 그의 저술을 전체론적(holistic)으로 읽는 것이 필요하다. 이는 단 한 권의 책을 읽는 것으로부터는 아무것도 얻을 수 없다는 말이 아니다. 또한 프레이리 사상을 해석하는 하나의 '옳은' 방도가 있다는 식의 주장도 아니다. 분명히 사람들은 다양한 이유로 프레이리를 공부하고 그의 저술을 서로 다른 다양한 이론적 렌즈를 통해 평가한다.[4] 내가 3장에서 주장하는 바와 같이 사람들이 자신을 스스로 '프레이리안'이라 부르고, 그리고/혹은 그의 저술을 피상적으로, 단편적으로, 불완전하게 혹은 무비판적으로 읽은 것을 토대로 프레이리의 원리를 실천하고 있음을 공언할 경우에 문제가 발생한다. 그런 사람들이 프레이리 삶의 이력, 성인문해 교육자로서의 성공과 결함, 그리고 그가 활동했던 역사적·사회적 맥락에 대해 거의 아는 것이 없는 경우에는 이 문제는 더욱 심각해진다.

전체론적으로, 철저하게, 비판적으로 접근할 필요성은 프레이리의 교육 실천을 열렬하게 숭배하는 사람에게 적용되듯이, 프레이리를 격렬하게 반대하는 사람에게도 해당된다. 프레이리안의 사상뿐만 아니라 전반적인 분야의 연구의 심각한 왜곡은 탈맥락적이고 단편적이며 잘못된 프레이리 읽기에서 비롯될 수 있다. 프레이리와 비판적 교육 분야에 대한 제이(Jay)와 그라프(Graff)의 잘못된 설명(1995)은, 만일 평론을 하지 않았더라면 좋은 평판을 받을 이론가들이 자신들이 분명하게 알지 못하는 영역을 다룰 때 무엇이 잘못될 수 있는지를 보여주는 특별한 예를 제공한다. 제이와 그라프가 프레이리의 교육적 이상을 '자유주의자'로 해석하고 프레이리안의 모델을 북미 대학에 '이식'할 때 어떤 일이 일어날 것인지를 말하는 것에서, 그들이 프레이리의 저술에 대해 아무것도 읽지 않았다는 충분한 증거를 보여주고 있다. (참조. 제이와 그라프에 대한 프레이리의 직접적인 응답은 Freire and Macedo, 1995)

또한 프레이리를 전체론적으로 읽는 것은 우리가 《페다고지》를 해석하는 방식과 상당한 관련이 있을 것이다. 《페다고지》가 특정 논의에 주된 초점을 제공할 때도 다른 저술을 무시하면 위험할 수 있다. 다른 프레이리의 텍스트가 《페다고지》에 있는 주제나 문제와 명백히 관련이 있는데 다른 텍스트를 무시하면 프레이리에게 해가 미친다. 그 적절한 예가 프레이리의 억압, 자유, 그리고 교육 이론에 대한 캐슬린 와일러(Kathleen Weiler)의 비판(1991)이다. 와일러는 글을 쓸 당시에 그녀에게 도움이 되는 후기 프레이리의 텍스트를 많이 갖고 있지 않았지만, 《해방을 꿈꾸는 교육》(1987)과 《우리가 걸어가면 길이 됩니다》(1990)는 분명히 출간되었고 실제로 이 책들을 각주에 인용하고 있다. 그러나 와일러는 그녀의 에세이에서 이 책들을 잠깐 언급할 뿐이다. 이것은 그녀가 분명히 《페다고지》와 후기 저술 간의 차이를 인식하고 있다는 사실에도 불구하고 그렇다.

프레이리는 그의 교육 방법은 단순히 다른 상황에 옮길 수 없지만, 각 역사적 상황은 그 상황에 적합한 교육 개발이 필요하다는 것을 거듭해서 말한다. 그의 가장 최근 저술에서, 그는 성차별과 인종차별을 계급 억압과 같이 심각한 것으로 여겨야 하는 억압 체계로 언급했다. 그럼에도 그의 저술이 발전시킨 특수한 상황의 맥락에 대한 고려 없이 그리고 이런 제한을 염두에 두지 않은 채 프레이리를 흔히 읽는다. 그의 가장 일반적으로 읽히는 책은 여전히 영어로 출판된 그의 첫 번째 책인 《페다고지》이다. (Weiler, 1991, P. 452)

그렇지만 와일러는 당시 프레이리의 '가장 최근의 저술'을 사실상 무시한다. 그녀는 단지 《해방을 꿈꾸는 교육》에 대해 한 번 더 언급했을 뿐 《우리가 걸어가면 길이 됩니다》는 언급하지 않는다. 프레이리가 안토니오 파운데즈와 공저한 《질문하기를 배움》(1989)에 대한 언급은 와일러 논문의 본문이나 각주 어디에도 없다. 따라서 와일러는 우리가 당연히 프레이리의 저술을 전후 관계에서 보아야 한다는 것을 인정하면서도, 와일러의 비평은 여전히 《페다고지》에만 초점을 두고 있다. 그렇지만 그녀는 프레이리의 후기 저술이 《페다고지》가 제공하는 것보다 억압 문제에 관해 더 많은 것을 제공한다는 것을 인정한다. 그러나 와일러가 후기의 저술인 《해방을 꿈꾸는 교육》, 《질문하기를 배움》, 《우리가 걸어가면 길이 됩니다》의 관련 부분을 자세히 인용하기는커녕 참조하지 않았다면, 그것은 《페다고지》와 후기 저술 간의 차이를 고려할 가치가 없다고 본 것이다. 권위와 가르침, 지식의 원천으로서 경험과 감정, 그리고 차이의 문제들을 다루는 데 있어, 위에서 인용한 후기 저술이 《페다고지》보다 더 중요하다는 것을 감안해보면, 그녀가 후기 저술을 인용하지 않은 채, 《페다고지》를 중심에 두고 논의한 것은 이상하게 보인다. 물론, 와일러가 언급하고 있는 저자들을 포함한 다른 많은 이론가도 이 문제들에 대해 프레이리와 그의 공동 저자들보다 더 자세하고 다양한 방식으로 다루고 있다. 그러나 내가 말하고자 하는 요점은 후속 저술들이 그런 문제들에 대해 보다 진전된 입장을 전하고 있는데도 불구하고, 오직 《페다고지》만을 프레이리 사상의 대표 저술로 내세우는 것을 그냥 두어서는 안 된다는 점이다.

마무리

프레이리 저술의 전후 관계를 고려하지 않는다면, 교육, 문해, 그리고 정치의 이해를 위해 프레이리가 기여한 것을 제대로 말할 수 없다. 《페다고지》는 프레이리의 이론적 발전에서 분명한 계기가 되었고, 그의 고전 텍스트로 항상 기억되겠지만 (프레이리와 그의 해석자들의) 삶은 이 책을 넘어선다. 여기서 삶은 글로 쓴 텍스트의 생산뿐만 아니라 특정한 맥락 속에서 행한 실천을 가리킨다. 《페다고지》가 언급한 맥락과 《페다고지》를 썼던 맥락 간에도 차이가 있다. 이들 두 맥락은 다르다. 프레이리가 후기에 책을 냈던 맥락과 프레이리의 해석자들이 글을 썼던 맥락은 다르다. 맥락의 그런 차이는 텍스트를 형성하고 그것을 읽는 데 도움을 준다. 텍스트와 맥락 간의 관계를 인식하고 적극적으로 관련짓는 것은 프레이리의 비판적 읽기의 과정에서 중요한 요소다. 프레이리의 사상을 완전히 무시해서도, 무비판적으로 수용해서도 안 된다. 우리는 그의 저술을 전후 관계와 상황을 고려하여 전체론적으로 읽음으로써, 《페다고지》를 바로 이해하고, 비판하며, 넘어설 수 있다.

주

1 코넬 웨스트(Cornel West)는 《페다고지》의 출판을 '반헤게모니적인 이론가들과 활동가들의 세계 역사적 사건'으로 기술하였다.(1993, p. xii)

2 예컨대 마오리 문해 과정을 가르치는 오클랜드 대학교의 교수들이 이 책을 강력히 추천하였다.

3 또 다른 책이 최근 나왔다. 그 책은 《새로운 정보 시대의 비판적 교육(Critical Education in the New Information Age)》(Castells, Flecha, Freire, Giroux, Macedo, and Willis, 1999)으로 프레이리는 '교육과 공동체 참여'라는 제목으로 한 장(chapter)을 기고했다. 이 에세이는 《정치와 교육》(1998b)과는 약간 다른 형태로 나왔다. 사후에 더 나온 책인 《이데올로기 문제들(Ideology Matters)》(Freire and Macedo, 1999)은 이 글을 쓸 당시에는 이용할 수 없었다.

4 이것의 가장 좋은 예가 많은 편집물에서 프레이리 저술에 대한 일련의 반응들이다. 예컨대 Shor(1987), McLaren and Leonard(1993a), McLaren and Lankshear(1994), 그리고 Roberts(1999b)를 비교해보라.

제2장 지식, 대화, 인간화
: 프레이리 철학을 탐구하기

이 장에서는 프레이리 철학의 몇 가지 독특한 특징을 설명하고자, 그의 존재론·인식론·윤리론과 같은 요소를 탐구한다. 프레이리는 자신의 철학적이고 교육학적인 관념을 발전시키는 과정에서 넓은 범위의 지적 전통에 의존하였다. 자유주의, 마르크스주의, 실존주의, 급진적 가톨릭주의, 현상학, 포스트모더니즘과 포스트구조주의 사상이 바로 그것이다.(Mackie, 1980b; Clias, 1994; Mayo, 1997; Peters, 1999) 1960년대 브라질과 칠레의 비문해 성인과 함께한 활동에서 그가 개발한 프로그램이 그의 활동 중 가장 기억할 만한 것이겠지만, 프레이리의 실천적 활동은 그가 실재(reality)의 본질을 바라보는 그의 관점에 비추어 이해할 필요가 있다. 또 인간이 된다는 것에 대한 그의 개념, 그의 지식 이론, 그리고 억압과 해방에 대한 그의 관념에 비추어 이해할 필요가 있다. 프레이리의 실천(work)의 이러한 부분에 대한 논의가 이번 장의 핵심이다.

실재의 본질에 대한 프레이리의 관점

프레이리는 사신의 논문에서 세계를 이해하기 위한 접근 방법으로 **변증법적** 접근법을 선택했다. 이 말은 두 가지 의미를 지닌다. 하나는, 프레이리는 실재를 변증법적인 것으로 생각한다는 것이다. 또 하나는, 그는 사회분석을 하는 방식에서도 변증법적이기를 추구했다. 달리 말해 프레이리는 변증법적인 실재에 대해 변증법적으로 사고하려고 시도한다. 많은 사상가 중에서도 헤겔과 마르크스로부터 생겨난 아이디어에 의존하면서, 프레이리는 의식과 세계 간의 역동적인 관계를 가정한다.(Freire, 1998b, p. 19; Torres, 1994b) 그는 이 관계의 변증법적 본질을 무시하는 두 가지 입장을 명백하게 거부했는데, 기계적 객관주의와 유아적(唯我的) 관념주의가 바로 그것이다. 전자는 의식을 객관적인 실재의 단순한 '모방'이라고 여기고, 후자는 의식을 (모든) 실재의 창조자라고 본다.(Freire, 1972b, p. 53) 객관주의 관점은 인간의 모든 행동이 단순히 물질적 혹은 환경적 영향의 산물이기 때문에 인간의 작인(作因)을 부인한다. 예를 들어 기계적 행동주의는 인간의 실천을 기계의 작동과 유사한 것으로 본다. 인간은 자극에 반응하는 (감각기관을 가진) 물질적 신체로서 존재한다는 것이다. 기계적 행동주의자에게 인간적 사건은 그것과 다른 것일 수 없었다. 인간을 구속하는 자극(과거와 현재)의 조합이 주어졌을 때, 인간은 어떤 특별한 상황에서도 다른 행동을 할 수 없었다. 이에 반해, 극단적 관념주의 관점에서 세계는 전혀 존재하지 않는다. 물질적 실재는 단순히 하나의 환상, 즉 의식의 구성물일 뿐이다. 두 입장은 의식적 인간의 활동을 통한 실재의 변혁 가능성을 부정한다.

프레이리에 따르면, 객관적 실재의 모든 양상은 움직임 속에 있다. 객관적 실재란 자연의 세계와 사회적으로 창조된 물질적 대상, 기관, 관행, 그리고 현상을 포함한다. 프레이리에게 세계는 필연적으로 종결하지 않고 계속 진화하는 것이다. "나의 관찰 대상에 대해 비판적으로 접근하면 할수록, 나는 그 관찰의 대상이 **계속 진행 중이기 때문에 아직 끝나지 않았다는 것**을 더더욱 인식할 수 있다."(Freire and Shor, 1987, p. 82) 실재가 변화함에 따라 관념, 개념, 태도, 가치, 신념 등, 요컨대 의식의 모든 산물이 바뀐다. 이것은 계열적이고 순차적인 '원인과 결과'의 관계가 아니라, 인간과 세계 간의 끊임없는 다층적 상호작용의 복잡한 과정이다. 프레이리의 관점에서는, '의식'과 '세계'는 서로가 없이는 도무지 이해될 수 없는 것이다. 의식은 세계에 의해 구성되지만, '이것이 세계이다'라고 말하는 사람이 없으면 세계는 존재하지 않는다.(Freire, 1997a, p. 32 참조)

마르크스(Marx, 1976), 마오(Mao, 1968)와 마찬가지로, 프레이리는 사회적 세계에서의 여러 모순에 대해 특별한 강조점을 두었다. 이 중 프레이리의 윤리론과 정치론에 가장 중요한 모순은 억압자와 피억압자 간의 모순이다. 억압자들은 그들의 대립물인 피억압자들이 존재함으로 인해서 억압자로서 존재할 수 있다. 각자가 그들 자신을 어떻게 인식하는지와 무관하게, 두 집단은 본래 모순 관계 속에서 대립한다. (해방의) 혁명을 통해 억압의 가능성은 무화(無化)될 수 있는데, 그 억압의 가능성은 비록 현시적이지는 않더라도 항상 잠재해 있다.

변증법적으로 사고하는 것은 사회적 실재 내의 모순을 밝혀내는 것을 함의한다. 이는 곧 표면적 외관을 넘어서고 밑으로 침투하는 것을 의미한다. 변증법적 접근은 사회현상과 문제들을 추상적이고 고립된 것으로서가 아니라 전체의 한 부분으로서 이해할 것을 요구하고, 또 이를 전 지구적 관점에서 이론화할 것을 요구한다. 참된 변증론자는 세계의 한 양상을 다른 양상과 관계 지으려고 노력하고, 항상 연구 대상을 그렇지 않은 대상과 대조하면서 더 깊게 설명하려고 애쓴다. 이는 '인식론적 거리 두기(epistemological encircling)'의 한 형태이다. 즉, 모종의 거리를 확보함으로써 더 가까이 다가가기 위한 수단이다.(Freire, 1997a, p. 92) 프레이리에게 변증법적 사고는 **비판적으로** 사고하는 것과 같다. 이는 심화된 질문에 항상 열려 있고, 현재의 가정들이 개정되고 부인되며 역전되는 가능성(엄밀히 말하면 개연성)에 항상 열려 있음을 의미한다. 여기서 지루(Giroux, 1981, p. 114)가 변증법을 바라보는 관점과 명백히 유사한 점을 찾을 수 있는데, 지루는 변증법을 '인간 존재의 본질을 규정하는 갈등과 해결책의 비판뿐만 아니라 인간 존재의 본질을 규정하는 일부분을 모두 나타내는 추론과 행동의 비판적 양식(mode)'으로 바라본다. 칼로스 알베르토 토레스(Carlos Alberto Torres)와의 인터뷰에서, 프레이리는 그를 "변증법적으로 사고하고 단지 변증법을 말로만 하지 않는 사람"이라고 기술하고, 사회적 문제에 개입하는 것에 대한 이런 지향의 한 예를 보여주었다.

> 오늘날 나는 교육의 힘이 정확히 그 한계에 있음을 하루하루 인식하는 엄청난 즐거움 속에 살고 있다. 교육의 효율성은 모든 것을 행하는 것이 불가능하다는 점에 있다. 교육의 한계는 곧 순진한 사람들을 절망으로 끌고 갈 수는 있다. 한편 변증법적인 사람은 교육의 한계 속에서 그 또는 그녀의 효율성을 위한 존재 이유를 발견한다. 이러한 방식을 통해, 요즘 들어 내가 한계가 있으므로 나는 효율적인 교육감이라고 느낀다.
> (Torres and Freire, 1994, p. 106)

프레이리의 인식론

프레이리의 인식론은 실재의 변증법적 본질에 관해 그의 관념이 확장된 것이라고 볼 수 있다. 우리는 계속 변하는 세계와의 상호작용을 통해 무언가를 **알게** 된다.(Freire, 1976, p. 107) 프레이리에게 앎이란 필연적으로 변형을 함축한다. 안다는 것은 인간이 역동적으로 생성과정 속에 있는 세계와 대면하는 인간 주체의 과업이다. 지식은 추상적인 사고나 이론화로부터 생겨나는 것이 아니라 인간의 실천으로부터 생겨난다. 프레이리의 철학을 이해하기 위해서는 앎의 과정 속의 순간들을 순서 지우는 것이 중요하다. 프레이리는 이론이 결코 실천에 앞설 수 없다는 것을 단호하게 주장한다. "무엇보다 먼저 행동해야 한다. 먼저 변화해야 한다. 그다음에, 나는 나의 행동을 이론화할 수 있다. 그전에는 그럴 수 없다."(Freire, 1971a, p. 2) 프레이리(1972a, p. 50)는 사고가 '실재와 관련'되고 '세계에 작용하는 행동에 의해 발생하며' 타인들과의 의사소통을 통해 드러날 때만 그것이 **진실이 되어간다**고 말한다. 진정한 사고는 앎의 한 행위를 구성한다. 여기서 프레이리의 입장은 변증법적 유물론의 근본적 교리와 일치하게 되는데, 그 하나의 교리는 "관념, 개념, 의식의 생산은 곧장 인간의 물질적 활동과 물질적 교류와 직접적으로 엮어진 것이다."(Marx and Engels, 1976, p. 42)

실재의 모든 양상이 끊임없는 변화의 상태로 존재한다는 것을 고려하면, 우리는 결코 **완전하게** 알 수 없다. 우리는 기껏해야 [연구의] 대상을 설명해주는 '존재 이유'를 아는 데에 **좀 더 다가갈 수** 있을 뿐이다.(Freire and Macedo, 1987, p. 78) 앎은 한 대상이나 사실의 존재에 관한(또는 그 배후에 있는) 이유를 탐색하는 것을 포함한다.(Freire and Macedo, 1987, p. 78) 프레이리의 관점에서 지식은 필연적으로 불완전하다. "지식은 항상 진행 중이다. 다시 말해, 앎의 행위가 역사성을 가지고 있다면, 무엇에 대한 오늘의 지식은 필연적으로 내일과 같지 않다. 지식은 실재가 움직이고 변화하는 것만큼 변화한다."(Horton and Freire, 1990, p. 101) 프레이리에게 앎이란 영속적인 발견의 과정, 즉 탐색, 조사, 질문, 탐구하는 과정이다.(Freire, 1985, pp. 1~4; Davis, 1980,

p. 66 참조) 안다는 것은 예정된 목적지에 도달하는 것이 아니다. 오히려 그것은 '여행'의 태도와 관련된 것, 즉 (타인과의 대화를 통해) 세계 속에 존재하고 세계와 상호작용하는 방식과 관련된 것이다. 이는 정확히 사람들은 아는 것이 거의 없다는 것을 인식함으로써 그들은 더 많은 것을 알고자 노력한다. 프레이리는 앎을 성찰적 요소와 행위적 요소를 포함하는 **프락시스**(praxis)라고 말했다. 앎은 사회적 실재를 향해 탐구적이고, 주의 깊고, 끊임없이 추구하는 태도를 필요로 하고, 또 사회적 실재와의 상호작용을 필요로 한다. 이것은 단순하게 이성적인 과정이라고 환원될 수는 없다. 프레이리의 말을 빌리자면 "나는 내 몸 전체와 감정과 열정과 이성으로 알게 된다."(1997a, p. 30) 프레이리의 관점에서 보면, 앎의 행위에서 '종국적'이란 있을 수 없다. 지식은 역사성을 가진다. 즉, 항상 진행 과정 속에 있다. 만약 절대적 지식을 얻을 수 있다면, 앎의 가능성이 사라진다. 왜냐하면 더 이상의 질문이 있을 수 없으며, 다루어야 할 이론적 문제들이 더는 존재하지 않기 때문이다. 지식과 그 반대인 무지에 대한 모든 진술은 그것에 합당한 조건을 갖추어야 한다. 즉, 용어들은 특정한 어떤 것과 관련하여 정의될 때만 합당하다. 프레이리의 관점에서 완전한 지식과 완전한 무지는 없다. "모든 것을 모르는 사람은 없듯이, 그 누구도 모든 것을 알 수는 없다."(Freire, 1976, p. 117) 이 통찰은 의미상으로 '지식인'의 전통적인 구성에 대한 재정의의 토대를 제공해준다. 지루(Giroux)가 지적한 바와 같이 프레이리는, 모든 사람이 세계를 해석하고 세계에 의미를 부여한다는 의미에서 모든 인간은 지식인이라고 간주한다.(Giroux, 1985, p. xxiii; cf. Gramsci, 1971, pp. 5~23; Lankshear, 1988)

프레이리의 관점은 지식에 관한 플라톤의 개념과 비교할 때 그 특징이 밝혀질 수 있다. 플라톤(1974)은 참된 지식과 단순한 억견(臆見)을 구분했다. 억견은 시각적 (물리적·실천적·물질적) 세계와 관계있고, 지식은 초감각적이고 지성적인 영역에 연관되어 있다.(§507) 가장 낮은 단계에서, 억견은 '환상'의 형태를 띤다. 플라톤은 환상을 세계의 단순한 인상, 혹은 물질적 형태로 나타날 때의 대상의 인식이라고 불렀다.(§§509d, 510a) 이미지와 밖으로 드러나는 외양에 초점을 둔다는 것을 고려했을 때, 이러한 인상들은 실재에 대해 본질적으로 왜곡된 관점을 제공한다.(§§509d, 510a) 억견보다 높은 단계는 '신념'으로, 이것은 '삶에 꽤 실천적인 지침이지만 완전히 숙고된 것은 아닌 도덕적이고 물질적인 대상물'에 대한 '상식적인' 관념으로 표현된다.(《공화국》 번역본, p. 311) 환상과 신념은 실재의 본질에 대한 순수한 이해를 제공하지 못한다. 왜냐하면 이 둘은 감각으로 인지될 수 있도록 묶여 있기 때문이다. 세부사항들을 다루는 감각적 세계는 늘 변화하며, 그래서 결코 참되게 알 수 없다. 반면 관념이나 형상의 세계는 변화하지 않는다. 이 세계는 우리가 관찰하는 세부사항들이 파생되는 보편성의 영역이다. 수학적(연역적) 이성은 이 높은 지성 영역에 속한다. 그러나 순수 지성의 정점은 변증법적 이성으로, 이에 대해 플라톤은 다음과 같이 기술한다.

그것은 가정을 원리로서가 아닌, 진정한 의미에서 가정으로 다루는 것이다. 즉, 가정 없이 만물의 제1 원리가 되는 무언가로 상승해가는 출발점과 단계로서 가정을 다루는 것이다. 그것은 그 원리를 파악했을 때, 그것이 그 원리에 따르는 결과를 끝까지 유지함으로써 다시 결론으로 내려갈 수 있다. 이 모든 절차는 감각적 세계에서는 이루어지지 않으며, 오직 형상에서 형상으로 움직이고 형상으로 끝난다. (§511b)

플라톤이 주장하는 가장 높은 단계의 지식은 선의 형상에 관한 지식이다.(§505a) 선이란 '모든 노력의 목적(end)이자, 모든 마음이 향하는 대상이다.'(§505d) 선의 형상은 '지식의 대상에게 대상에 대한 진리를 주고, 인식하는 자의 마음에 앎의 힘을 준다.'(§508e) 플라톤에게 지식을 획득하는 것은 신체에 현현되기 이전에 영혼 속에 존재했던 것을 기억하거나 회상하는 일이다. 지식은 신성한 기원을 갖는다. 지식을 추구하는 능력, 즉 이미 거기 있는 것을 회상하는 능력은, 비록 단순한 억견에서 더 높은 지성의 형상에로 나아가는 진보가 잘 일어나지 않는다 하더라도, '각 개인의 마음속에 본래적으로 존재한다.'(§518d)

프레이리의 입장은 이와는 정반대다. 프레이리에게 참되고 진실한 지식은 객관적 실재의 영역 너머에 있는 어떤 영역에서 생겨나는 것이 아니다. 반대로 앎은 철저하게 물질적 세계에 근거한다. 지식의 기원은 천상의 어떤 형상 속에 있는 것이 아니라, 인간 활동의 매일매일 변화하는 순간들 속에 있는 것이다. 프레이리가 본 바에 의하면, 지식은 철학적 사고를 통해 수집되는 것이 아니라 사회적 세계에서의 성찰적인 행동을 통해 **창조되는** 것이다. 프레이리는 플라톤과 마찬가지로 외양의 단순한 이해를 뛰어넘고자 했으며, 연구 대상 표면의 이면을 탐색하는 것을 열정적인 실천적 노력이라고 보았다. 지식에 이르는 길은 추상적·영적·개인적 활동의 형태에서 발견되는 것이 아니라 타인과의 활동적 의사소통적 관계에서 발견된다. 대화를 통한 앎은 (물질적) 세계를 초월하지 않으며, 오히려 (물질적) 세계에 의해 중재된다. 프레이리에게 알아야 할 '형상'의 세계는 없다. 플라톤과 마찬가지로 프레이리에게 변증법적 사고는 다른 이해의 방식보다 더 고상한 방식이지만, 각 이론가의 변증법 개념이 의미하는 앎의 양식은 아주 뚜렷이 구분된다. 플라톤의 관점에서 변증법적 이성은 세속적인 특수사항과는 완전히 분리된 특징을 지니지만, 프레이리에게 변증법적 사고는 사회적 전체성 속에 있는 구체적인 특수사항들 사이의 상호관계에 초점을 둔다. 프레이리에게 선과 지식은 면밀하게 관련되어 있는데, 이것은 플라톤에게도 마찬가지이다. 그러나 플라톤은 선을 현실 세계의 모든 선의 행동이 파생되는 최고의 형상이라고 보았다면, 프레이리의 관점에서는 이러한 행동(즉, 프락시스적 행동)이 최고의 선이며, 앎이 일어나는 것은 바로 이러한 프락시스적 행동을 통해서이다.

프레이리는 인식론적 상대주의자가 아니다. 맥라렌과 실바(McLaren and Silva, 1993)가 지적했듯이, 프레이리는 모든 관념이 동등한 가치를 가진다고 믿지는 않았다. 프레이리 관점에 따르면, 실재의 본질에 대한 몇몇 사고방식, 어떤 이론, 어떤 평가는 다른 것들에 비해 더 좋은 것이다. 우리가 간단히 살펴본 바와 같이, 이 주장은 프레이리의 윤리론에도 적용된다. 프레이리에 따르면, 삶을 사는 어떤 방식, 타인을 향한 어떤 행동방식, 그리고 세계에 존재하는 어떤 방식은 다른 방식보다 더 좋은 것이다. 이를테면 도덕적으로 더 선호된다는 것이다. 반면에, 지식에 관한 프레이리의 이론은 플라톤적 의미에서 절대주의적이지 않다. 고정되고 불변하는 진리, 시공간을 초월하는 진리는 없다. 프레이리는, 관념이 "물질적이고 상징적인 산물의 힘에 의해 중재되는, 역사적이고 문화적으로 잘 알려진 담론으로 맥락적으로 이해되어야만 한다"라고 주장한다.(McLaren and Silva, 1993, p. 55) 프레이리의 관점에서는, 지식은 파생되거나 계승되는 것이 아니라 **구성되는** 것으로, 특정한 사회관계 속에서 주조되고, 주어진 이데올로기적·정치적 형태를 반영하며(부분적으로 그 구성요소가 되기도 하며), 직접적이든 간접적이든 항상 인간의 실천에 그 기반을 두고 있다. 실재에 대한 어떤 특정한 구성 방식은 다른 방식보다 더 나은 경우가 있다. 예컨대 세계를 대화적이고 비판적으로 읽는 것은, 반(反)대화적이거나 수동적인 태도가 허용하는 것보다 조사 중인 대상에 대해 더 깊은 이해를 제공한다.

인간으로서, 우리는 앎 자체의 과정에 대해, (우리의) 의식에 대해, 그리고 의식과 세계와의 관계에 대해 성찰할 수 있는 능력을 가지고 있다. 우리는 알 수 있을 뿐 아니라, 우리가 안다는 것도 알고 있다.(Davis, 1980, pp. 58~59) 프레이리에게 인간 의식의 본질이란 세계에 다가가는 의도성이다. 인간은 자신의 물질적 존재의 즉자적 현실로부터 '뒤로 물러날' 수 있고, 그것을 성찰할 수 있다. 프레이리는 이것이 인간 진화의 결정적 계기라고 말했고, 테야르 드 샤르댕(Teilhard de Chardin, 1959)은 이를 '인간화'라 일컬었는데, 그에게 이 말은 본능에서 사고로의 전환을 의미하는 것이었다. 인간은 주목하고 있는 대상뿐만 아니라 그 문제화가 일어나는 과정도 문제화할 수 있는 능력을 가지고 있다. 이는 곧 '메타 인식'의 형태, 즉 우리 스스로와 타인들 그리고 세계를 이해하려는 의식적 노력에 대한 인식의 형태를 띤다.

인간화: 프레이리의 윤리적 이상

프레이리는 지식을 필연적으로 불완전하고 항상 진화하는 것으로 본 것과 마찬가지로, 인간을 항상 '형성 중인' 상태에 놓인 존재로 보았다. 프레이리가 신봉하는 인간의 이상은 인간화인데, 그것은 '더 완전한 인간이 되는 것'이다. 프레이리에 따르면, 인간은 누구나 **완전한** 사람이 될 수 없으며, 기껏해야 **조금 더** 완전한 인간이 될 뿐이다. 프레이리는 '좀 더 ~가 된다'라는 이 말을 역사 속에서 만들어지는 인간 본질의 표현이라고 보았다.(1994, pp. 98~99; 1997a, p. 32; 1998b, p. 18) 인간은 필연적으로 완벽하지 않고, 완성되지 않으며, 불완전한 존재로서 계속 변화하는 세계 속에 그리고 그 세계와 함께 존재한다.(Freire, 1972a, p. 57) 프레이리의 관점에서, 인간이 된다는 것은 영속적인 탐구의 과정에 참여하는 것이다.(Freire, 1998c, p. 21) 프레이리가 보건대, 인간화는 인간의 존재론적 소명이자 역사적 소명이다. 이는 역사적 실재이지만 존재론적으로 필연적이지는 않은 비인간화와는 반대되는 개념이다. 타인과 대화를 통해 비판적으로 의식적인 방식으로 진정한 프락시스에 참여할 때, 인간은 더 완전한 인간이 되려는 소명을 추구한다.

프레이리의 존재론적 소명의 개념은 인간을 '기능(function)'을 가진 존재로 바라본 고대 그리스적 개념을 참조물로 삼아 설명할 수 있다.(Lankshear, 1993, pp. 108~109 참조) 플라톤(1974)은 한 사물의 '기능'이란 "그 사물만이 발휘할 수 있거나 혹은 그 사물만이 가장 잘할 수 있는 것이다. … 기능을 가지고 있는 모든 것은 그것만이 가지는 특정한 탁월함을 지닌다"(§§353a~353b)라고 주장한다. 모든 탁월함에는 그에 상응하는 결점이 존재한다. 따라서 눈의 기능이 보는 것이라면, X가 완벽한 시각을 가지고 있어야 눈은 이 기능을 잘 수행할 수 있고, X가 실명됐다면 눈은 제대로 기능하지 못한다.(§353b) 이러한 탐구의 노선을 추구하는 플라톤의 의도는, 정의로운 사회는 각 개인이 자신의 특정한 기능에 맞는 적절한 역할을 수행하는 사회라는 주장의 근거를 마련하는 것이었다. 플라톤의 이상사회에서 사람들은 제각기 다른 기능이 있다. 즉, 철학자가 하나의 기능을 가지고 있다면, 군인은 또 다른 기능을 가지고 있고, 신발 제조공은 또 다른 기능을 가지고 있다는 것이다. 그러나 아리스토텔레스(1976)는 단순히 인간으로서 모든 인간이 가지는 기능이 있는지에 대해 알고자 했다. 즉, '눈, 손, 발, 우리 구성원의 모든 사람이 각기 어떤 기능이 있는 것처럼, 인간이 이러한 특별한 기능을 뛰어넘는 기능이 있다고 상정할 수는 없을까'를 알고자 했다.(§1097b) 아리스토텔레스의 관심사는 인간의 **독특한** 점을 발견하고자 하는 것이다. 영양에 의해 배양되고 성장으로 나타나는 "삶'은, 식물도 우리와 함께 이것을 공유한다는 점에서 그것이 인간만의 기능이 아니다. 즉, 우리의 '지각 있는' 삶 또한, 동물이 이 특성을 공유하고 있다는 점에서 그것이 인간만의 기능이 아니다. 아리스토텔레스가 내린 결론에 따르면, 그것은 우리를 다른 모든 존재 및 사물과 구별해주는 실천적인 **이성**의 능력임이 틀림없다. 따라서 인간의 기능은 '합리적인 원칙에 맞는 혹은 그것을 함축하는 영혼의 활동이다.'(§1098) 누군가가 잘 사고하든 잘못 사고하든, 이 기능은 본질적으로 동일하다. 즉, **모든** 인간은 그들의 이성에 의해 (다른 존재들과) 구분된다. 기능은 '알맞은 탁월성에 맞게 수행될 때 잘 수행된다.'(§1098) 아리스토텔레스에게 행복(최상의, 가장 좋은, 가장 즐거운 것)(§1099)이란 인간의 행동이 향하고 있는 궁극적인 목적이다.(§1097) 선하며 진실로 행복한 이상적인 인간의 삶은 최상의 인간의 미덕, 즉 이성과 조화되어 (잘, 적절하게) 사는 삶이다.

존재론적 소명에 대한 프레이리의 개념도 이와 비슷한 관점에서 이해될 수 있다. 프레이리에 따르면, 우리를 명백하게 인간으로 만들어주는 것은 프락시스에 참여하는 우리의 능력이다. 프락시스는 '세계를 변혁하기 위해 세계에 대해 성찰하고 행동하는 것이다.'(Freire, 1972a,

p. 28) 오직 인간만이 프락시스에 참여할 수 있다. 비록 동물은 적응하는 과정에서 물질세계의 형태를 바꾸기도 하지만, 동물들의 객관적 실재의 변형은 순전히 본능적이다. 그러나 인간은 의식적이고 의도적으로 그 세계를 변형하는 능력을 가지고 있다. 인간은 그들의 행동을 다룰 뿐 아니라 자신을 성찰의 대상으로 다룰 수 있는 유일한 존재다.(p. 70) 동물은 현실 안에 침잠해 있다. 즉, 동물들은 세계로부터 뒤로 물러날 수 없으며, 자신을 세계와 관련해서 인식할 수 없다. 반면에 인간은 세계를 성찰하는 능력을 가지고 있으며, 그 성찰에 비추어 그 세계를 변형할 수 있다. 목적이 있는 활동에 참여한다는 의미에서 유일하게 인간만이 **일하는** 존재이다. 인간만이 세계에 대해 의식적으로 행동하고 그 세계와 상호작용하는 존재이다.(Freire, 1974a, p. 141) 동물은 대개 환경으로부터 오는 자극에 단순히 반응한다. 반대로 인간은 세계 속에서 도전을 인지하고 이에 반응한다. 이러한 관념은 마르크스가 종종 인용했던 건축가와 벌(bees)의 행동 차이에 관한 예시와 매우 맞닿아 있다. 즉, '벌은 정교한 벌집 구조로 인간 건축가를 망신줄 수는 있다. 하지만 최악의 건축가가 최고의 벌과 구별되는 점은, 건축가는 건물을 실제로 짓기 전에 그것을 마음속으로 지어본다는 것이다.'(Marx, 1976, p. 284)

동물은 접촉의 피조물이다. 즉, 동물은 단순히 세계에 적응한다. 이와는 달리 인간은 세계에 적응할 뿐 아니라 그것과 융화 통합될 수 있다. 동물은 단지 세계 **속에** 존재한다. 인간은 세계 **속에** 존재하며, 세계와 **더불어** 존재한다. 동물은 시간에 대한 개념이 없다. 영원한 '오늘'을 살아갈 뿐이다. 동물은 '삶에 맞설' 수 없으며, 삶에 의미를 부여하거나 그것에 헌신할 수 없다.(Freire, 1969, p. 3) 그러나 인간은 역사적인 존재로서, 과거를 파악하고 미래를 상상할 수 있다. 책임감 있는 존재로서 인간은 그들 자신의 미완성임을 지각하고 있다.(Freire, 1998c, p. 56) 인간은 동물과는 달리 그들을 둘러싼 주위의 세계를 의식적으로 변형하는 가운데 역사를 **만든다.** 또한 그렇게 함으로써 그들의 유한성을 확인한다.(Freire, 1972a, pp. 70~73; 1976, pp. 3~5)

인간의 활동이 프락시스적이기 위해서는 성찰과 행동 간의 통합이 있어야만 한다. 성찰을 동반하지 않은 행동은 행동주의에 지나지 않는다. 행동이 수반되지 않는 성찰은 단순히 언어적 표현에 불과하다.(Freire, 1972a, p. 60) 프락시스적 행동은 "행위자의 모든 것, 즉 그들의 정서, 느낌, 그리고 '언어-사고-성찰'을 포함한다."(Freire, 1970a, p. 1) 이것은 행동이 **항상** 성찰에 따라야 한다는 의미가 아니다. 즉, 종종 프레이리는 행동이 '실현 가능하지' 않다고 언급한다. 비판적 성찰 또한 행동의 한 형태이다.(Makins, 1972) 주어진 상황에서 행동(교육적 개입을 포함하는 행동)의 실현 가능성은 오직 타인과의 의사소통을 통한 성찰로 결정될 수 있다.

프레이리의 관점에서 잘 산다는 것은 성찰적이고 비판적이며 대화적인 행동을 통해 세계를 변형하는 것이다. 모든 인간의 소명은 이 능력을 실현하는 것, 즉 최대한으로 '사회적이고, 역사적인, 사고하는, 소통하는, 변혁하는, 창의적인 사람'으로 살아가는 것이다.(Freire, 1998c, p. 45) 인간화의 추구는 우리가 이미 인간으로 존재하는 것을 더욱 심화하기 위한 탐구이다. 즉, 프락시스의 존재가 되기 위한 탐구이다.(Freire, 1970b, p. 16) 그렇다고 모든 형태의 프락시스가 인간화하는 것은 아니다. 예컨대 프레이리는 '혁명적 프락시스'와 '지배 엘리트의 프락시스'를 구분했는데, 전자는 인간화하는 것이고 후자는 인간성을 말

살하는 것이다.(1972a, p. 97) 전자 형태의 프락시스에는 근본이 되지만 후자의 프락시스에는 없는 결정적 요소는 바로 **대화**이다.

대화와 사회변혁

프레이리 관점에서, 인간화의 추구는 결코 고립된 개인주의적인 행동일 수 없다.(Freire and Shor, 1987, p. 109; Horton and Freire, 1990, p. 111) 소통하는 존재로서의 인간은 타인과의 관계에 들어가 **사회적** 세계를 창조한다. 프레이리가 《자유의 교육학(Pedagogy of Freedom)》(1998c, p. 58)에서 서술한 바에 따르면, "우리의 존재 방식은 더불어 존재하는 것이다." 이 과정에 참여하면서, 인간은 동시에 그들 자신을 재창조한다.(참조. Marx, 1970, p. 21; Marx and Engels, 1976, p. 42; Freire, 1972b, pp. 29~30, 51~57) (프레이리의 용어로) 타인과 고립된 채 인간화 추구를 말하는 것이 무의미한 것과 마찬가지로, 사람의 비인간화에 대해 혼자만 책임을 진다고 생각하는 것 또한 터무니없다. 우리는 타인과의 대화를 통해 자신을 인간화한다. 이것이 프레이리에게 인간이 된다는 것이 무엇을 의미하는가 하는 문제의 핵심이다.

데카르트(1931, p. 101)는 그의 유명한 격언에서 인간의 정체성을 이론화했는데, "나는 생각한다, 고로 나는 존재한다"라고 말했다. 이에 대해, 프레이리는 '우리는 생각한다'라는 것이 공존하는 곳에서만 '나는 생각한다'라는 문구가 이해될 수 있다고 말한다. 프레이리는 개별 인간이 독특하다는 것을 부인하지 않는다. 사람들은 그들만의 독특한 방식으로 세계와 타인을 이해하고 이에 반응한다고 인정한다. 그러나 개인의 존재가 의미 있으려면 간주관성을 통해야만 한다고 주장한다. '나'의 존재는 오직 '내가 아닌' 존재(非我)가 수반되기 때문에 가능하며, 여기서 '내가 아닌' 것(非我)은 타인과 세계 양자를 함축한다. 프레이리에게 '우리는 존재한다'는 것은 '내가 존재한다'는 것을 설명한다. 즉, '네가 존재하지 않으면 나는 존재할 수 없다'는 것이다.(Fonseca, 1973, p. 96) '나는 존재한다'는 것은 '우리는 존재한다'는 것을 선행하지 않고 오히려 이로 인해 실현된다.(Freire, 1985, p. 129) 프레이리의 관점에서는, 앎은 순수하게 개인적인 과정일 수 없으며 오직 대화, 즉 타인과의 관계를 통해서만 가능하다. 그것은 직접적(면대면)이든 간접적(예를 들어 텍스트)이든, 객관적인 세계에 의해 매개되는 타인과의 관계를 통해서만 가능하다.(참조. Buber, 1958; 1961)

프레이리의 도덕철학에서, 프락시스와 대화는 긴밀하게 관련되어 있다. 즉, 진정한 대화는 인간화하는 프락시스의 한 형태를 나타낸다. 대화는 '사람들 간의 만남이고, 그 세계에 의해 매개되며, 세계의 이름을 짓기 위한 것이다.'(Freire, 1972a, p. 61) 세계의 이름을 짓는다는 것은 변화의 과정 그 자체이다. 즉, 타인과의 의사소통을 통해, 세계를 이해하고 변형하는 인간의 추구를 일컫는다. 이러한 이름 짓기는 끊임없는 창조와 재창조의 계속적인 과정이다. 즉, 한번 이름 지어진 세계는 새로운 이름 짓기를 요구하는 하나의 문제로서 그 자신을 새롭게 드러낸다. 프레이리는 인간이 '그들 자신의 말을 할' 수 있는 **원초적 권리**를 가지고 있다고 주장한다. 인간이 세계의 이름을 짓고 그래서 그 세계를 변형시키는 것은 바로 '진실한 말'을 하는 데 있다. 진정한 말은 진실하고 대화적인, 성찰과 행동의 통합이다. 궁극적으로 '그 누구도 혼자서는 진정한 말을 할 수 없다.'(p. 61) 진정한 말을 한다는 것은 한 주체(a Subject)로서 역사적 과정에 들어가, 타인과의 비판적 토론을 통해 알게 된 것을 기반으로 의식적으로 지향된 행동을 통해 (객관적이고 주관적인) 현실을 바꾸는 것이다.

만약 대화적 의사소통이 인간화하는 것이라면, 그것은 세계와 타인에 대한 '사랑'을 반드시 포함해야 한다. 이것은 다시 어떤 겸손의 감각을 요구한다. '세계의 이름을 짓는' 타인의 능력에 대한 믿음과 참여하는 사람들 간의 신뢰, 그리고 비인간화가 극복될 수 있다는 희망은 필수적인 것이다. 최종적으로, 프레이리는 대화가 인간화하는 프락시스가 되고자 한다면 비판적 사고가 필수적이라고 명기한다.(pp. 62~65) 이러한 조건들이 충족되고 두 명 이상의 사람들이 공통된 대상을 이해하기 위해 서로 소통하게 될 때, 진정한 대화와 진실하고, 인간화하는 프락시스가 가능하다고 프레이리는 주장한다.

해방의 정치학

비판적·대화적 프락시스를 통한 인간화는 프레이리에게 윤리적 **이상**을 나타낸다. 그러나 빈번하게, 몇몇 그룹이나 개인들에 의한 인간화의 추구는 타인의 행동으로 방해받는다. 이러한 일이 발생하면 그 상황은 일종의 억압이 된다. 누군가에게 프락시스에 참여하는 것을 방해하는 것은, 그 사람에게 열려 있는 행동의 범위를 제한하는 것이든 그 사람이 비판적으로 사고하는 능력을 억제하는 것이든, 그 사람을 비인간화하는 것이다. 따라서 프레이리가 보기에 억압은 곧 비인간화하는 것이다. 이것이 우리를 **윤리적** 존재로 만들어준다. 즉, '개입하고, 비교하고,

판단하고, 결정하고, 선택하고, 단념하는 우리의 능력은 우리가 위대한 행동, 존엄한 행동, 동시에 모욕과 관련해서는 상상할 수 없는 행동을 하도록 만든다.'(Freire, 1998c, p. 53) 차별에 대항해 싸우는 것은 하나의 윤리적 정언명령이다.(Freire, 1997a, p. 87) 타인을 비인간화하는 사람은, 비록 다른 방식으로, 그리고 다른 의미와 결과를 수반하지만, 마찬가지로 자신을 비인간화한다.(Freire, 1972a, p. 24; 1996, p. 180) 다른 사람의 인간화를 부정하는 것은 또한 스스로 인간화를 부정하는 것이다. 왜냐하면 프레이리에게 인간화는 **대화적** 과정이기 때문이다. 타인을 비인간화하는 자들은 심각한 반(反)대화의 형태를 실행하며, 따라서 더 완전한 인간이 되게 하는 과업에 참여할 수 없다.

인간화와 비인간화는 모두 인간에게 구체적으로 가능한 것이지만, 인간화만이 존재론적이고 역사적인 소명이다. 더 완전한 인간이 되려는 이 소명이야말로 우리를 인간으로 만들어준다. 즉, 이 소명이 인간이 된다는 것의 **본질**이다. 인간화는 존재론적일 뿐만 아니라 역사적인 소명이다. 왜냐하면 사회적 관계로 이루어진 객관적인 세계 속에서 우리가 (비판적인 성찰을 기반으로) 행동하도록 요구하기 때문이다. 비인간화는 이러한 소명의 왜곡을 나타낸다. 프레이리는 비인간화가 특별한 (억압적인) **사회적** 실천으로부터 발생한다고 강조한다. 그러므로 비인간화가 숙명은 아니라고 강조한다. 만약 인간이 억압적인 사회구조, 삶의 조건, 그리고 사고와 행동의 양식을 **창조했다면**, 인간도 또한 이러한 환경을 변화시킬 수 있다고 본다.

억압된 사람들의 과업은 **해방**이다. 프레이리에게, 해방은 심리적인 과정이 아니다. 즉, (순수하게) 의식의 전환으로서나 내적 변혁의 어떤 형태로 일어나는 것이 아니다.(Brandes, 1971, p. 6~7) 오히려 해방은 특수한 역사적·사회적 환경하에서 세계에 대해 가하는 인간의 변혁적 행동에 의해 발생한다. 이 부분에 대해 프레이리는 그 자세가 철저히 마르크스적이다. 마르크스와 엥겔스는 《독일 이데올로기(The German Ideology)》에서 이렇게 진술한다,

> 오직 리얼한 세계에서 리얼한 수단으로 리얼한 해방을 성취할 수 있다. … 민중들이 충분한 양과 질의 음식과 음료, 집과 옷을 얻지 못하는 이상, 그들은 해방될 수 없다. "해방"은 역사적인 행위이지, 정신적인 행위가 아니다. (1976, p. 44)

프레이리에게, 해방은 억압을 극복하는 방향으로 나아가는 비판적이고 대화적인 프락시스의 한 형태이다. 초기 연구에서, 그는 피억압자들은 결코 그들의 억압자들에 의해 해방될 수 없으며, 그들 스스로와 그들을 억압하는 자들 모두를 **함께** 해방시켜야 한다고 주장했다. 역설적이게도, 오로지 피억압자들의 '나약함'만이 억압자들을 해방시키기에 충분히 강하다.(Freire, 1975, p. 17; 1972c, p. 2) 피억압자들이 그들의 인간화 추구가 방해받는 상황에 직면할 때, 프레이리는 피억압자들이 머잖아 저항하기 시작할 것이라 믿는다.(Freire, 1972a, p. 21) 변증법적으로 대립하는 집단 간의 갈등은 언제나 발생할 수 있는데, 심지어 일시적인 '합의'와 외관상 평온함의 시기가 역사의 어느 계기로 이르렀을 때도 발생할 수 있다. 참으로 갈등은 사회적 삶의 한 근본적인 부분이라고 보일 수 있다.(Freire, 1998a, p. 45) 그렇지만 프레이리는 피억압자들이 종종 억압자들에게 너무 지배당해서, 그래서 세계를 볼 때 억압자들의 관점을 취한다고 주장한다. 즉, 피억압자들은 억압을 피할

수 없는 것이라고 본다는 것이다. 프레이리는 차별이나 착취의 직접적인 경험이 억압에 대한 분명한 이해를 제공한다는 것을 인정하지만, 또한 억압적 현실에로의 침잠은 자신에 대한 인식과 타인과의 관계를 손상시킬 수 있다는 것을 강조한다.(1972a, p. 22)

실재에 대한 왜곡된 인식이 만연한 곳에, 억압자와 대항해 싸우는 과정에서 피억압자 스스로가 억압자가 될 위험이 도사리고 있다. 억압자로부터 피억압자에게 전해지는 인간성의 모델은 억압자 개인의 비전을 이상적인 것으로 묘사한다. 이러한 환경에서, (인간이) '된다는 것'은 억압자가 된다는 것과 같다.(Freire, 1975, p. 16) 피억압자의 정신은 억압자들의 '침략적인 그림자'에 의해 침해를 당한다.(Freire, 1998c, p. 78) 그러나 피억압자들은 결코 억압자들의 실재에 완전히 휩싸이거나 그 현실로 귀결될 수 없다. 단순한 모방 그 이상으로 '그들의 창조, 그들의 언어, 그들의 문화를 만들어내고, 그것을 일종의 그들 안의 저항과 반역의 미약한 울부짖음으로 만들어주는 아주 보잘것없는 그들 자신의 흔적'이 있다.(Freire, 1996, p. 118)

억압자들의 이데올로기에 맞서는 문제는, 프롬(Fromm, 1984)의 연구에 근거하여 프레이리가 '자유에의 공포'라 부른 것과 혼합되어 있다. 피억압자들은 "자유를 포옹하기를 두려워한다. … (반면에) 억압자들은 억압하는 '자유'를 잃을까 두려워한다."(Freire, 1972a, p. 23) 프레이리는 자유를 '인간 완성의 추구를 위한 필수불가결한 조건'이라고 여긴다. 해방은 그것이 진정한 것이 되기 위해서 자유를 **요구한다.**(p. 24) 자유는 자율과 책임을 뜻하며, 피억압자들에 의해 **획득**되어야 한다. 자유는 그들에게 주어지는 것이 아니다. 프레이리가 이해한 바에 따르면, 자유는 제한 없는 해방이 아니다. 그것은 인간 행동의 경계 안에서,

개입과 투쟁에서 발생하며, 항상 일정한 제약을 받는다.(참조. Freire, 1998c, p. 96) 프레이리는 피억압자들을 억압하는 조건에 대항하는, 폭력적 투쟁을 포함할 수도 있을 그들의 혁명적 행동을 하나의 '사랑'의 행위라고 말한다. 피억압자들의 폭력은 '실제로 전혀 폭력이 아니며, (억압적인 상황에 대한) 합법적인 행위이다.'(Freire, 1972c, p. 3) 국내와 국가 간의 배고픔과 인종차별, 성차별, 그리고 경제적 지배는 **숨겨진** 혹은 위장된 폭력의 형태를 띠고 있다.(Freire, 1996m, p. 185) 때때로 이러한 조건들은 피억압자들에게는 견딜 수 없을 만큼 비인간화하는 것이어서, 혁명적 투쟁으로서의 폭력은 억압의 더 큰 폭력을 극복하기 위한 유일한 수단이 될 때, 그것은 정당화된다.(참조. Fanon, 1967) 그러나 후기 연구에서, 프레이리는 여기에 제한이 있음을 분명히 했다.

> 나의 관점은 곧 "지구의 헐벗은 사람들", 즉 배제된 사람들에 대한 것이다. 그렇지만 나는 그 어떤 상황에서도, 이 관점과 연관된 테러리즘의 행위를 수용하지 않는다. 이러한 행위는 무고한 자들을 죽음으로 내몰고, 모든 사람에게 영향을 주는 불안을 확산시킨다. 테러리즘은 내가 보편적 인간 윤리라 부르는 것과는 정반대이다. 나는 자신들의 권리를 위해 고군분투하는 아랍인의 편에 서 있지만, 그들의 권리를 위해 뮌헨이나 다른 곳에 영속화되어 가고 있는 테러리즘의 행위를 수용할 수는 없다. (1998c, p. 22)

프레이리는 억압자의 관점을 내면화한 피억압자들이 그들 자신을 하나의 계급으로 인식하지 못한다고 경고한다. 이것은 효율적인 혁명적 실천의 가능성에 불리하게 작용하며, 계속적인 억압을 위한 한 버팀목으로 기여한다. 좀 더 나은 사회적 세계를 위해, 피억압자들의 통합, 연대, 공유된 헌신을 강조한다는 점에서 프레이리는 철저히 사회주의자다. 그들의 투쟁이 효과적이기를 원한다면, 다양한 피억압자 단체 간의 통합은 필수적이다. 통합 없이는 '분할과 지배'를 통한 지배정책이 만연해질 수 있다.(Freire, 1996, pp. 180~181; 1997a, p. 86) 프레이리에게 연대란, 우리가 인간으로서 타인과 **함께**하고자 하는 필요에 대한 성찰이다.(Freire, 1998c, p. 72) 《공산당 선언(The communist Manifesto)》의 마지막 부분에서 마르크스와 엥겔스가 모든 나라의 노동자들이 단결하기를 요구했던 불멸의(지금, 포스트모던 시대에는 좀 어울리지 않는) 외침에 반응하면서(Marx and Engels, 1967, p. 121), 프레이리는 '노동자 계급의 보편적 연대는 성취하기 어렵지만, 그것은 필수적인 것이며, 우리는 그 연대를 위해 투쟁해야 한다'고 주장한다.(Freire and Faundez, 1989, p. 59) 프레이리가 주장한 바에 따르면, 연대는 현재와 같은 '비뚤어진 신자유주의 철학의 시대'에 더욱더 중요하다.(1998c, p. 115) 프레이리는 몇몇 사회주의 체제가 안고 있는 권위주의를 매우 비판하지만, 자본주의는 본질적으로 부당한 생산양식이라고 단호히 말한다. 그에게, 해방에 헌신하는 사람의 일은 사회주의와 민주주의의 이상을 함께 가져오는 것에 있다.(Freire, 1996, p. 188을 보라)

프레이리(1972a, p. 25)는 해방이란 '하나의 출산이며, 고통스러운 것'이라고 결론지었다. 사회적 실재가 변화하고 새로운 형태의 억압이 펼쳐짐에 따라, 해방을 위한 투쟁은 성찰과 행동의 영속적인 과정으로 계속되어야 한다. 해방을 단순히 계급 변혁의 과정으로 환원시킬 수 없으므로, 개인을 완전히 부정할 수도(Freire, 1996, pp. 159~160), 해방의 본질적인 사회적 성격을 부정할 수도 없다.

나는 자기해방을 믿지 않는다. 해방은 사회적인 행동이다. … 당신이 개인적으로 **가장** 자유롭다고 느낄 때조차, 만약 그 감정이 **사회적**인 감정이 아니라면, 만약 당신의 **최근** 자유로 사회 전체를 변형시킴으로써 타인이 자유로워지도록 도와줄 수 없다면, 당신은 권한부여나 자유에 대해 오직 이기주의적인 태도를 행사하고 있는 것이다. (Freire and Shor, 1987, p. 109)

특정한 사회의 어떤 특정한 역사적 시대에도, 복잡하게 얽혀 있는 (종종 모순되는) 관념, 가치, 희망, 그리고 도전이 있을 것이다. 이것들은 구체적인 표상 속에서 그 시대의 테마를 구성한다.(Freire, 1976, p. 5) 이러한 테마를 비판적으로 검토해보면 수행해야 하는 일련의 과제를 알 수 있다. 프레이리는 비판적 사고와 변혁적 행동에 대한 장애를 '한계상황'이라고 명명했다. 한계상황에 의해 수반되는 과제는 '한계행동'을 요구한다.(Freire, 1972a, p. 73) 예컨대 프레이리는 제3세계 국가들이 제1세계에 경제적으로 의존하는 것을 한계상황이라고 말한다. 즉 이러한 관계에 구속을 당하는 나라들은 '타국을 위한 존재'가 된다. '그들 자신을 위한 존재'(참조. Sartre, 1969)가 되기 위해서, 이와 같은 사회는 혁명적 독립과 정치적 자주권을 향해 나아가는 한계행동을 필요로 한다.(참조. Freire, 1970c; 1971b, p. 115)

프레이리(1993a, p. 84)는 해방은 '가장 근본적인 과제다. … 우리는 이 세기의 끝자락에 와 있다'라고 주장했다. 지배나 억압(프레이리는 이 두 단어를 동의어처럼 사용한다)의 극복은, 피억압자를 제한하는 억압적 현실의 측면을 무효화하는 것을 수반한다. 따라서 지배적 테마가 억압인 단일한 사회 내에서는, 그런 억압을 특징으로 하는 전 범위의 한계상황이 있을 것이다. 프레이리가 일했던 제3세계에서, 한계상황은 소작농이 견디는 가난한 생활 조건에서, 노동자의 저임금 지급, 국가 경제 종속과 같은 넓은 범위의 한계상황에 이르기까지 넓게 걸쳐 있었다. 그러한 상황에서 피억압자들의 궁극적 과제는 해방이지만, 이 과제를 추구하기 위해서는 억압적 현실을 (함께) 형성하는 각각의 한계상황을 무효화해야 한다. 프레이리는 다음과 같이 말한다. "시대는 그 시대의 테마가 파악되고 과제가 해결되는 만큼 이루어진다. 그리고 그 테마와 과제가 새롭게 등장하는 문제와 더 이상 상응하지 않을 때 그 시대는 대체된다."(1976, p. 5)

브라질의 1950년대와 1960년대와 같은 과도기에, '과거에 속하는 존재·이해·행동·가치화의 방식과, 미래를 알리는 인지와 가치화의 다른 방식 간에 모순은 증가한다.'(p. 7) 브라질의 경우 그 움직임은 '닫힌' 사회로부터 열리는 과정에 있는 사회로 나아가는 것이었다. 이 변화와 함께 민주주의, 국민 참여, 자유, 소유권, 권위, 교육과 같은 테마는 새로운 의미를 부여받았다. 한 시대로부터 다른 시대로의 전환은 혼란과 불확실성으로 채워지고 임박한 변화에 대한 희망과 기대로 채워지는 "작용과 반작용, 진보와 후퇴"의 역동적인 혼합이다.(p. 9)

프레이리 철학에서 도출되는 도덕 원리

프레이리의 철학에서 주요한 도덕 원리들을 뽑아보면, 앞선 논의로부터 세 가지 요점이 도출된다.

1. 실재의 모든 양상은 끊임없이 변화하고 있다. 이 관념은 세계를 이 해하는 프레이리의 변증법적 접근법을 반영하는데, 이 관념은 프레이리 철학의 모든 영역에 스며들어 있다. (실재의 객관적 영역과 주관적 영역 안에서, 그리고 그 두 영역 사이의 변화에 대해 이야 기하는) 형이상학의 출발점에서부터, (지식이 고정되거나 절대적일 수 없다고 가정하는) 그의 인식론, 그리고 (인간은 필연적으로 불완전하고 형성 과정 중에 있다는) 그의 존재론과 윤리론에까지, 그 원리는 이러하다. 즉, 무수한 물질적·사회적·개인적 영역에 놓여 있는 우리 세계는 변화, 상호작용, 불완전의 세계이다.

2. 프레이리는 인간의 조건과 관련하여 어떤 본질을 가정한다. 인간은 동물과는 다르게 의식적·현세적·역사적 존재이다. 프레이리에게 가장 중요한 것은, 모든 인간이 단지 인간이 되는 것을 통해 인간화의 존재론적 소명을 가지고 있다는 것이다. 이런 의미에서 프레이리는 계층·인종·성별에 걸쳐 나타나는 차이의 교육적인 의미를 인정하지만, 그럼에도 불구하고 그의 연구에는 이러한 차이를 초월하여 인간이 되는 것에 대한 무언가가 있다는 함축적인 주장(implicit assertion)을 하고 있다.(Weiler, 1991; Freire, 1998c; Freire and Macedo, 1993)

3. 인간은 객관적 실재(그 현실을 바꾸고 그들 자신을 변화시킴)와 상호작용하고 타인과의 관계에 참여한다. 우리는 사회적 세계에서 살고 있고, 그리고 세계가 어떻게 되어야 하는지를 고려하는 모든 시도는 (우리가 사회적 세계 속에 산다고 하는) 이런 주의에 유의해야 한다. 프레이리의 윤리를 순수하게 개인 안에 있는 이상적인 특질의 관점 혹은 개인의 행동 양식의 관점에서 얘기하는 것은

터무니없는 일이다. 즉 해방은 대화적이며 집단적 투쟁의 과정이기 때문이다.

그렇다면 프레이리의 도덕철학에 대해 우리가 무엇을 말할 수 있는가? 위에서 언급한 세 가지 요점을 지키면서, 프레이리의 윤리적 위상이 지닌 두 가지 측면을 언급하면 다음과 같다.

1. 한 가지 면에서, 프레이리는 인간이 비판적이고 프락시스적 주체로서, 역사와 문화의 창조자(그리고 이에 따라 그들 스스로)로서, 가능한 한, 그들 자신의 운명을 통제한다는 관념을 지지한다.
2. 또 다른 한 면에서, 프레이리의 이론은 억압보다는 해방으로 특징지어지는 사회적 세계의 비전을 지향한다. 다시 말해, 모든 사람이 타인과의 대화를 통해 인간화하는 프락시스에 참여하는 기회를 가지는 세계이다.

이 두 가지 초점을 전제할 때, (적어도) 프레이리 도덕철학의 네 개의 주요 원리가 다음과 같이 확인된다.

1. 인간은 (비판적·대화적 프락시스에 참여함으로써) 더 완전한 인간이 되려는 존재론적 소명을 추구해야 한다.
2. 어떤 사람이나 집단도 고의로 다른 사람이나 집단이 존재론적 소명을 추구하는 것을 제한하거나 막아서는 안 된다. 다시 말해, 그 누구도 타인을 억압해서는 안 된다.
3. 우리는 (모든) 사람으로 하여금 주어진 사회적 환경에서 그들의

인간화를 추구할 수 있도록 어떤 종류의 세계(사회구조, 과정, 관계 등등)가 필수적인 것인지를 (집단적으로 그리고 대화적으로) 고려해야 한다.

4. 모든 사람은 비판적 성찰을 통해 인간화 추구에 장애물로 작용한다고 판단되는 현존 구조들을 변형시키기 위해 행동해야 한다. 이것이 해방의 과제다.

(넓은 범위에서 생각해) 교육의 문제를 고려하는 사람들을 위해, 심화된 원리 하나가 추가될 수 있다.

5. 사회적 부면에서 책임지는 지위를 떠맡은 교육자와 여타 관련 인물들은, 그들의 활동을 통해 더 나은 (더 완전한 인간의) 세계를 촉진하기 위해 탐색하는 과정에서 피억압자의 편에 서야 한다.

이러한 도덕 원리들은 프레이리의 철학과 필연적으로 얽혀 있다. 왜냐하면 한 사람에 의한 존재론적 소명 추구는 필연적으로 이런 추구를 위해 타인(그리고 세계의 구조, 제도, 태도, 실행 등)이 제공하는 기회에 의존하기 때문이다. 모든 경우에, 프레이리의 도덕 원리를 추구하거나 준수하는 것과 관련한 과정은 끊임없이 계속되며 필연적으로 불완전하다. 앞서 논의한 것에서 회상되듯이, 우리는 더 완전한 인간이 될 뿐 결코 완전한 인간이 될 수 없다. 이와 유사하게 더 나은 사회적 세계를 창조하려는 과업은 매시간마다 새로워져야 하고, 그때마다 세계는 새로운 얼굴(새로운 테마와 과제가 직면되는 상황)을 띠게 된다.

요약

요약하자면, 파울루 프레이리의 도덕철학은 실재에 대한 변증법적 개념과, 이론과 실천이 역동적으로 연관된 인식론 위에 세워져 있다. 모든 인간의 존재론적·역사적 소명은 인간화, 즉 더 완전한 인간이 되는 것이다. 우리는 비판적·대화적 프락시스에 참여할 때 이런 이상을 추구할 수 있다. 다른 집단에 의해서 한 집단의 인간화를 향한 추구가 제약받는 것은 억압의 상황을 나타낸다. 억압적 현실은 피억압자와 억압자 모두를 비인간화한다. 억압적 사회 조건들은 해방의 프락시스에 의해 해체된다. 끊임없이 변화하는 세계에서는, 인간화는 각 시대가 펼쳐질 때마다 다루어지는 새로운 문제들과 함께 전개되는 계속적이고 끝없는 과정이다.

제3장 윤리학, 정치학, 그리고 교육학
: 프레이리의 해방 교육

'은행저금식 교육'과 '문제제기 교육'의 차이는 프레이리의 저작에서 가장 잘 알려진 관점 가운데 하나이다. 《페다고지》(1972a) 2장은 해방 교육의 본질을 탐구하는 학자들과 실천가들을 위한 고전적인 참고문 헌이 되어 왔다. 해방 교육의 엄청난 영향력을 고려하면 프레이리 이론 의 이런 특징은 자세히 살펴볼 만하다. 하지만 은행저금식 교육과 문제 제기 교육에 대한 최초의 논의는 프레이리의 다른 저서와 함께 연구하 는 것이 중요하다.[1] 이 장은 지난 30년간의 프레이리안(Freirean)의 자 료를 검토하면서, 특히 프레이리 후기 저서에 집중함으로써 해방 교육 의 구조, 방향, 그리고 엄격함의 중요성에 초점을 맞춘다. 프레이리안의 이론과 실천을 하나의 '방법' 내지 일련의 방법으로 환원시키려는 일부 서구 교육자들의 성향을 비판하고, 인간 존재와 사회적 세계에 대한 독 특한 접근으로서 프레이리 교육의 대안적 견해를 제시할 것이다.

은행저금식 교육과 문제제기 교육: 고전적 설명

《페다고지》 2장에서 프레이리는, 교육이 '나레이션 병(narration sickness)'(1972a, p. 45)으로부터 고통받고 있다고 주장한다. 학교 안이 건, 밖이건 간에, 교사와 학생 사이의 관계는 압도적으로 일방적인 독 백 관계에 있다. 즉, 교사가 학생에게 내용을 설명하면, 학생은 설명한 내용을 수동적으로 받아들이고, 기억하며, (교사의 요구를 받으면) 말 한 내용을 되풀이할 것으로 기대한다. 이것이 '은행저금식' 교육 모델의 기초이다. 교사는 학생에게 아이디어를 '예금'하고, 학생은 교사가 소유 할 것으로 예상되는 지식을 채워 넣기 위해 기다리는 그릇이나 보관소가 된다. 은행저금식 시스템에서 지식은 말이 없고, 인내심이 많으며, 무지한 학생에게 교사가 하사하는 '선물'로 인지된다.(p. 46) 은행저금식 교육은 본래 억압적이다. 그 교육은 학생을 '적응 가능하고, 관리할 만한 존재'로 간주한다.(p. 47) 그 교육은 근본적으로 반대화적이고, 세계를 향한 비판적 성향의 발달을 체계적으로 방해한다. 학생들은 자기주장이 없는 '로봇'(p. 48)처럼 생각과 행동을 통제받는다.(p. 51) 지식은 정적이고 생명력이 없으며, 교사는 권위적인 역할을 맡고, 사회현실은 경시되거나 신화화된다. 은행저금식 교육은 광범위한 불평등과 부정의를 반영하고, 강화하고, 영속화하며, '세계가 폭로되거나 개혁되기를 전혀 바라지 않는'(p. 47) 억압자의 이해관계에 알맞다. 길들이기와 동화의 가부장적 과정이 명백하다.(p. 48) 은행저금식 교육은 억압적 구조를 다루는 데 필요한 창의성과 비판적 상상력을 질식시키고, 해방적 프락시스를 노골적으로 제약한다. 전체 체계는 이처럼(프레이리의 관점에서 볼 때) 철저하게 비인간적이다.

은행저금식 교육에 반대하여, 프레이리는 '문제제기'(또는 '진정한', '해방의') 교육 이론을 내놓는다. 문제제기 교육은 '교사 학생의 모순'을 해결하는 것으로 시작한다.(p. 53) 교사는 교사이자 학생이 된다(반대도 된다). 관계는 한 명의 '교사-학생'과 '학생들-교사들' 사이에서 이루어진다.(p. 53) 대화가 교육적 과정의 중심이 된다. 성명을 발표하기보다 교사는 학생과 의사소통을 하고, 그렇게 하면서 그들과 함께 배우고 (또) 배운다. 그때 교사와 학생 사이의 관계는 수직적이기보다 수평적이다. 교육적 상황의 참가자는 다른 사람들과 함께 대화를 통해 연구대상을 안다. 은행저금식 체제 아래에서는 지식은 사전에 패키지된 (일괄적으로 편성된), 무기력한 형태로 교사에 의해 예금되는 반면에,

해방 교육에서 학습은 '세계와 그들의 관계 속에서 인간의 문제를 제기하는'(p. 52) 것으로 일어난다. 지식은 항상 '형성 중에' 있다. 늘 창조하는 과정에서 학생과 교사는 비판적 반성을 통해 현실의 연속적인 여러 표층을 들추어내려고 노력한다. 그 누구도 연구대상을 '소유'하지 않는다. 차라리 그것은 앎을 추구하는 모든 참여자가 함께 모여 반성하고 문제를 제기하는 초점이 된다.(참조. p. 54)

문제제기 교육은 '의식의 출현과 현실에 대한 비판적 개입'과 관련되어 있다.(p. 54) 비판적이고 대화적인 조사를 통해, 참여자는 그때까지 그들에게 알려지지 않은 세상을 깊이 있게 이해하기 시작한다. 한때 잠재되었거나 억눌렸거나, 아니면 단지 피상적으로만 인지된 그 세계가 의식의 다른 요소로부터 선명하게 '드러나기' 시작한다.(pp. 55~56) 학생(그리고 교사)은 전체적으로 그리고 맥락적으로 사고하기 시작한다. '의식', '행동', 그리고 '세계' 사이의 관계에 대한 새로운 개념이 비판적 대화를 통해 형성된다. 은행저금식 체제 아래서 사회현실은 고정된 필연성으로 제시되는 반면, 문제제기 교육에서 학생은 역동적이고, 늘 변하는 세계와 마주치고, 탐구하며, 목적의식적으로 행위한다.(p. 56) 참여자들은 다른 사람들과 대화적 관계에 들어가고 의식과 세계 사이의 변증법적 상호작용을 발견함에 따라, 그들은 지배적인 아이디어가 도전받을 수 있고, 억압적인 사회구성이 변혁될 수 있음을 직감하기 시작한다. 문제제기 교육은, 프레이리가 제시한 바로는, 혁명적 미래상이다. 즉, 그것은 '인간을 자신을 초월하고, 앞으로 나아가고 전망하는 존재로 인정한다. 그들에게 과거를 뒤돌아봄은 단지 그들이 무엇을 할 수 있고 누구이어야 하는지를 더 명쾌하게 이해하는 수단이 되고, 그래서 그들은 더 현명하게 미래를 건설할 수 있게 된다.'(p. 57) 진정한 대화,

의식화, 그리고 혁명적 프락시스에 기초하고 있는 교육학은 결코 지배자의 이해관계를 위할 수 없다.(pp. 58~59) 반면에, 그 교육학은 억압에 대항하는 투쟁을 공개적으로 지원한다. 문제제기 교육은 인간 존재를 주체로 재확인하고, 세계는 바뀔 수 있다는 희망을 제공하며, 바로 그 본성으로 인해 필연적으로 인간화의 목표를 지향하게 된다.

해방 교육: 광범위한 관점

돌이켜보면, 이러한 은행저금식 교육과 문제제기 교육의 설명이 널리 알려진 것은 놀라울 일이 아니다. 그것이 프레이리의 유명한 책에서 나왔다는 사실은 차치하고, 그의 주장은 서구 교육자들에게 당장 주목을 받았다. 문제제기 교육의 교육학적 핵심인 대화는 강한 긍정적인 의미를 지니고 있어, 많은 제1세계 사람들은 문제제기 교육이 1970년대와 1980년대 '아동중심', '상호작용', '문제해결', 그리고 교육에 대한 진보적 접근들과 상호보완적이거나 양립적인 것으로 보았다. 그러나 이러한 움직임과 프레이리의 교육적 이상을 바로 연결시키는 것은 완전히 잘못된 것은 아니라고 할지라도 종종 조금은 의심스럽다.

비록 아동중심 교육이 때로는 좀 불분명하지만, 많은 경우에 그것은 현저하게 개인적인 경향이 있다. 반면에, 프레이리는 명백하게 단체 행동과 구조적 상상을 촉진한다. 과학교육에서 '새로운' 것으로 가정되는 상호작용하는 방법은(많은 경우 과학적 개념을 이해하는 데 구성주의 인식론으로 이동하는 것과 관련되어 있는데) 문제제기 교육과 약간의 유사점이 있지만, 교실 지식을 광범위한 정치적 이슈와 인간화의 존재론적 소명과 관련지어야 한다는 프레이리의 명백한 명령이 결여되어 있다. 문제해결 접근은 수학과 과학 교육에서건, 또는 '의식 고양' 집단에서건 간에 문제제기 교육의 역동성과는 서로 대립한다.(참조. Connolly, 1980, p. 73) 프레이리는 문제해결에 관한 이야기를 피한다. 왜냐하면 이 용어는 모든 문제에 항상 해결책이 있다고 제안하기 때문이다. 그러나 프레이리의 관점에서는, 항상 그렇지는 않다. 어떤 의미에서, 이것은 프레이리안 교육의 정치적 성격의 필연적 결과이다. 즉, 노숙자, 대중 비문해, 빈곤, 착취, 그리고 기타 등등의 문제에 직면할 때, 단순한 해결책이 존재하지 않는다는 것은 분명하다. 그러나 깊은 수준에서 문제제기하는 바로 그 행위 속에서 참가자들은 해방을 추구한다. 이데올로기적인 입장, 제도적 구조, 그리고 일상의 실천이 지닌 모순을 인지하기 시작하는 것이 혁명적 변화의 과정에서 하나의 요소가 된다. 이러한 비판적, 문제제기 활동은 필연적으로 계속 진행되며 불완전하다. 사회가 변함에 따라 더 많은 숙고와 행위가 요구되는 새로운 문제가 일어나는데, 누구는 '해결책'을 발견하지 못한 채 다음 문제로 넘어간다. 차라리 현재의 문제가 해결되면서 다음 문제도 만들어지고 있다고 해야 할 것이다. 종종 최초의 문제는 비록 변형된 형태이지만 계속 남아 있다.

교사들과 다른 실천가들이 전통적인 '암기 학습' 방법의 경직성을 참을 수 없게 된 이후, 참신한 방식의 교실 삶을 찾고 있던 그들에게는, 프레이리가 그 대답을 가지고 있는 것으로 보았다. 대화는 더 행복하고, 더 만족스럽고, 더 효과적인 학습의 열쇠로 보였다. 이런 모든 학습에서 의식화와 혁명적 프락시스라는 명백한 정치적 과정의 맥락에서 설정된 프레이리의 대화가 차지하는 명시적인 위치는 자주 잊혀졌다. 대

화는 억압적인 일인극 방법과 대조되는 하나의 교육학적 방법으로 이
해되었다. 그러나 프레이리의 교육학에서 대화와 다른 핵심 원리 사이
의 관계인 의식화, 프락시스, 억압, 해방, 그리고 기타 등등이 무시되거
나 경시될 때, 문제제기 교육의 의미는 상실된다. 《페다고지》 2장에서
대화의 논의는 통합된 전체의 한 부분으로서 읽을 필요가 있고, 오로
지 프레이리의 다른 저서를 참조함으로써 철저하게 이해할 수 있음을
논증했다. 프레이리안 텍스트의 광범위한 모음집은 문제제기 교육과 교
육학에 대한 자유방임적 접근 사이의 차이를 명확하게 하는 데 특히
도움이 된다. 이와 마찬가지로 '권위'와 '권위주의'에 대한 프레이리의
입장은, 《페다고지》 2장에서는 은연중에 나타나지만, 다른 곳에서는 아
주 상세하게 드러난다. 후기 저작에서, 프레이리는 학습에서 경험의 역
할, 교사-학생 관계, 학생이 무엇을(그리고 어떻게) 읽어야 하는가의 질
문, 그리고 어느 정도 깊이 있는 코스 설계와 관련된 쟁점을 탐구한다.
다음 논의에서는 프레이리안의 교육적 이상의 세 가지 특징을 강조할
것이다. 그것은 구조, 지향성, 그리고 엄중함이다.

교육, 윤리, 그리고 정치

프레이리는 학습과 교수를 인간 존재에 본질적인 것으로 본다. 미완
성 존재로서 인간은 학습하도록 '프로그램' 되어 있다. 인간은 어떤 형
태든 교육적 실천에 종사하지 않고는 인간이 될 수 없다. 프레이리에게
'교육'은 하나의 대중 운동으로 비교적 최근의 역사적 현상인 학교교육
에만 적용되지 않고 삶의 전반에 적용된다.(Freire, 1998b, pp. 25~26)

산다는 것은 결정하고, 선택하고, 투쟁하는 것이다. 이것이 우리를 윤리적이고 정치적 존재로 확인시켜주고, 사회와 개인의 형성에서 교육의 결정적인 중요성을 나타낸다.(Freire, 1998c, p. 53)

프레이리는 줄곧 교육이 결코 중립적일 수 없다고 반복해서 얘기한다.(가령, Freire, 1971a, pp. 1~2; 1972b, 173~174; 1979, p. 28; 1987, pp. 211~212; 1998c, pp. 92~93) 그가 교육 분야에서 기여한 위대한 것 중의 하나는, 교육 활동의 정치적 성격에 대한 그의 인식이라고 할 수 있다.(Mayo, 1997, p. 365) 프레이리는 학습은 결코 진공(無, 탈맥락)에서는 일어날 수 없음을 알려준다. 형식적이든 비형식적이든 학습은 항상 어떤 방식으로든 과거 위에 구축되며 필연적으로 현재의 사회구조와 관계에 의해 형성된다. 사회정치적 맥락은 교육자들이 성취할 수 있는 것에 한계를 설정하지만, 저항을 위한 여지 또한 남겨둔다.(참조. Freire, 1998c, p. 110) 개개의 교사나 코디네이터들은 교육적인 과정과 관련한 어떤 태도, 가치, 신념, 그리고 성향을 가질 수밖에 없다. 교육자들이 인식하고 인정하건 그렇지 않건 간에, 그들이 시작할 때 가지고 있었던 가정들이 교육 활동을 구조화하고 형성한다. 교육현장에서의 모든 결정, 정책, 또는 실천은 인간 존재와 세계에 대한 하나의 특정한 개념과 하나의 구체적인 윤리적 입장을 함축한다.(참조. Freire, 1971a, p. 2)

교사는 "내가 무엇을 해야 하나?" 또는 "내가 어떤 정치적 견해를 지지해야 하나?"라는 질문에 공개적으로 대답할 필요는 없다. 왜냐하면 그들의 교육적 활동이 비중립적이기 때문이다. 그리고 교육현장에서 의식적으로 지도하는, 의도적인 행위 속에는 어떤 윤리적 입장이 이미 가정되어 있다. 프레이리는 스스로 '중립적'이라고 선언하는 것은, 완전히 정치적인 진술이라고 주장한다. '정치에 관심 없다'고 주장하는 사람들은 종종 의도하든 의도하지 않든 간에 현상 유지를 지지한다. 그런데 교육자는 사실상 늘 공개적이거나 암시적으로 '하나의 입장을 취하고' 있다. 프레이리는 다음과 같이 말한다.

> 이것은 훌륭한 발견이다. 교육은 정치야! 그 후, 한 교사가 자신이 정치가라는 것을 발견할 때, 그 교사 또한 이렇게 물어야 한다. 내가 어떤 종류의 정치를 교실에서 하고 있지? 말하자면, 내가 누구의 편에서 교사를 하고 있지? 내가 누구의 편에서 교육을 하고 있는지를 물음으로써, 그 교사는 또한 내가 누구에 대항하여 교육을 하고 있는지를 물어야 한다. (Freire and Shor, 1987, p. 46)

쇼(Shor)는 프레이리에게 교육적 실천의 전체 구조가 정치적이라고 지적한다. 이것은 교수요목을 위한 주제의 선택을 포함한, 교육적 삶의 무수한 특징 속에서 드러나고 있는데, 교과 과정의 내용을 선택하기 위하여 사용하는 수단, 그리고 교사와 학생 사이의 의사소통 형식, 그리고 사용된 시험의 형태와 평가 정책, 그리고 교실의 물리적 구조, 여러 종류의 연설에 대한 태도, 자금 조달 수준에서 평등이나 불평등, 그리고 교육기관과 기업 공동체 사이의 연결(Shor, 1993, p. 27)을 포함한다. 심지어 교수와 학습의 과정에서 겉으로 보기에는 별로 중요해 보이지 않는 계기들, 즉 짧은 침묵, 미소, 제스처, 방을 비우라는 요구, 질문을 받는 매너도 정치적인 의미를 가진다.(참조. Freire, 1998c, p. 89)

프레이리는 항상 그의 윤리적이고 정치적인 입장을 공개적으로 선언해왔다. 그의 관심은 억압받는 이들의 해방을 위해 노력하는 것이었다. 물론, 모든 교사, 정책 입안자, 정치가가 이러한 목표를 공유하는 것은 아니다. 그러나 인간화에 대한 프레이리의 개념을 고려해보건대, 프레이리는 은행저금식 교육을 통해 형성된 이런 종류의 비인간화에 대해 반대하는 모든 교사가 더 나은 사회적 세계를 추구하면서 억압받는 자들의 '편을 들어야' 한다고 믿는다. 한편에 선다는 것은 누구와 함께, 누구를 위하여 일하고 있는지, 그리고 누구에게, 무엇에 대하여 반대하는지 묻는 것인데, 교수과정에서 반드시 필요한 부분이다.(Freire, 1994, p. 109; 1997a, p. 40) 프레이리는 교사로서 그 자신의 입장을 아래와 같이 기술한다.

> 나는 부당함에 맞서 옳음을 지키고, 권위주의에 대항하여 자유를 지지하며, 무제한적 자유에 맞서 권위를 지원하고, 좌파나 우파의 독재에 항거하여 민주주의를 수호하는 교사이다. 나는 모든 편협함에 대항하면서 개인과 사회계급의 경제적 지배에 맞서 끊임없이 투쟁하는 교사이다. 나는 교사로서 현 자본주의 체제를 거부한다. 풍요 속의 빈곤이라는 이상 현상의 책임이 자본주의 체제에 있기 때문이다. 나는 많은 절망적 징후에도 불구하고 희망의 정신으로 충만해 있다. 나는 마음을 지치게 하고 꼼짝 못 하게 묶어두는 환멸을 거부한다. 나는 가르침의 아름다움에 대해 자부심을 지닌 교사이다. 하지만 이 아름다움은 내가 가르쳐야 할 지식과 투쟁에 늘 주목하지 않는다면 언제 사라져버릴지 모를, 깨지기 쉬운 것이다. (1998c, pp. 94~95)

억압받는 계급 출신이 아닌 교사는 스스로 교육자로 '재탄생'해야 하고, 비인간화에 대항하는 그들의 투쟁에서 억압받는 자와 함께 해야 한다. 프레이리는 이러한 과정을 일종의 '부활절 경험'이라고 말한다.(1985, p. 123) 그리고 아밀카르 카브랄(Amilcar Cabral, 1980, p. 136)로부터 '계급 자살'을 감행하는 부르주아 출신의 교사 개념을 도입한다. 이것은 대화, 사회현실에 대한 문제제기, 그리고 정치적 변형을 통한 억압받는 자의 해방에 대한 자신의 헌신을 선언함과 동시에, 자신의 계급에 기원을 둔 억압적 요소를 단절하는 것을 의미한다.[2]

교육 과정의 구조와 방향

프레이리는 교육학의 '뭐든 좋다는 식의 무책임한' 스타일을 옹호하지 않는다. 해방 교육은, 대중의 오해와는 반대로, 구조화되어 있고 목적의식이 있고, 지도적이고, 엄중하다. 후기의 저서에서, 프레이리는 교육에 대한 세 가지 접근을 구분한다. 즉, 권위주의(또는 조작적이거나 길들이는), 자유방임주의(또는 즉흥적인), 그리고 해방주의(또는 급진 민주주의적인)이다. 이 개념 가운데 첫 번째와 세 번째는, 일반적 의미에서, 은행저금식 교육과 문제제기 교육에 각각 상응한다. 프레이리는, (해방)교사는 **교사로서** 지도할 책임이 있다고 주장한다. 해방교사는 학생의 입맛에 맞는 구조와 직접적인 교육적 상황에 그를 맡겨둔 채 '학생에게서 손을 떼서는' 안 된다.(Freire and Shor, 1987, p. 171) 읽기 자료, 교수 스타일, 그리고 커리큘럼 내용과 관련된 모든 결정을 학생에게 넘기는 것은 자유를 증진하기보다는 방임을 인정하는 것이다. 비록 프레이리가 문제제기 대화에서 모든 참여자가 교사이자 학생이라는 개념을 간직하고는 있지만, 이것이 교사와 학생이 교육 과정에서 정확하게 똑같은 역할을 맡아야 한다는 의미는 아니다. 프레이리가 《희망의 교육학(Pedagogy of Hope)》에서 언급하듯이, "이들 간의 **차이**가 그들을 정확히 학생 혹은 교사로 만드는 것이다. 만약 그들이 완전히 같다면, 교사와 학생의 역할은 전혀 구분되지 않을 것이다."(1994, p. 117) 해방 교사는 학생을 격려하고 학업의 엄중함을 강화하면서 학습에 구조와 방향을 제공한다. 교사는 학생이 쓴 글에 건설적이고, 비판적인 피드백을 제공할 책임을 진다. 그리고 항상 '계획, 프로그램, (그리고) 공부 목표'를 가지고 있어야 한다.(Freire and Shor, 1987, p. 172) 교사의 역할은 공부 과정을 통하여 학생을 **안내하는**(그러나 강요하지 않는) 바로 그 의미에서 지도하는 것이다.

"(교사라기보다) 조력자"라는 용어는 프레이리안 원리를 옹호하는 성인 교육자들이 자주 쓴다. 이 개념은 해방 교육의 지도적인 본질을 담고 있는 것으로 보인다. 즉, 교육자의 책임은 바로 효과적인(프레이리에게 효과적이라는 것은 비판적·대화적·프락시스적인 것이다) 학습을 할 수 있는 여건을 **제공하는** 의무에 있다. 그러나 그 용어가 프레이리의 의도를 정확하게 전달하고자 한다면 주의 있게 사용되어야 한다. 마일스 호튼과 함께 펴낸 책에서 프레이리는 "교육자는 단순한 조력자일 수 없다"라고 진술한다.(Horton and Freire, 1990, p. 180) 프레이리의 다음 출판물에서 이 섬에 너 확장되고 명백한 주의를 기울인다. 가령, 도날도 마세도와의 대화에서 프레이리는 이렇게 말한다.

교사들이 스스로 교사가 아니라 조력자라고 부를 때, 그들은 현실을 왜곡하는 일에 연루된다. 우선, 조력자라고 주장함으로써 교사의 권력을 경시하다 보면, 조력자가 된 교사는 그 지위에서 제도적으로 만들어진 권력을 유지할 정도로 진실하지 못하게 된다. 말하자면, 조력자는 그

들의 권력을 감출 수 있으면서, 언제든지 그들이 원할 때마다 권력을 행

사할 수 있다. (Freire and Macedo, 1995, p. 378)

프레이리는 단호하게 다음과 같이 말한다. "나는 나 자신이 교사라

고 생각하며 나는 항상 교사이다. 나는 결코 조력자인 척 가장하지 않

는다. 내가 또한 분명히 하고 싶은 것은, 교사이기에 나는 항상 학습을

촉진하도록 가르친다는 것이다. 가르치지 않으려는 조력자의 개념은 용

납할 수 없다."(p. 378) 조력자가 된다는 것이 교육자가 대화 과정에 더

는 핵심적인 참여자가 아니라 단지 방관자 정도로 개입을 최소화하는

것을 의미한다면, 프레이리는 조력자라는 용어(그리고 실제로 그 실현)

를 분명히 거부했을 것이다. 교육자들이 학생들과의 대화에 적극적으

로 관여하는 것은 필수적이다. 만일 그 용어가 전통적인 은행저금식 교

수 개념과는 거리가 먼 의미에서 더 강한 의미로 사용됐다면, 프레이리

는 이에 반대하지 않았을 것이다. 그러나 프레이리는 앞의 인용문에서

알 수 있듯이 '교사'라는 용어를 그대로 사용하면서 동시에 가르침이라

는 기치 아래 으스대는 교수 관행(프레이리 견해로는 잘못된)을 문제

삼는 입장을 선호할 것이다.

프레이리는 교사가 자신의 정치적 신념과 교육실천을 관련짓는 것을

피하지 말아야 한다고 주장한다. 교사는 그의 의도를 공개하고 그의

꿈을 학생과 함께 토론해야 한다고 말한다. 이것은 누군가 윤리적으로

바람직하다고 여기거나 바람직하지 않다고 여기는 것을 공개하는 것을

의미한다. 그는 또한 교사가 그 자신과는 반대되는 학생의 견해를 접했

을 때, 정직하게 응하는 권리뿐만 아니라 책임도 진다고 말한다. "교사

로서 내 역할은 비교하고, 선택하고, 결렬하고, 결정하는 학생의 권한

에 동의하는 것이다"라고 프레이리는 말한다.(1998c, p. 68) 그러나 이
것은 교사가 자신의 견해를 학생에게 **강요**해야 한다는 것을 의미하지
않는다. 비록 그의 반 학생들이 그가 브라질노동자당 당원임을 알고 있
더라도, 그가 정당 정책을 반영해서 그 대학의 학술 행정을 바꾸려고
시도하는 것은 용납할 수 없다고 프레이리는 지적한다.(Escobar et al.,
1994, p. 138) 그는 정치적 소속을 공유하지 않았던 사람들을 존중했
다. 그리고 그는 학생들이 교사의 입장을 수용하도록 결코 강요받거나
강제되어서는 안 된다고 믿었다. 교사의 아이디어는 다른 모든 사람과
함께 항상 질문에 개방되어야 한다. 프레이리는, 교육자가 '자신이 서
있는 시공간에서 자신에게 근본적으로 중요해 보이는 것'을 가르칠 의
무가 있지만,(1994, p. 130) 하나의 지배적인 견해가 다른 모든 사람의
입을 다물게 할 가능성에 대하여 주의해야 한다고 강조한다. 이런 입장
은 교육적 상황에 있는 모든 참가자에게 적용된다. 그가 교사이건 학생
이건 간에, 프레이리의 관점에서 볼 때, 아무도 현실에 대한 그들의 이
해가 유일하게 수용할 만하고, 합법적이고, 또는 옹호할 만한 것이라고
고집할 권한을 가지지는 않는다. 그러나 여기에 더해 교사는 대안적 견
해에 대한 배려를 적극적으로 장려할 책임, 즉 반대 담론을 자극하고
그들 자신의 견해에 대한 비판적 평가를 조대할 책임을 진다.(p. 78) 그
래서 쟁점을 두고 다투는 관점을 조사하기 위하여 필요한 강의, 추천
도서 읽기, 새로운 문제제기와 새로운 질문하기 활동을 지원하는 것은
프레이리가 권장하는 유익한 토론을 하는 데 중요하다.

후기 저서에서 교육에 대한 권위적인 접근과 권위주의적인 접근 사
이의 차이에 대한 프레이리의 논의는 여기서 유익하다. 민주적 교사
는 "권위자이기를 그만두거나 권한을 포기할 수 없다"라고 프레이리는

주장한다.(Freire and Shor, 1987, p. 91) 이 권위는 교육자의 교과 지식에서, 그리고 교육 과정을 조정하고, 구조화하며, 촉진해야 하는 교육자의 책임으로부터 유래한다. 교사의 권위는 자유를 발전시키는 데 필요하다.(Freire, 1997a, p. 90) 프레이리에게 이것은 명백한 역설이다. 교사가 그들의 권위를 포기하거나 부정하는 곳에서 자유는 방임이 된다. 교사가 학생의 자유를 아주 잊어버리면 권위는 권위주의가 된다.(Freire, 1987, p. 212; 1997a, p. 90) 여기서 '자유'와 '방임' 사이의 구별은 개념적 차이가 아니라 실질적(규범적) 차이이다. 프레이리의 입장을 이해하는 열쇠는 권위를 행사하는 목적, 말하자면 다른 사람들이 그들 자신을 해방할 수 있는 적절한 여건을 조성하는 데 있다. 프레이리가 《크리스티나에게 보내는 편지(Letters to Cristina)》(1996, p. 150)에서 언급하듯이, '권위는 자유가 지속될 수 있도록 하는 자유의 발명품이다.' 만약 권위가 완전하게 포기된다면, 공부의 공통대상에 대한 엄중한 대화적 반성에 필요한 구조, 방향, 그리고 초점이 사라지게 된다.

프레이리는 권위주의와 조작 사이에 밀접한 관련이 있다고 말한다. 교육학에 대한 조작적 접근은 학생들이 질문 없이 X 또는 Y를 믿도록 기대되는, 또는 증거와 관계없이 X 또는 Y를 선호하도록 기대되는 그런 것이다. 한 차원의 조작은 세계를 향한 호기심 있고, 관심 있으며, 창의적인 질문 성향을 체계적으로 방해하는 것이다. 프레이리에게, 질문하기는 학습 과정의 본질적인 부분이다. 해방 교육자는 질문을 공부 대상에 대한 학생들의 비판적 개입의 표시로 기꺼이 받아들인다. 권위주의 교사는 질문을 그의 또는 그녀의 전문적인 권위에 대한 공격으로 간주하는 경향이 있다.(Freire and Faundez, 1989, p, 35) 권위주의적 교사의 방어적 자세는 답을 하기 어려운 질문을 받는 것에 대한 두려움에서 나온다.(p. 36) 자기 뜻대로 조종하는 교사는 현실을 들추어내거나 표면 현상의 이면을 꿰뚫어 보지 않으려고 한다. 조종은 현실을 부정하고, 왜곡하며, 신비화한다. 그것은 대표적으로 세계를 실재하지 않는 어떤 것으로 돌리고, 이러한 위조에 순응하도록 강요한다. 이러한 과정은 다음과 같은 말과 같이 정말 믿을 수 없게 교묘할 수 있다. 즉, "우리는 달콤하고, 조작적이며, 감상적이기까지 한 방식으로 학생들에게 꽃길을 걷자고 꼬드기는 권위주의자일 수 있다. 그리고 당신은 학생들이 알아야 한다고 꼭 집은 무슨 요지들을 이미 알고 있다."(Freire and Shor, 1987, p. 91)

프레이리는 교육 과정의 '유발적 계기'를 말한다. 그가 말하기를, 이것은 교육자들이 학생들 스스로 진전된 이해나 아이디어를 내도록 기다릴 수 없는 경우에 교사가 지도해야만 하는(p. 157) 순간이다. 만약 학생들이 자발적으로 모든 지식을 한데 모은다면(p. 158) 좋겠지만, 그러나 이것이 일어나지 않는 곳에서 교육자는 비판적 토론이 이루어지도록 개입하고 주장해야 한다. 권위주의적 교사는 유발 과정을 '독점'함으로써 학생들의 학습을 전체적으로 통제하려고 한다. 반면에 해방 교사는 필요할 때 필요한 과정을 **시작**하지만 늘 학생들이 유발적 계기를 넘어 스스로 비판적인 공부를 계속할 수 있게 할 목적으로 그 과정을 시작한다.(pp. 157~158) 이처럼 교사의 역할은 다른 사람들이 교육 과정에 방향성을 제시할 가능성을 창조한다는 목적을 가지고, 대화와 공부를 시작하고, 방향을 수정하고, 또는 그에 초점을 맞추도록 개입하는 것이다. 그렇다면 역설적으로, 만약 이러한 개입 계기를 최소화하고자 한다면 (비판적 방향으로 대화를 이끌어가는) 신중한 지원이 **어떤** 시점에 필요하다. 이것은 "내가 그들 스스로 시작할 수 있는 어떤

제3장 윤리학, 정치학, 그리고 교육학 131

것을 가르치지 않고서는 누군가를 돕는 것은 불가능하다"(Horton and Freire, 1990, p. 193)라고 바꾸어 말할 수 있다.

만약 교육적 대화가 해방적이라면, 거기에는 엄격하지 않더라도 분명한 구조가 요구된다. 프레이리는 교사에게 단순히 처방된 교수요목을 따르기 위해서 공부 프로그램을 교조적으로 고수하라고 조언하지 않는다. 교사는 구조의 목적, 즉 의미 있고, 지도하는 대화가 일어날 수 있는 구조의 제공을 항상 염두에 두어야 한다. 일련의 계획이나 코스 개요에 대한 맹종적인 헌신은 역효과를 낼 수 있다. 공부 대상에 대한 더 깊은 질문의 중요한 기회가 상실될 수 있고, 학생들의 열정이 꺾일 수 있다. 해방 교육의 목표는 어떤 형태의 구조 없이는 마찬가지로 위태로워질 수 있다. 대화는 한가한 수다로 빠질 수 있고 집단적인 비판적 탐구 기회를 놓칠 수 있다. 학생들은 다양한 이유로 하나의 강좌에 등록할 수 있고, 다양한 방식으로 참여하여 혜택을 볼 수 있다. 그러나 모두에게 공통된 어떤 학습 목표들을 가질 필요는 있다.

목적을 가진 대화

해방 교육의 더 광범위한 목적은, 그 명칭이 말해주듯이 문제제기와 접근을 통한 해방이다. 이것은 부분적으로 억압의 문제에 충실한 대화적 환경의 형성을 포함한다. 각각의 교육 프로그램은 더 구체적인 목적을 가지거나 가져야만 한다. 예컨대 읽고 쓰기 학습, 주어진 교과 지식 획득, 특별한 과제 수행 방법 발견 등등이다. 더구나 어떤 해방적 교육 노력도 '일반적인 억압'이라는 추상적인 개념이 아니라, **이런저런** 억압적 상황을 다룬다.[3] 해방 교육의 의도적 성격은 또한 프레이리안의 존재론적 소명 개념과도 관련된다. 즉, 모든 인간 삶의 '목적'은, 인간이 됨을 통한 인간화이고 모든 해방적 교육 노력은 궁극적으로 이러한 목적을 지향한다.

만약 대화가 정치적으로 변혁적이라면, 그것은 "책임, 지도, 결정, 규율, (그리고) 목표를 포함한다"라고 프레이리는 주장한다.(Freire and Shor, 1987, p. 102) 대화는 기존 지식의 필연적인 포기를 의미하지는 않는다. 참가자들은 대화적 환경에서 그들의 생각을 항상 재검토하지만, 그렇다고 이것이 그들이 오랜 시간에 걸쳐 알고 있는 생각에 안정성과 연속성이 없다는 것이 아니다. 프레이리는 지적한다.

　　매일 학생과 대화에 대해 토의한다고 해서 매일 나의 대화에 대한 이해를 변화시키지는 않는다. 우리는 우리가 기대하는, 어떤 확실한 수준, 어떤 대상의 과학적인 확실성에 도달한다. 그럼에도 대화적 교육자가 알고 있는 것은 과학이 역사성을 지닌다는 것이다. 이것은 다른 지식이 낡은 것이 되고, 새로운 순간의 필요에 답하지 못하며, 제기된 새로운 질문에 더 이상 답하지 못할 때, 새로운 지식이 등장한다는 것을 의미한다. 그 때문에, 모든 새로운 지식은 나타날 때, 그것은 다음의 불가피한 새로운 지식에 의하여 그 자신이 극복되기를 기다린다. (pp. 101~102)

프레이리는 교사가 배울 내용 중에서 학생이 이미 알고 있는 것을 부정해서는 안 된다고 강조한다. 실제로 학생이 교사가 제시한 지식에 몰두할 책임이 있듯이, 교사는 이러한 지식을 공유할 의무가 있다. 학생은 문제제기 교육에서 '큰 소리로 말하도록' 강요받지 말아야 한다. 또한 그들은 발언을 원하는 다른 학생을 위하여 대화 과정을 뒤집도록 허용되어서는 안 된다.(pp. 102~103) 침묵은 의사소통하는 관계에서 중요한 역할을 한다. 침묵은 대화 참가자가 다른 사람이 해야만 하는 말을 진정으로 경청할 수 있는 여지를 제공한다. 침묵은 질문과 의문을 인식하도록 하고, '화자의 사고에 깃든 내적 리듬 속으로 내가 들어가 그 리듬을 언어로 경험할 수 있게 해준다.'(Freire, 1998c, p. 104) 단순한 정보의 전달이 아니라 진정으로 대화적 의사소통을 경험하고자 사람은 때로는 말하고 싶은 충동을 통제하고 다른 사람도 자신의 생각을 표현할 동일한 권리(그리고 의무)를 가지고 있다는 것을 알아야 한다.

교육적 대화에 참여한 모든 사람은 존중받아야 한다. 이러한 원리는 어느 누구도 모든 것을 알지 못하듯이, 어느 누구도 모든 것에 무지하지는 않다는 프레이리의 확신에서 도출된다. 모든 참가자는 교육적 개입에 도움을 줄 수 있다. 더 깊은 수준에서, 다른 사람에 대한 존경심은 그들이 말해야 하는 것을 경청하고, 그것을 숙고한다는 의미에서, 즉 단순히 동료 인간이라는 사실에서 나온다. 모든 인간 존재는 다른 사람과 대화적 관계를 형성한다는 본질적 차원의 존재론적 소명을 가진다. 요컨대 **모든** 인간 존재는 대화에 참여하는 '소명'을 갖는다. 대화는 인간됨의 근본적인 부분이다. 자기 자신과 반대되거나 다른 견해를 가진 다른 사람의 목소리에 귀 기울이기를 거부하는 것은 억압의 행위를 구성한다. 비록 어떤 질문과 대답이 다른 것보다 좀 더 순진할 수는 있어도, '어리석은' 질문이나 최종적인 답변은 없다. 교육자는 학생의 호기심을 억누르거나, '발견의 내적 움직임'을 방해해서는 안 된다. 질문이 엉성하거나 '잘못 구성되어' 있을 때조차 교사는 학생을 조롱

해서는 안 되며, 학생이 '질문을 바꾸어 말하게 하여 그로 인해 학생이 더 나은 질문하기를 학습할 수 있도록 도와주어야 한다.'(Freire and Faundez, 1989, p. 37)

질문의 형태이건, 코멘트이건, 또는 대답이건 간에 대화에 기여한 모든 것들이 무비판적으로 수용되어야 함을 의미하지는 않는다. 텍스트에 포함되어 있건, 교사가 발전시켰건, 학생이 개발했건 간에 해방적 교육 상황에서는 **모든** 견해에 대해 문제를 제기할 수 있어야 한다. 여기서 교사는 비판적 과정을 구조화하는 데 중요한 역할을 한다. 교사는 파괴적인 비난보다는 존경심을 키우도록 노력해야 한다. 프레이리에게 비판적 태도는 반드시 존중받아야 할 어떤 것이다. 다른 사람의 생각에 비판적으로 개입하는 것은 개입할 **가치가 있는** 어떤 것의 존재를 내포한다. 파괴적 비난은 그 목표가 창조적 과정을 억압하는 권위주의적 태도를 반영하거나 그것과 양립한다. 해방적 교육 환경에서 비판에는 경청과 반성이 함께하며, 권위주의적 상황에서 교사와 학생은 단순히 다른 사람의 견해에 **반응할 뿐이다**. 해방 교육의 교사는 대화가 욕설의 장이 되거나 혹은 모든 견해가 무조건 수용되는 것을 억지로 참고 넘어가는 분위기에 빠져들지 않도록 지도하는 데 직접적인 책임을 지닌다. 어떤 공부 대상을 검토할 때 프레이리는 어떤 지식은 다른 것보다 더 낫다고 생각하지만, 그는 항상 자신의 현실 읽기가 틀릴 수 있다는 개방적인 자세를 취해야 한다고 믿는다.

해방 교육: 진지한 노력

해방 교육은 교사와 학생 모두에게 최고 수준의 학문적 엄격함을 요구한다. 프레이리는 권위주의 교육이 해방 교육보다 좀 더 엄격하다는 신화에 반대한다.(Freire and Faundez, 1989, p. 33) 그의 관점에서 볼 때, 이러한 생각은 바꿔야 한다. 프레이리가 생각하기에 은행저금식 교육은 체계적으로 엄격함을 방해하는 반면에, 문제제기 교육에서 지적인 엄격함은 절대적으로 근본적이며, 실제로 필수적인 요소이다. 사실 지적인 엄격함은 문제제기 교육에서 필수적이다. 프레이리가 주장하기로, 교사는 그의 공부 영역과 관련 있는 문헌에 철저하게 정통해야 하고, 끝없이 그들의 교과를 '재학습'하려고 노력해야 한다. 프레이리에게 '읽기'는 단지 내용을 훑어보는 것이 아니라, 본문과 최대한 교감하는 것을 의미한다.(참조. Roberts, 1993; 1996a; 1998d) 프레이리에게 공부는 본질적으로 어렵고 힘들지만, 또한 잠재적으로 기쁨을 주는 과정이다.(Freire, 1987, p. 213) 공부의 즐거움은 정확하게 공부의 대상을 비판적으로 이해하려는 시도에서 발생한다. 프레이리가 그의 최근 저서에서 진술한 바와 같이, 기쁨과 엄격함은 상호 배타적인 용어로 볼 필요가 없다.(Freire, 1988a, p. 4) 기쁨은, 프레이리가 우리에게 상기시켜 주듯이, '단지 우리가 찾던 것을 발견하는 순간에만 나오는 것이 아니다. 그것은 또한 탐색 그 자체에서 나온다.'(1998c, p. 125) 비록 교사의 입장에서는 규율주의를 의미하지는 않는다 하더라도, 공부는 규율을 요구한다. 오히려 그것은 프레이리가 언급한 것처럼 목적이 있고, 지도적이며, 구조화된 비판적 대화를 통해 공부 대상을 조사하는 교사와 학생의 자기규율과 집단적 노력이다. 공부는 **일**이다. 그것은 엄청난 노력과 지적 에너지의 응집을 요구한다. 그리하여 학습자는 단순한 인식을 초월하여 교과나 조사 대상의 내막을 꿰뚫어 본다. 이러한 의미에서, 공부는 특별한 또는 **예외적인** 상태를 대표한다. 그것은 전형적인 일상의 의식적 활동을 넘어서는 (또는 적어도 대비되는) 존재 양식이다. 공부 과정에서 우리는 프레이리가 말한 '고통, 즐거움, 승리, 패배, 의문, 그리고 행복'을 만난다.(1998a, p. 28)

해방 교육은 이처럼 매우 **진지한** 노력이다. 이것은 피억압자 스스로 발견하는 상황의 심각성과 함께한 것이다. 프레이리에게 가르침은 절대 '기분 좋은' 과정으로 환원되어서는 안 되는 것이다. 이것은 해방 교실이 침울해야 하거나 유머를 회피해야 한다는 의미가 아니다.《해방을 위한 교육학(A Pedagogy for Liberation)》에서, 프레이리는 유머와 단순한 웃음 사이의 차이를 이렇게 표현한다.

유머 감각이 있는 사람은 사람을 단지 웃기는 웃음 제조기가 아니다. 때로는 좋은 유머는 웃거나 미소 짓게 하지 '않는다.' 그러나 반대로 좋은 유머는 사물에 대하여 진지하게 생각하게 하는 만큼 웃게 만든다. 유머는 채플린이다. 그는 영화 속에서 묘사하려고 했던, 따라가려고 했던 모든 문제를 벗겨냈다. 그는 영화 장면에서 상황 뒤에 있는 것을 드러냈다. (Freire and Shor, 1987, p. 162)

문제제기 교육은 피상적인 것을 위한 극장이 아닐 뿐만 아니라, 오락 방식을 나타내는 것도 아니다.(p. 214) 그럼에도 유머를 대화 속으로 가져올 수 있는 기회가 있다면 교육자들은 유머를 대수롭지 않게 여기기보다 최대한 활용해야 한다. 쇼(Shor)가 지적하듯이, "유머란 케이크 위에 얼음을 놓는 것처럼 당신이 대화식 방법에 덧붙일 수 있는 기계 다루는 기술이 아니다. 그것은 우리 성격의 일부가 되어야 하며 학습 과정의 일부가 되어야 한다."(p. 162)

프레이리는 권위주의 교육에 대한 그의 비판이 개개의 교사를 겨냥하지 않는다고 조심스럽게 지적한다. 오히려, 그의 관심은 은행저금식 교육 **시스템**, 그 시스템을 뒷받침하는 태도, 그리고 그것에 얽힌 광범위한 사회적 관계에 있다. 《페다고지》에서 은행저금식 교육과 문제제기 교육을 논의하면서, 프레이리는 교사가 자신도 모르게 은행저금식 접근을 택할 가능성이 있다고 언급한다. "자신이 단지 비인간화하는 데 봉사하고 있다는 사실을 깨닫지 못하는 수많은 선의의 은행원 교사가 있다"(1972a, p. 48)라고 프레이리는 말한다. 사실, 그의 가장 중요한 메시지는 우리가 개인주의적 생각과 결별하고 전체적이고, 구조적인 의미에서 현실에 대한 문제제기를 시작할 필요가 있다는 것이다. 그는 억압적인 사회 조직(은행저금식 교육이 하나의 예이다)에 대항하는 **집단적** 행동을 주장한다. 프레이리는 '분할과 통치' 정책의 억압적인 효과에 관하여 이야기하고, 분리되고, 단절되고, 지나치게 지역화된 투쟁의 위험성을 강조한다.(참조. Freire, 1972a; 1994; 1997a; 1998c)

만약 교사가 프레이리가 발전시킨 해방적 이상을 지지한다면, 그의 주장대로, 그는 깊은 존경을 받을 가치가 있다. 많은 교육자는 가르침을 소명으로 받아들인다.(Freire, 1998c, p. 126) 그리고 엄청난 장애물이 있어도 그들의 일을 계속한다. 교사 자신과 광범위한 지역사회 구성원이 가르침의 존엄과 중요성을 인정해야 한다.(Freire, 1998a, p. 34) 그러한 인정에는, 프레이리가 후기 저서에서 주장했듯이, 더 많은 봉급과 교사를 위한 근무 조건이 포함되어야 한다. 프레이리의 교육에서 교사는 엄청난 책임감을 가져야 하고, 대화, 앎의 행위, 그리고 사회적 변혁에 최대한 헌신해야 한다. 프레이리는 《프레이리의 교사론(Teachers as Cultural Workers)》에서 다음과 같은 적절한 말을 한다.

학습자이기도 한 교사의 과업은 즐거운 일인 동시에 엄중한 일이다. 교사의 과업은 진지함과 과학적·육체적·정서적·감성적인 준비를 요구한다. 가르치는 일에 헌신하는 사람은 타인에 대한 사랑은 물론이고 가르치는 일에 포함된 그 과정에 대한 사랑도 개발해야 한다. 가르치는 일은 사랑할 용기가 없이는, 즉 포기하기 전에 수도 없이 시도하는 용기가 없다면 불가능하다. (Freire, 1998a, p. 3)

프레이리는 진보적 교사에게 필요한 수많은 자질(태도나 덕목)을 찾아낸다. 여기에는 겸손, 자비, 타인에 대한 존경, 인내, 용기, 결단, 능숙함, 절제된 표현, 새로운 것에 대한 개방성, 투쟁 과정에서 뚝심, 희망의 정신, 그리고 '삶에 대한 **긍정**'을 말하는 능력 등이 포함된다.(Freire, 1998a, pp. 39~45; 1998c, p. 108) 프레이리에게 가르침은 합리적·정서적·활동적, 심지어 영적인 과정의 복잡한 조합을 포함하는 다면적인 과정이다. "가르침을 실천하는 아름다움은 교사와 학생을 한데 묶는 성실함에 대한 열정으로 구성되어 있다."(1998c, p. 88) **돌봄**은 가르치는 활동에 필수적이다. 교사는 가장 높은 수준의 비판적 기준을 유지하려고 노력해야 하지만, 이것이 학생에게 감정을 숨기거나 냉정하게 대하거나 거리를 두어야 한다는 의미는 아니다.(p. 125) 좋은 가르침의 특성을 살리기 위해서는, 교육자를 위한 몇몇 권리, 가령 가르침의 자유, 보복에 대한 두려움 없이 권위자를 비판할 수 있는 기회, 그리고 유급 안식년을 보호할 필요가 있다.(Freire, 1998a, pp. 45~46) 좋은 교사는 그의 업무를 잘 수행하기 위해 필요한 자질을 가지고 **태어나지** 않는다. 대신에, 그러한 덕목은 '실천을 통해 점차 획득되고' 그리고 교육자의 역할이 중대하다고 인식하는 정치적 맥락을 요구한다.(p. 39)

프레이리 교육은 '하나의 방법'이 아니다

이 절에서는 프레이리의 교육은 일련의 방법, 기술, 또는 기능으로 환원될 수 없다고 제안하고 싶다.(Aronowitz, 1993; Macedo, 1994; Bartolome, 1994; Brady, 1994) 해방 교육은 인간 존재에 대한 특별한 접근과 사회적 세계에 대한 구체적 지향을 나타내며, 그것으로부터 가르침과 배움을 위한 보편적으로 적용할 수 있는 방법이 아닌, 일반적 원리를 생성할 수 있다. 개요와 1장에서 주장했듯이, 프레이리의 핵심적 차원을 이해하려면 그의 저서에 대한 전체적인 읽기가 필요하고, 그리고 복잡한 교육 쟁점과 문제에 대한 반기술주의적 입장을 견지해야 한다. 이러한 입장을 고수하면서, 나는 1995년에 출간된 간행물의 프레이리와의 대화편에서 도날도 마세도가 내린 미국 교육현장에 대한 평가를 출발점으로 삼는다. 마세도는 이렇게 말한다.

프레이리에게 영감을 받았다고 주장하는 많은 교사에게 당신의 교육학을 결국 자유방임의, 그저 좋게 느껴지는 교육학(feel-good pedagogy)을 조장하는 것으로 끝낸 일부 이유는 그들이 진부한 표현 수준에서 당신의 선도적 사상에 노출되거나, 그것을 해석하기 때문이다. 내 말은 프레이리에게 영감을 받았다고 주장하는 많은 교수가 그들의 학생에게 고정적인 방법론의 형

태로 당신의 철학적 입장에 대해 물 타기식(watered-down) 번역을 제
공한다는 것이다. 이들 교수는 좀처럼 그들의 학생에게 당신의 저서를
원전으로 읽도록 요구하지 않는다. 또한 《페다고지》를 읽어도, 그들은
당신이 출판한 다른 책의 지식은 거의 가지고 있지 않은 경우가 많다.
(Freire and Macedo, 1995, p. 380)

마세도는 프레이리에 대해 자주 듣기는 하지만, 프레이리의 공부에
참여하라는 요청을 받은 적이 없는 학생들로부터 느낀 당혹함을 지적
하면서, "저의 프로젝트는 프레이리에게서 영감을 받은 것입니다. 비록
제가 프레이리의 책을 아직 읽지는 않았지만 그에 대하여 이야기하려
고 합니다"(p. 381)라는 말을 공공연히 하면서 워크숍을 시작한 한 교
사의 경우를 인용한다. 이것은 한편으로는 기이한 고백이고, 교육적 관
점에서는 우려되는 사태를 나타낸다. 그러나 그것을 북아메리카뿐만
아니라 현대 서구의 많은 다른 지역에서도 만연한 일종의 환원주의의
표출로 보면 전혀 놀랍지 않다.

프레이리는 주어진 전문 분야에서 어떤 과업 수행 방법의 학습이
나, 또는 필요한 기술 개발의 필요성을 결코 부인하지는 않는다. 의사
가 수술 기술을 배울 필요가 있는 것은 분명하다. 비행기 조종사는 복
잡한 계기판을 조작하는 방법을 배워야 한다. 논리학자가 삼단논법과
다른 형태의 추리 기초를 모르면 논쟁을 분석할 수 없다. 프레이리는
또한 이런저런 교과 영역에서 학생을 가르치면서, 교육자는 특별한 방
법과 기술을 사용해야 한다고 기꺼이 인정했을 것이다. 한 교과에 대
한 가르침과 배움의 접근법이 해방적이라면, 해방적이라는 정의를 내리
게 하는 것은 방법, 기능, 그리고 기술이 아니다. 차라리 그것은 구체적

인 윤리적·정치적인 입장에서 나온다. 은행저금식 교육의 핵심은 일률적인 교수법이 아니라 인간 존재와 세계를 향한 하나의 뚜렷한 지향성에 있다. 은행저금식 교육 아래에서 사람들은 기존의 (억압적인) 사회질서 속에서 조작될 수 있는 적응 가능하고, 다룰 만한 대상으로 간주된다. 일률적이고 권위주의적인 방법은 이러한 세계관을 반영하고, 강화하며, 영속화하도록 돕는다. 문제제기 교육은 다른 가정으로부터 시작한다. 즉, 프레이리는 해방 교육자에게 인간은 반성적 행위를 통하여 세계를 변혁할 수 있는 최대한의 기회가 주어져야 하는 역사와 문화를 '만드는' 주체, 즉 프락시스적인 존재라고 말했다. 학생이 교실에서 질문을 하도록 격려하기, 단순하게 해답을 주기보다는 문제를 설정하기, 토론할 시간 허용하기, 그리고 개인적 경험에 대한 반성 촉구하기 등은 프레이리의 프락시스를 통한 인간화에 헌신하는 교사에게는 합리적으로 기대할 만한 것이다. 하지만 이러한 기술이 그 자체로 해방 교육의 특성을 나타내지는 않는다.

만약 그것이 우리가 다루고 있는 인간 존재와 세계를 향한 접근과 지향이라면, 그때 '어떻게'라는 구체적 질문이 오직 맥락 안에서 다루어질 수 있다. 말하자면, 하나의 상황에서 최고의 방법은 다른 상황에서는 최고의 방법이 아닐 수 있다. 교사는 학습이 일어나는 사회적이고 정치적인 맥락뿐만 아니라 참가자에게 이미 존재하는 경험과 그런 형태의 지식을 고려해야 한다. 해방 교육을 하나의 방법론이나 일련의 교실 기법으로 환원시키는 것은 그것을 탈맥락화하는 것이다.

방법은 표면상 문화와 역사를 초월하는 것처럼 보인다. 수술 절차는 그것이 수행되는 병원이나 국가와 관계없이 똑같다. 수학적인 증명 방법은 시간이 지나도 일관되게 남아 있다. 다양한 양적 연구체계는 여러 가지 다른 연구에서도 복제될 수 있다. 삼단논법의 논리는 아리스토텔레스에게나 현대 분석철학자에게나 똑같다. 그리고 기타 등등도 그렇다. 인간 활동의 어떤 영역에서는, 방법은 맥락과 관계없이 똑같은 방식으로 복제되어야 한다고 가정된다. 이러한 경우, 하나의 특정한 방법과 연관된 정확한 기술이나 관행에서 조금이라도 벗어나면 효율성이 떨어진다고 생각된다. 스포츠 코칭, 출산, 젊은이에게 가르치는 기술의 어떤 방법이 이 범주에 해당한다.

프레이리의 연구가 순전히 또는 주로 방법론적 용어로 파악할 수 있다면, 제3세계의 문해교육에 대한 그의 접근은 명확하게 정의된 기술들의 '패키지' 세트로서 제1세계로 쉽게 '운반될 수' 있어야 한다는 시사를 준다. 프레이리안이라고 공언한 교육자들은 '그 방법'의 구체적인 내용은 바뀌어야(가령, 포르투갈어와 영어의 차이에 비추어, 음절 재구성 과정의 측면) 한다는 것을 인정할지도 모르지만, 특별한 맥락에서 명백하게 배제된 특징과는 별개로, 프레이리의 기술이 '글자 그대로' 정확히 채택되어야 한다고 믿는다.

프레이리는 이러한 사고방식에 격렬하게 반대하였으며, 후기 저서(1997b; 1998a)에서는 신자유주의적 정치 조건하에서, 교사교육에 대한 기술적, 패키지 세트적 접근 방식이 (재)등장하는 것을 보고 혼란스러워했다. 프레이리안의 관점에서 볼 때, 모든 교육적 상황은 해결해야 할 **뚜렷한** 도전을 제시한다. 교육자가 물어야 할 첫 번째 질문은 "내가 어떤 방법을 사용해야 하지?"가 아니라 "내가(또는 우리가) 어떤 인간적 이상을 촉진하기를 바라는가?"이다. 이 시작점에서 더욱 구체적인 질문이 뒤따른다. "**이** 상황에서 이러한 이상을 추구하는 데 있어서 한계와 가능성은 무엇인가?(이 시점에, 이곳에서, 이러한 정치적 제약을 받으면서, 이러한 사회적 관계에서, 이러한 구조적 틀 안에서 등등)"
그리고 "이상과 상황에 비추어 적절한 전반적인 목표와 전략은 무엇인
가?" 이러한 문제가 해결된 이후에야 (즉, 비판적이고 대화적으로 가설
을 세운 후) "어떤 방법이 최선일까?"라는 질문에 진정으로 대답할 수
있다. 물론 이것은 일종의 판에 박힌, 엄격하고, 순차적인 절차를 의미
하지는 않는다. 어떤 교육적 환경에서 무엇을 할 것인가를 결정하는 모
든 과정은 철저하게 변증법적이어야 한다. 그러나 프레이리는 교육자들
의 최우선 과제는 인간 존재와 세계에 관한 질문들에 직면하는 것이
고, 그 이후에 방법론적 문제가 해결될 수 있다고 단호히 주장한다.

　이것은 프레이리 사상을 언급하거나 적용하려고 시도하는 사람들에
게 중요한 구별을 제시한다. 프레이리는 브라질, 칠레, 그리고 다른 제3
세계 문해교육 사업에서, 특정 절차를 채택했다. 그는 참여자들에게 말
없이 순응하고 교사 말을 기계적으로 반복하기보다는 토론하고 적극
적으로 참여하기를 장려했다. 그는 대화와 비판적 참여를 위해 일상생
활이나 양상을 묘사한 그림을 중점적으로 사용했다. 그는 음절로 나누
어지는 단어들이 적힌 발견 카드를 만들었다. 그리고 기타 등등.(4장 참
조) 이것들이 (구체적인 프로그램에서, 특별한 때에, 몇 가지 다른 사회
적 맥락 내에서, 그리고 실질적이고 명시적인 윤리적·정치적 입장에 부
합되게 개발된) '방법'이라고 이야기하는 것은 프레이리의 입장과 완벽
하게 일치하는 것 같다. 그러나 교육학에 대한 프레이리의 전체 접근을
'방법'으로 이야기하는 것은 또 다른 문제이다. 이것은 노골적으로 왜
곡하는 것이다. 프레이리의 저서에 대한 총체적 독서를 하고 나서 교육
학적 원리를 개발하는 것은 가능하다.(Freire, 1996, p. 127) 그러나 이
러한 원리는 대부분 방법론적 결정을 내릴 수 있는 매개변수를 제시한

다. 원리는 방법과 동등하지도 않고 동의어도 아니다. 또한 한 세트의 원리가 통틀어 하나의 방법이 되는 것도 아니다. 만약 이러한 구별이 타당하다면, '프레이리안의 방법', '프레이리안의 방법론', 또는 '프레이리안의 방법들'(그러한 문구는 탈맥락적으로 사용된다)이라고 언급하는 것은 분명히 위험하다. 이런 종류의 언어는 프레이리가 교육학에서 가장 중요하게 간주한 바로 그 차원들, 즉 광범위한(고정되지 않은) 기층 원리가 도출되는 인간 존재의 개념, 그리고 현실의 성격, 인식론, 윤리적 입장, 정치적 입장으로부터 주의를 돌리게 한다.

주의 사항

프레이리안의 교육학을 기존의 서구교육에 맞도록 아전인수식으로 수용하는 것에 반대하면서, 한 가지 주의 사항을 추가해야 한다. 서구의 교육운동에 대한 과도한 일반화를 피하려면 세심한 주의를 기울여야 한다. 그리고 프레이리안(및 다른) 아이디어를 다양한 교육적 상황에 성공적으로 적용한 사람이 많은 이익을 얻었음을 인정해야 한다. 이점을 구체화하기 위해 아동중심 교육의 예로 돌아가보겠다. 3장의 앞부분에 나와 있는 나의 언급은 프레이리의 연구가 '아동중심' 교육의 **모든** 지지자들(또는 '대화식' 과학교육의 모든 헌신자들)에 의해 잘못 사용되었다는 의미가 아니었다. 물론, 아동중심 교수 및 학습 방법 옹호자들이, 프레이리 자신의 조언을 충실히 따른다면, 그들의 맥락에 도움이 되는 것으로 증명된 요소를 전용하면서, 프레이리 아이디어를 **개조해야** 한다고 주장할 수 있다. 프레이리와 다른 진보적 사상가의 영향력 아래에서 아동중심 학습이 젊은이를 위하여 억압적인 은행저금식 교육 시스템에서 해방적인 접근으로 이동하기 위한 아주 효과적인 이동수단을 제공해왔다고 주장할 수 있다. 즉, 그것은 개발된 상황에 적절하고 편리한 이동수단이었다. 프레이리 저서에 있는 유토피아적 비전의 일부는 그의 사상을 다양한 환경에 맞게 조정하는 과정에서 상실되었을 수 있다. 그럼에도 유의미한 교육학적 진전이 이루어졌고, 그리고 실질적인 교육 쟁점에 관한 논쟁이 벌어졌다. 아동중심 학습은 어린 나이에 어떤 아동을 '실패한 아이'(그리고 다른 아이는 '성공한 아이')라는 부정적인 꼬리표를 붙이는 교육 시스템으로부터 아동의 특별한 기술과 능력으로 평가받는 시스템으로 이동하도록 시도함으로써 아동의 억압을 쟁점으로 다룬다. 더구나 아동중심 교육이 개인에게 초점을 맞추어, 학습자로서 그들의 잠재력을 극대화하도록 아동을 격려한다면, 그것은 사회 전체로 봐서도 분명한 이득이 있다. 간단히 말해서, 아동중심 교육은, 프레이리의 윤리적 입장과는 완전히 부합하는 입장에서 아동을 인간존재로서 가치 있게 여기고, 교육 과정 참가자들 사이에 수직적이기보다 수평적 관계를 강조한다. 그래서 아동중심 시스템은 교사가 중요한 방식으로 아동 학습의 '조력자' 역할을 하는 프로젝트 기반 학습을 자주 강조한다. 그러한 접근은 모든 교육 시스템이 그런 것처럼 분명히 '정치적'이고, 브라질과 칠레에서 프레이리가 시도한 성인 교육보다는 덜 '급진적'이겠지만, 분명히 가치가 있다.[4]

이 주장은 두 가지 관련된 논란을 불러온다. 하나는 프레이리안의 사상을 적용하는 과정과 관련된 논란이다. 다른 하나는 프레이리 이외의 **다른** 교육자가 성취했던 것을 다룬다. 첫 번째 논란과 관련하여, 어떤 이론가의 사상을 적용할 때 복잡한 해석과 협상 과정이 항상 수반된다. 우리가 한 사상가를 처음 만날 때, 프레이리 자신이 끊임없이 우리에게 상기시켜준 것처럼, 우리는 항상 우리가 만나는 새로운 사상을 우리의 기존 지식이나 이전의 경험 영역 안에 있는 어떤 것과 관련시켜야 한다. 프레이리에게 이것은 학습 과정에서 인식론적 필연성이다. 우리는 특정한 맥락과 광범위한 분야에서 형성된 어떤 태도, 신념, 가치, 실천 등의 존재를 전제로 하는 일종의 인지적 체계 바깥에서는 어떤 것도 이해할 수 없다. 만약 우리가 그 사상가의 이론에서 어떤 장점을 본다면, 우리가 처음 그 저자의 텍스트를 대면하는 순간부터 반드시 어떤 형태의 적응이 필요하다. 우리가 접하는 사상은 항상 읽기(또는 듣기, 또는 직접 관찰)와 해석의 과정을 통해 '걸러진다'. 이런 의미에서, 한 이론가의 사상에 대한 우리의 적용은 항상 부분적이고 불완전하다. 우리는 프레이리 저서를 '순수하게' 완전히 읽을 수 없다. 그러나 이것이 어떤 읽기, 해석적 입장 및 이해 양식이 다른 것보다 더 나을 수 없다는 의미는 아니다. 서론에서 나는 우리가 프레이리가 옹호하는 이상을 충실히 따르고자 한다면, 그의 저서에 대한 전체론적·맥락적·반환원주의적·비판적 접근이 단편적·탈맥락적·기술주의적·수동적 읽기보다는 분명히 우월하다고 주장했다. 프레이리안이 말하는 목적이라는 용어는 연구 대상을 설명하는 근거 또는 본질에 **더 가까이** 다가가는 것과 동시에 자신의 연구 대상이 절대적으로 또는 완전히 알 수 없다는 것을 인식하는 것이다.(Freire and Shor, 1987, p. 82)

프레이리를 읽으면서 우리가 무엇을 성취하고 달성하고자 희망하는가, 그리고 우리가 성취했거나 달성한 것을 어떻게 **명명**(name)할 것인가라는 문제가 여기에 남아 있다. 교육자로서, 우리는 다양한 전문 영역과 개인 영역(교실, 가정, 공장, 교도소 등)에서 우리의 사상을 형성하고 적용하는 데 수많은 이론가의 저서를 참고한다. 분명히 연구 과정에서 만나게 되는 주요 이론가의 모든 출판물을 읽어볼 시간이 있는 사람은 거의 없다. 읽기는 전형적으로 선택적인 과정으로, 방대한 양의 이론적 자료를 모으고 나면, 상당한 선별과 분류가 요구된다. 더구나, 특정한 사상가의 영향을 받았던 정확한 범위와 방식을 분명하게 평가하기란 불가능하다. 그러나 프레이리가 아동중심 교육에 영향을 미쳤다고 말하는 것은 학습 접근방식에서 아동중심 교육운동, 혹은 심지어 특정한 아동중심 수업을 **프레이리안**이라고 선언하는 것과는 다르다. 프레이리안은 윤리적·인식론적, 그리고 교육적 입장에 대한 **이름 붙이기**(naming)를 포함하는데, (프레이리안의 의미에서) 그것이 진짜라면, 광범위한 프레이리안 텍스트에 대한 엄격하고 학문적인 참여를 포함해야 한다. 프레이리는 많은 가치 있는 교육 프로그램의 개발에 영향력을 미쳤을 것이다. 그러나, 이 모든 주도적 노력이 프레이리 해방 교육의 사례는 아니다. 그와 같은 많은 프로그램의 독특한 강점은 더 정확하게는 다른 사상가의 영향이나, 또는 **많은** 이론의 독창적인 종합으로 인한 것일 수 있다. 아동중심 교육자는 틀림없이, 적어도 부분적으로는 성공했다. 왜냐하면 그들은 다양한 범위의 교육적 아이디어를 일관성은 있지만 엄격하지 않은, 배움과 가르침의 과정의 철학으로 그럭저럭 통합했기 때문이다.

결론

《페다고지》2장에서 프레이리의 초점은 두 가지 교육학적 접근에 있다. 은행저금식 교육과 문제제기 교육이다. 명백히 반대되는 두 가지 형태의 교육 사이의 구별은 즉각적인 호소력을 가진다. 즉, 그것은 해방 교육과 억압 교육 사이에 명확한 선을 그을 수 있게 하고, 교육자가 확고한 신념으로 자신의 의도와 주장을 밝힐 수 있도록 한다. 교사는 교육학적 입장에서 인간화하고 있거나 아니면 비인간화하고 있다. 이런 종류의 이항 대립은 최근 포스트모더니스트에 의해서 문제제기되어 왔으며, 프레이리는 그것을 주요한 이론적 장치로 사용하는 경향이 있으므로 특히 비판에 취약하다.(Giroux, 1993) 비록 프레이리의 저서가 이 분법의 이론적 구성('능동' 대 '수동', '통합' 대 '적응', '해방' 대 '억압', '인간화' 대 '비인간화' 등)으로 가득 차 있지만, 그의 후기 저술은 '해방 교육'에는 **단 하나의** 정반대도 없다고 제안한다. 프레이리의 경우, 해방 교육은 **두 가지** 교육학적 접근방식에 반대한다. 하나는 권위주의이고, 다른 하나는 자유방임주의이다. 한편에서는 교사가 모든 권한을 인정받고 이것을 규율적이고 억압적인 방식으로 사용한다. 다른 한편에서는 교사는 모든 권한을 포기하고(박탈당하고), 학생이 하고 싶은 대로 행동한다. 둘 다 인간화의 이상과는 갈등 관계에 있다. 권위주의 교육이 명백히 반(反)대화적인 반면에, 자유방임주의 접근은 교육과 인간 투쟁의 **목적성**을 약화시킨다.

《페다고지》2장에서 은행저금식 교육과 문제제기 교육에 대한 프레이리의 설명이 지난 30년 동안 해방 교육에 대한 최고의, 가장 영향력 있고 간결한 진술 가운데 하나라는 것은 의심의 여지가 없다. 그 후 프레이리는 그 장에서 논의된 주요 원칙을 반박하거나 포기하지 않았지만, 후기 출판물에서 이 고전적인 초기 저서의 많은 논점을 **확장**하고 명확히 했다. 특히, 자신의 저서에 대한 거듭된 오독에 대한 부분적인 대응으로 그는 교육적 이상에서 구조, 지향, 그리고 엄격함의 중요성을 강조했다. 해방 교육자가 된다는 것은 윤리적·정치적인 입장에서 모종의 명확성과 신념을 지니고, 철저한 준비와 다른 사람과 대화로 공부하는 의지를 함께 나타낸다. 해방 교육 현장에서 해결해야 할 문제는 수많은 사회적·문화적·정치적 차원에서 세계가 진화함에 따라 끝없이 새롭게 맞서야 한다.

주

1 이 장에서 프레이리의 교육 이론에 대한 논의는 주로 교육학(pedagogy)의 쟁점에 국한
되어 있다. 비록 거의 모든 경우에 '교육학'에 대한 프레이리의 언급이 가르침과 배움의 이
론과 실천에 어느 정도 관련이 있거나 암시하지만, 그는 'education'과 'pedagogy'라는
용어를 동의어로 사용하는 경향이 있다. 여기서 가르침과 배움은 가장 광범위한 의미로
사용되기는 하지만(가령, 학교교육이나 제도권 교육에 제한되지 않고), 틀림없이 이보다
는 교육에 훨씬 더 논의할 만한 것이 있다. '학생'에 대한 언급이 있을 때, 우리는 상대하
는 사람은 내내 성인이라고 가정한다. '교육자(educator)'와 '교사(teacher)' 용어는 서로
맞바꾸어 사용된다.

2 교사는 자주 어떤 의미에서는 억압적이지만 다른 의미에서는 특권적인, 모순된 사회적 지
위를 차지하고 있음이 인정된다면, 이 개념은 꽤 문제가 된다(Weiler, 1991). 이것에 대응
하는 한 가지 방법은 교사가 '계급 자살'을 노력하겠지만 반드시 이룰 수 있는 것이 아닌
이상으로 보는 것이다.(Mayo, 1993, p. 19)

3 비록 프레이리가 관여한 모든 프로그램이 직면해야 하고, 주제화되어야 하며, 행동해야
하는 다른 문제를 갖고 있었지만, 몇몇 저서에서 억압과 해방에 관한 이론화에서 추상적
이고 보편적인 선언을 지향하는 그의 경향성은 신랄한 비판을 받았다. 이 쟁점은 6장에
서 다루어진다.

4 아동중심 교육에 찬성하거나 반대하는 주장에 대한 깊이 있는 논의를 위해서는
Darling(1994)을 참고하라.

제4장 프레이리안의 성인문해 교육

성인문해 교육에 대한 프레이리의 접근은 그의 넓은 범위의 입장, 교육학적 이론과 직접 연관되어 있다. 이 장에서, 특성상 대체로 기술적인 방식으로 진술하겠지만, 나는 1960년대 초기에 브라질에서 행해진 프레이리의 문해활동의 몇 가지 핵심 특징을 설명하고자 한다. 물론 제3세계에서 이루어진 몇 가지 다른 문해 프로그램과 성인 교육 프로그램에 대한 프레이리의 기여에 대해 언급할 것이다. 5장에서는 이러한 현장 경험을 통해 처음 생겨난 관념이 어떻게 문해에 대한 프레이리의 이론적 활동에서 세련되고 확장되었는지에 대해 언급할 것이다.[1]

브라질에서 행한 프레이리의 문해활동

　　프레이리는 브라질 성인과의 문해활동에 대해《자유 실천으로서의 교육(Education: The Practice of Freedom)》(1976, pp. 41~84)에서 비교적 상세하게 기술하고 있다. 1963년에 국가 문해 프로그램 책임자로 임명되기 전에, 그는 이미 도시지역과 농촌지역에서 행한 성인 교육 영역에서 15년 이상의 현장 경험이 있었다. 그는 이 형성기에 많은 다른 교육학적 방법과 의사소통 수난을 실험하는 내내 하나의 지배적인 확신을 지니고 있었다고 회상한다. 그것은 '오직 민중과 함께 일함으로써 (나는) 그들 편에서 진정한 어떤 것을 성취할 수 있었다'는 것이다.(p. 41) 1962년 헤시피 성인문해 프로그램에 대한 미구엘 아라에스(Miguel Arraes)의 후원에 힘입어, 프레이리는 그의 유명한 '문화 서클'(Mackie, 1980a, p. 4)을 시작할 발판을 마련하였다. 문화 서클에서 비문해 성인들은 사회적 조건에 대한 비판적 반성의 과정에 참여하도록 초대되었다.

그들은 거기서 그 자신을 발견하게 되었다. 프레이리는 그 프로젝트에서 전통적 수업의 많은 요소를 버렸고, 강의를 대화로, 교사를 코디네이터로, '학생'이라는 용어를 '그룹 참여자'로 바꾸었다.(Freire, 1976, p. 42) 헤시피 프로그램에서 보인 프레이리의 성취에 고무되어 주앙 굴라르(Joao Goulart) 대통령[1]은 프레이리를 국가 문해 프로그램 책임자로 임명했다. 비록 그 캠페인이 1964에 일어난 군부 쿠데타와 함께 조기에 종료되었지만, 프레이리가 브라질에서 채택한 접근방식은 이후에 다시 활용되었고, 또 (프레이리와 다른 실행가에 의해) 1960년대부터 1980년대까지 여러 제3세계 국가에 적용되었다.

브라질에서 행해진 프레이리의 문해작업은 세 가지 단계로 구성되어 있다. ① 비문해 성인의 사회적 상황의 조사 및 자료와 어젠다의 준비, ② 브라질인의 삶의 양상을 보여주는 일련의 그림 자료에 대한 분석을 통한 문화 개념의 소개, ③ 읽기와 쓰기 과정에서 사용하기 위해 만든 소수의 '생성(generative)' 단어의 사용이 그것이다.[2] 여기서 그것을 차례로 논의한다.

조사 및 준비 작업

프레이리는 프로그램의 첫 단계에서 다섯 개의 국면을 상정한다. 첫 번째 국면에서, 성인문해 작업자는 그들이 작업하는 민중들의 어휘를

---

1) 브라질의 14대 부통령이자, 24대 대통령을 지낸 정치인이다. 그의 개혁과 1963년의 선거는 냉전하에서 사회주의로 여겨져 우익세력과 군부를 자극했고, 1964년 브라질 쿠데타의 원인이 되었다. 급기야 1964년 3월 31일 쿠데타로 실각했고, 이후 우루과이를 거쳐 아르헨티나로 망명, 거기서 사망하였다.

조사했다. 비형식적 인터뷰로부터, 어떤 경우에는 농촌과 도시의 공동체 내에서 가족과 함께 살면서 노동하는 시간을 보내는 시기로부터, '애환이 담겨 있는' 단어의 목록이 작성되었다. 프레이리가 언급하건대, 조사자들은 비문해 성인에게 정서와 의미가 녹아들어 있는 단어들을 찾도록 요구하였다. 그 단어들은 지역사회 내 그들의 일상적인 삶에서 중심이 되는 것을 토대로 선택되었다. 또 '갈망, 욕구좌절, 불신, 희망, 참여 동력'(Freire, 1976, p. 49)이 배어 있는 단어였다. 프레이리는 주의 깊게 지적하건대 이러한 초기 국면에서 선택된 단어는 비문해 성인 그 자신에게서 나온 것이었고, 읽기 어휘와 관련된 한 무엇이 중요한 것인가에 대한 문해 작업자들의 성향을 단순히 반영하는 것은 아니었다.(p. 50)

일단 비형식적 인터뷰와 조사의 과정이 이루어지면, 캠페인이 이루어진 각 지역에 대응하여 15~18개의 '생성어'를 선정했다. 이것이 준비 작업의 두 번째 국면이다. 단어들은 두 가지 의미에서 생성적이다. 첫째, 단어들은 실존적 의미를 함축하였다. 다시 말해 단어들은 비문해 성인의 삶의 가장 기본적인 관심사, 관념과 실제를 반영하였다. 또 그 단어들은 정치적·사회적·문화적 맥락에서 일상적인 삶에 관한 토론을 만들어낼 가능성을 내포하고 있었다. 이런 의미에서 선택된 단어들은 살아 있는 일상적인 현실에 대한 반성을 발생시켰고. 그 현실의 더 깊고 비판적 이해를 위한 가능성을 제공했다. 단어들은 또한 음소적 풍부함에 바탕을 두고 선택되었다. 특히 음절도 분절될 수 있고 모음과 결합되고 새로운 단어를 만들어내도록 재형성될 수 있는 단어를 찾는 데 노력이 기울여졌다. 프레이리는 "선택된 단어들은 언어의 음성상의 난이도에 상응해야만 하고, 또 난이도가 낮은 데서 높은 곳으로 옮아

가는 방식으로 그 순서가 놓여야 한다"라고 규정하였다.(p. 51)

세 번째 국면은 '코드화(codifications)'의 창조이다. 코드화는 생성어를 그림으로 표현한 것이다. 여러 그림은 참여자들의 일상으로부터 나온 상황을 담고 있었다. 생성어는 코드화된 표현물에 새겨졌고, 음성 상의 복잡성의 견지에서 전개되었다. 하나의 생성어는 그림 속에 묘사된 전체 상황을 포괄할 수도 있었고, 혹은 그 상황의 하나의 측면에만 적합한 것일 수도 있었다.(pp. 51~52)

조사 및 준비 단계의 네 번째 국면은 문화 서클 조정자가 관여하는 어젠다들(예, 프로그램의 스타일, 방법, 내용)의 설명으로 구성되었다. 또 다섯 번째 국면은 생성어를 음소군(phonemic family)으로 분절한 발견카드의 생산으로 구성되었다.(pp. 52~53) 600명의 코디네이터가 이 프로그램의 시작에 초청되었고, 3만 명 이상의 응모자가 참여하였다. 두 페이지짜리 시험이 축구장에서 치러졌는데, 코디네이터들은 다음과 같은 질문에 대한 대답에 기초하여 선발되었다. "브라질은 주변부 사회이다. 우리는 어떻게 이 상황을 넘어설 수 있는가?" "현재 브라질의 교육의 조건에 대해 어떻게 생각하는가?" "당신은 왜 이 일에 종사하려고 했는가?"(Fonseca, 1973, p. 95를 보라) 프레이리는 코디네이터들에게 이 프로그램의 성격을 알도록 하는 것과 관련하여, 어려운 점은 읽기와 쓰기의 가르침에 사용되는 방법의 기술적 측면에서의 수업에 있지 않고, 학습 과정에 대한 특정한 방향의 주입에 있었다고 말한다. 코디네이터들은 전통적인 설명식, 즉 '은행저금식' 접근방식을 포기하고, 대화의 원리에 기초한 교육학적 체계를 선택하도록 요구받았다.

문화 개념의 도입

참여자들의 실존적 상황이 탐구되고, 생성어가 선택되고, 코드화의 포스터 혹은 슬라이드가 제작되고, 코디네이터들이 그들의 어젠다를 부여받는 모든 초기 준비를 한 후에, 프로그램의 다음 단계를 개시할 수 있다. 브라질에서 두 번째 단계는 자연, 문화, 일, 인간관계에 대한 관념의 탐색이 이루어지는 단계인데, 이 단계에는 전체 8차의 프로그램으로 이루어져 있다. (문해 그룹은 8주 동안 매 주말 저녁 1시간 동안 만났다.) 비(Bee, 1980)는 브라질의 프로그램에서 이 두 번째 단계의 도입을 촉구하는 조건을 다음과 같이 깔끔하게 파악하고 있다.

> 브라질 민중을 동기화시키는 과제는 어려울 것이다. 그들은 태도에 있어서 무감각적이고 억압되었고 숙명론적이었다. 이렇게 의기소침하게 만드는 상황을 보다 적극적이고 반응적인 상황으로 변화시키기 위해, 프레이리와 그의 팀은 민중에게 그들 자신의 가치를 확신시킬 필요가 있었다. 또 그들이 그들 자신이 생각하는 존엄성을 박탈당했다고 하더라도 그들이 사실 문화의 창조자, 역사의 창조자, 삶의 주체이며, 단순히 조작의 대상이 아니라는 것을 그들에게 보여줄 필요가 있었다. (p. 40)

이 목적을 위해, 프레이리는 브라질의 미술가 프란시스코 브레넝드 (Francisco Brenand)에게 의뢰하여, '문화'의 개념을 만들어내기 위해 고안된 일련의 그림을 함께 만들고자 하였다. 그림은 슬라이드로 제작되었고, 문화 서클이 만나는 집의 벽에 영사됐다. (집의 벽을 사용할 수 없는 곳에서는 흑판의 뒷면이 사용되었다.) 열 개의 그림은 처음부터 끝까지 순서가 있는 것이었고 각각의 그림은 특별한 주제를 둘러싼 대화를 촉발할 수 있도록 만들어졌다.[3] 뒤의 그림과 각각의 주제는 앞의 그림에서 논의한 생각을 토대로 만들어져, 시각적으로 표현한 이런 매개물은 정교하게 순서대로 정리되어 있었다.

첫 번째 그림은 한 농부가 우물과 나뭇가에 서 있고 괭이와 책을 들고 있는 것인데, 전면에 돼지가 있고 후면에 집이 있다. 그림 속에 있는 모든 요소는 (아마도 책과는 동떨어진) 이 프로그램에 참여하고 있는 사람들에게는 친숙한 것이다. 코디네이터들은 다음과 같이 물으면서 시작하게 되어 있다. "이 그림에서 무엇을 봅니까?" 이 장면의 다양한 모습들이 확인되었다면, 다시 참여자들에게 다음과 같은 질문을 한다. "우물은 누가 만들었는가?", "그가 사용한 재료가 무엇인가?", "누가 나무를 심었는가?", "나무는 우물과 어떻게 다른가?" 등등.(Brown, 1974, p. 26) 그림에 묘사된 그 현실에 대한 문제제기로부터 프로그램에 참여한 성인들은 자연과 문화, 즉 자연계에 존재하는 사물과 인간에 의해 창조된 사물을 구별하기 시작했다. 두 번째 그림은 남녀가 함께 서 있고 여러 가지 동물에 둘러싸여 있는 장면을 묘사한다. 이 경우 토론은 동물과 인간 사이의 차이점을 중심으로 이루어졌다. 참여자들은 인간은 의사소통을 할 수 있고, 타인과 서로 대화에 참여할 수 있고, 자연의 세계에 의해 매개된다는 관념을 가지게 되었다.(Brown, 1974, p. 26; Freire, 1976, p. 65)

세 번째, 네 번째, 다섯 번째 그림은 하나의 묶음으로 다루어지는데, 각각은 사냥이라는 주제를 둘러싼 다양한 모습을 나타냈다. 세 번째 그림은 활과 화살을 사용하는 아이를 보여주고 있고, 네 번째 그림은 총을 사용하는 어른을 나타내고 있다. 두 가지 형태의 서로 다른 사냥의 모습이 비교되고 있고, 세 번째(예, 활과 화살을 만들어 사용하는 그림)는 글쓰기의 도움 없이 아버지로부터 아들에게 하나의 기술이 전수되는 그림이고, 네 번째(사냥)는 총의 제작을 위해서는 글로 된 안내서가 필요한 매우 복잡한 도구를 그리고 있는 그림이다.(Brown, 1974, p. 26) 구술문화와 문자문화 간의 차이에 대한 관념, 자연에서 문화로 바뀌는 재료의 전환에 대한 관념, 기술 발달을 위한 교육의 의미가 철저하게 조사된 이후에, 참여자들에게 쥐를 잡아먹는 고양이의 그림이 제시되었는데, 이것은 인간과 동물 간의 이런 차이를 더 분명히 하기 위한 것이었다. 대화는 의식적이고 반성적이며 인식하는 존재로서의 인간의 개념에 초점이 모아졌다. 전체적으로 볼 때, 그림 3·4·5에 나타난 표상의 집합은 인간과 동물에 대해, 창조력·자유·지능·본능·교육·훈련에 대한 풍부한 관찰을 끌어냈다.(Freire, 1976, p. 71)

여섯 번째와 일곱 번째 그림은 밀접하게 연관되어 있는데, 여섯 번째 그림은 점토 그릇을 만들고 있는 두 사람을 묘사하고 있고, 일곱 번째 그림은 꽃병으로 사용될 점토 그릇을 나타내고 있다. 꽃병에는 꽃이 꽂혀 있고, 꽃병에는 꽃 그림이 그려져 있다. 여섯 번째 그림과 함께, 일을 통해 자연의 산물이 변형되는 것이라는 주제가 토론되었다. 일곱 번째 그림은 이전 그림과 뒤따라올 미지만 세 가지 그림 간의 매개 역할을 하였다. 참여자들은 처음에 꽃병 속의 꽃이라는 한 대상의 그림을 보고, 그것을 자연에서 하나의 상징으로 전환하는 것임을 나타내는 것으로 알게 되었다.(Brown, 1974, p. 29) 이 관념은 여덟 번째 그림으로 확장되었다. 그림은 한 권의 책을 보여주고 있는데, 특수한 배열의 문자화된 상징이 들어있는 페이지를 보여주고 있다. 코디네이터가 그 책의 페이지에 쓰여 있는 것을 읽은 후에 그 그룹 참여자들은 그것이 하나의 시임을 재빨리 인지하였고, 꽃병과 시가 보여준 문화의 서로 다른 표현을 둘러싸고 뒤이은 토론이 이루어졌다. 참여자들은 또한 시 그 자체에서 제기되는 문제를 토론하도록 격려되었다."(Freire, 1976, p. 77)

아홉 번째 그림은 브라질의 다른 지역 출신의 두 카우보이를 묘사하고 있다. 참여자들은 그들의 (즉, 카우보이들) 의복과 행동의 서로 다른 모습에 대해 이야기하였다. 그들은 또한 서로 다른 행동 양식에 대해 토론했는데, 전통은 처음에 필요에 반응하여 생겨나며, 그 필요가 사라진 후에도 종종 그것이 지속된다는 것을 토론하였다.(p. 79) 마지막으로, 열 번째 그림에서 집단 구성원들은 그림 속의 형태로 묘사된 그들 자신을 보게 된다. 문화 서클에 모여 있는 농부 집단에 보여준 그 그림은 방 앞에서 코디네이터가 이전 그림의 하나를 가리키고 있는 모습이다. 이것은 자기 성찰의 과정에서 하나의 중요한 순간이며, 비판적 의식에 이르는 첫 번째 단계이다. 집단의 대화는 이제 '지식의 체계적 획득으로서의 문화'와 '문화의 민주화'와 같은 주제에 모아졌다.(p. 81)

이러한 프로그램의 단계가 종결되었을 무렵에, 프레이리는 참여자들이 학습을 계속하는 데 매우 동기화되었다는 것을 증언한다. 프레이리는 문해 과정에서 이 부분의 의미를 다음과 같이 요약하고 있다.

문해는 참가자들이 자기 자신들의 성찰력, 세계, 세계에서 자신의 위치, 의식의 만남에 대해, 즉 문해 자체에 대해 반성하기 시작할 때만이 의미를 지닌다. 그리고 이렇게 함으로써 문해는 외부에 존재하는 어떤 것이기를 그만두고, 자기들 자신의 일부가 되고, 자기들 자신의 내부로부터 나온 창작으로서 나온다. (p. 81)

일련의 그림을 검토하는 데 참여자들의 지적인 진보는 다음과 같이 기술될 수 있다. 넓은 의미에서, 그 움직임은 덜 복잡한 데서 더 복잡한 데로, 더 친숙한 데서 덜 친숙한 데로, 구체에서 추상으로 나아갔고, 그것은 순차적으로 진행되면서 이루어졌다. 그림의 표현은 프레이리의 존재론·형이상학·인식론이 지닌 기본적 원리(tenet)에 대응하는 주제들을 다루고 있다. 토론은 '자연'에서 '문화'로, '비문자화된' 세계에서 '문자화된' 세계로 나아갔다. 인간이 세계를 변형하는 관계의 존재라는 관념은 계속 강화되었다. 처음부터, 변형은 '일'과 연관되어 있다. 이것은 친숙한 일상의 과제와 활동에 대한 숙고로부터 논리적으로 일어나는 것이다. 중간 단계의 그림에서, 참여자들은 인간과 동물 간의 차이를 더 예민하게 인식하도록 요구받았다. 마지막 그림의 표상에서, 참여자들은 더 직접적으로 정치적 변혁을 다루게 되었고, 더 민주적인 사회구조를 건설하는 전망을 갖게 되었다. 참여자들이 그림의 순서를 거치면서, 그들을 점차 그의 일상적 현실로부터 '한 발짝 물러나도록', 새로운 관점에서 친숙성과 구체성을 검토하도록, 타인과 세계에 대한 그들의 관계 방식을 재숙고하도록 격려하였다. 그림 배열의 리듬은 전체적으로 프로그램의 진행을 반영하고 있다. 두 사례에서 출발점은 참여자들의 실존적 상황이었는데, 그 실존적 상황은 면밀한 조사를 위한 초점이 되어, 단어 읽기와 사회적 세계의 '다시 읽기'가 동시에 이루어지도록 이끌었다.[5]

생성어를 통한 음절 결합

프로그램의 첫 두 단계에서는, 인쇄 상징물들을 코딩하고 디코딩(문자·단어·문장을 만들고 해석하기)하는 전통적 의미에서 읽고 쓰는 방법을 참여자들에게 가르치려는 직접적 시도는 전혀 하지 않는다. 목적은 가능한 한 비문해자들의 세계에 대해 배우는 것이며, 인류학적·사회적·정치적 문제의 토론을 촉진하는 것이다. 문해 프로그램에 대한 전통적인 기대를 하기 시작하면서, 음절 결합 학습은 생성어가 만들어진 맥락의 탐색과 계속 통합되었다. 한 집단이 첫 번째 생성어를 담고 있는 코드화된 상황을 충분히 분석한 후에, 단어 그 자체를 소개하였다. 참여자들은 그 단어를 시각화하도록(기억하도록 요구받지 않고) 격려받고, 코드화의 도움으로 생성어와 그 지시의 대상 간의 의미론적 연관을 수립하도록 격려받는다.(Taylor, 1993, pp. 52~53) 그러면 그 단어는 코드화를 수반하지 않은 채 전개되고 분해된다. 그 단어의 음절은 집단 구성원에 의해 일단 인지되고, 새로운 단어를 만들기 위해 모음과 짝을 짓게 되며, 다른 음절과 새로 결합된다. 샌더스(Sanders)가 지적한 바와 같이, 포르투갈어가 '음성적 소리에 거의 변화가 없고 최소한의 자음의 결합'으로 된 음절 언어라는 사실에 의해 이 기술은 크게 도움이 되었다. 비록 이 프로그램을 활용하는 지역이 각기 다른 생성어를 사용했더라도, 첫 단어는 언제나 세 음절이며, 세 음절의 각각은 하나의 자음과 하나의 모음으로 구성되었다.(Brown, 1974, p. 30)

이런 방식으로 시작하는 목적은 프레이리가 자주 인용하는 생성어, 'tijolo'의 예에서 뚜렷하게 나타난다. 이 단어는 벽돌을 의미하는데, 헤시피의 빈민 지역인 카주에이루 세꼬(Cajueiro Seco)에 있는 문화 서클에서 사용된 첫 번째 생성어였다.(p. 31) 이 단어는 그의 코드화된 배경 속에서 충분하게 토론한 이후에, 그 자체로 그리고 그것의 음절 ti, jo, lo와 함께 소개되었고, 그 집단의 코디네이터에 의해 큰 소리로 읽혔다. 그러면 첫 번째 음절은 자음-모음 연결의 계열로 제시되는데, 그것은 ta-te-ti-to-tu 와 같은 방식으로 제시된다. 비록 참여자들이 첫 번째 경우에 ti만을 인지하더라도 그들은 곧 '모든 음절이 동일하게 시작하지만 그 음절들은 다르게 끝난다'는 관찰에 이르게 된다.(Freire, 1976, p. 54) 이러한 방식으로, 기본 모음 소리는 빠르게 파악되고, 그 코디네이터는 생성어에 있는 다른 두 개의 음절을 소개하면서 나아 갈 수 있고, 발견카드상의 이런 종류의 패턴을 만들어낸다.

ta-te-ti-to-tu

ja-je-ji-jo-ju

la-le-li-lo-lu

각각의 음절을 발음한 후, 참여자들은 발견카드에 묘사된 '조각들' 로부터 새로운 단어를 형성하는 기회를 부여받게 된다. 그래서 tatu(동물 이름-아르마딜로), luta(투쟁), loja(상점), juta(황마), lote(행운)과 같은 단어들을 새로 만들어내는 비문해자들이 등장하게 된다. 비록 참여자들이 실제적 단어가 아닌 음절의 결합을 형성하더라도 프레이리 는 개의치 않았다. 그것은 음소결합의 메커니즘을 발견한 것이었으며, 활발하고 창조적인 과정인 단어의 '이름 붙이기(naming)'라는 점이 중요한 것이었다. 더 중요한 것은 각 생성어의 도입을 둘러싼 토론이었다. tijolo와 같은 단어의 경우, 도시개혁의 주제가 논쟁의 주제가 되었고, favela(빈민지역)라는 생성어와 함께, 그 집단들은 주거, 건강, 식료, 교육과 관련된 문제를 숙고하게 되었고, 포르투갈어로 토지에 해당하는 terreno는 관개, 자연자원, 경제적 지배와 같은 주제를 둘러싼 토론을 자극하였다.[6]

결과와 영향

프레이리와 동료들은 주의 깊게 선정된 각 그룹의 15~18개 생성어가 비문해 성인이 여섯 주에서 두 달 안에 '신문을 읽고, 간단한 편지나 글을 쓰고, 지역적·국가적 관심사의 문제를 토론하도록 하는 데 충분하다는 것을 발견했다.'(p. 53) 문해 후 단계를 제공하여 이런 성취가 군건해지고 정치적 변혁이 강화될 수 있기를 희망하였다. 프레이리는 문해 후 단계가 어떤 교육 프로그램과 국가재건에 결정적으로 중요하다고 생각했다. 문해 작업은 생성 단어(words)에 집중하는 것에 반해, 문해 후 단계에서의 핵심 요소는 생성 주제이다. 그가 제시하기로, 이런 주제들은 문제·쟁점·투쟁·갈등, 그리고 국가적·광역적·국지적 삶의 정치학으로부터 도출되어야 한다. 이런 문제에 대한 비판적 탐색을 통하여, 참여자들이 직면하는 한계상황이 확인되며, 필요하고 가능한 때에 한계 행동으로 부정된다. 그러나 1964년 전 브라질에 걸쳐 2만 개 문화 서클을 설립하려고 했던 당초 계획은 군부 쿠데타에 의해 짓뭉개졌고, 프레이리는 그의 성인문해의 노력을 다른 곳으로 확장할 수밖에 없었다.

프레이리가 국외추방을 당한 이후 프레이리에 가해졌던 브라질 정부의 태도는 명백하게(암암리라고 하지만) 1970년대 중반 《Journal of

Reading》[2]에 게재된 한 논문에서 드러났다. 그 논문에서, 아란두 로페즈-코레아(Arlindo Lopes-Correa 1976)는 MOBRAL(브라질 문해운동)[3]의 당시 의장이었는데, 그는 기능적인 성인 비문해를 극복하기 위해 브라질 정부에 의해 채용되었던 방법을 요약하고 있다. 엄청난 표절 행동을 취하면서, 로페즈-코레아(Lopes-Correa)는 한 번도 프레이리의 이름을 언급하지 않은 채 생성어, 음운군, 발견카드 목록, 그림 매개물을 포함하는 문해 과정을 거쳤다. (논문의 저자는 생성어 tijolo의 분절에 관한 프레이리의 고전적 사례를 사용하기도 했다.) 프레이리의 저서가 참고문헌 목록에 실리지도 않았다. 의식화와 프락시스에 대한 참조가 생략되었고, 문해는 비문해자가 깊은 정치적 자각을 얻는 수단이 되어야 한다는 프레이리의 요구가 배제된 채, 프레이리가 가능한 한 피하고자 했던 용어인 '학생들(pupils)'이 '읽기를 통해 계속적인 자기 학습에 흥미를 가지게 되었다'(p. 534)라고 표현된 희망으로 대체해버렸다. 프레이리의 문해 방법의 그 '기술적' 측면은 (그 측면의 기원의 원천은 알려지지 않은 채) 문자교육으로만 한정하는 것으로 평가되었으며, 프레이리 작업의 급진적·결정적 힘은 한편으로 내팽개쳐졌다.[7]

쿠데타 이후 근 10년 이상 프레이리에게 가해졌던 브라질 당국의 조치에 대한 추가적인 증거는 1980년데 매사추세츠 대학교와 하버드 대

---

2) 미국 국제문해사협회(International Literacy Association)가 발행하는 저널이다. 이 협회는 독서지도의 질을 향상시키고, 독서에 관한 연구와 정보를 보급하며, 평생 독서습관을 장려함으로써 모든 사람에게 높은 수준의 문해력을 증진하기 위한 전문 회원 단체다. 회원은 교실 교사, 독서 전문가, 컨설턴트, 행정관, 감독관, 대학 교수진, 조사관, 심리학자, 사서, 미디어 전문가, 학부모 등이다.

3) MOBRAL(Movimento Brasileiro de Alfabetizza, The Brazilan Literacy Movement)은 브라질 정부가 1967년 12월 15일 법률에 의해 만든 프로젝트 중 하나로, 더 나은 삶의 조건을 허용하면서, 지역사회에서 통합하는 방법으로 '인간을 읽고 쓰고 읽는 기술을 습득하도록 지휘하는 것'이라는 비전을 가지고 청소년과 성인의 문해 사업을 제안했다.

학교에서 행한 일련의 대화에서 얻을 수 있다. 프레이리는 다음과 같이 폭로하고 있는데, 잘 알려진 '페르세폴리스(Persepolis) 선언[4])은, 전 세계 많은 국가의 대표자가 참여한 회의와 결론에서 성인문해 작업의 목적에 대한 간명한 성명을 작성했던바, 거기에 브라질을 제외한 모든 참여국이 서명하였다. 브라질 대표자들은 프레이리의 존재에 대해 항의했고, 회의장을 떠나버렸다.(Bruss and Macedo, 1985, p. 14)

여타 문해 프로그램에서 프레이리의 관여

1964년 이후 프레이리의 문해작업에 대한 종합적 설명은 이 장의 범위를 넘어선다. 그러나 그가 관여해왔던 다른 주요 성인문해 프로그램에 대해 언급하는 것은 중요하며, 또 그 프로그램과 브라질에서의 운동 간의 유사성과 차이점을 언급하는 것이 중요하다.

프레이리는 브라질 쿠데타 이후 볼리비아에 잠시 머문 후에 칠레에서 5년간을 보냈다. 그는 칠레 농업개혁법인에 관여하였는데, 당시 프레이(Frei)[5]) 정부 내의 일부의 항의에도 불구하고 광범위하게 참여하였다.(Mackie, 1980a, p. 5) 그때 프레이리는 성인문해 교육의 이론과

---

4) 유네스코는 1975년에 이란 페르세폴리스의 모임에서 페르세폴리스 선언을 하였다. 이 선언문에서는 "문해는 사람들이 살고 있는 사회에 내재하는 여러 가지 모순에 대해 비판 의식을 가질 수 있도록 한다. 또한 사람들이 세계에 영향을 미치고 참된 의미의 인간 발전을 도모하는 사업을 앞장서서 벌이고, 여기에 참여하도록 자극한다. 문해는 그 자체가 목적이 아니라 인간의 기본적이다"라고 하여 문해 교육을 새롭게 강조했다.

5) 기독민주당의 에두아르도 프레이 몬딸바(Eduardo Frei Montalva) 대통령의 집권 기간(1964~1970)에 '자유 속의 혁명'이라는 구호 아래 사회-경제적 개혁에 착수했으나 좌우익으로부터 협조를 얻지 못해 성과를 거두지 못했다. 1970년 선거에서 마르크스주의자인 살바도르 아옌데(Salvador Allende)가 승리함으로써 사회주의 정책을 채택하였다.

실천을 상당히 확대할 수 있었다. 그러나 프레이리의 브라질 프로그램과 칠레의 그의 작업 간에는 몇 가지 차이점이 있었다. 로이드(Lloyd, 1972)는 지목하기를, 브라질 문화 서클의 대부분 코디네이터는 학생이었지만 칠레에서의 프로그램에서는 유급 지도자에 의존했다. 그들 중 많은 사람은 초등학교 교사였는데, 그들은 전통적인(단일적인) 수업방법을 대화적 접근법으로 바꾸는 데 상당한 어려움을 겪었다. '대화법과 프레이리안의 방법에 대한 훈련을 했음에도 불구하고 가부장적인 태도와 패턴이 지속되었다.'(p. 12) 정치적 장애와 교육학적 장애를 극복한 이후 프레이리의 시스템은 정부의 공식적 프로그램이 되었고, 칠레는 유네스코에 의해 비문해를 극복하는 데 효과적인 나라로 다섯 번째 내에 든다고 인정받았다.(p. 11) 프레이리는 칠레에서 문화 개념의 토론과 프로그램의 '생성어' 단계를 통합시켰고, 따로 나누지는 않았다. '칠레 사람들은, 창의적이고 문화적인 존재로 자신에 대해 토론하기를 좋아했던 브라질 사람들과는 달리, 즉시 배우기를 시작하지 않으면 흥미를 잃어버리는 사람들이었기' 때문이다.(Sanders, 1972, p. 593) 물론 생성어와 그림 매개물(Codification)은 브라질과 칠레의 캠페인에서 서로 다른 것이었지만 (음절 결합을 통해) 단어 형성의 방법을 배우는 기본적 기술은 동일한 것이었다.

프레이리는 1970년대 초반 탄자니아의 성인문해 사업에 짧게 관여하였다. 그는 칠레를 떠난 이후 상투메 프린시페와 기니비사우의 문해 프로그램에 주로 헌신했다. 이 두 프로그램은 어느 정도 비판을 불러일으켰고, 또한 우호적인 평가를 끌어내기도 했다. 특히 기니비사우에서의 프레이리의 작업은 운영상의 어려움과 맞서야 했다. 주요한 문제는 프레이리와 기니비사우 정부(그가 그들을 위해 일했던) 간의 의견 차이

때문에 생겨났는데, 그것은 포르투갈어와 관련된 문제였다. 프레이리가 느끼기에, 그 나라는 식민지적 억압의 멍에를 완전히 벗어던질 수 없었고, 수업의 유일한 수단으로 토착의 크리올어(Creole)[6]를 폐기한 채 식민주의자의 언어를 계속 선호했다. 정부는 포르투갈어가 공식어라고 주장하였고, 그래서 난관이 닥쳐왔다. 기니비사우에서 그가 성취했던 것에 대한 자신의 평가에서, 프레이리는 성인프로그램에서 획득한 문자상의 기술적 역량은 그렇게 높지 않았다고 결론짓고, 참여자들 사이에 생긴 새로운 형태의 정치적 자각의 출현이 더 중요하다고 주장하고 있다. 프레이리는 알파벳에 대한 적절한 지배력을 증진하고자 하는 캠페인의 '실패'는 포르투갈어를 고수하고자 했던 당국의 고집에 의한 것이라고 보았다.(Freire and Macedo, 1987, pp. 114~115)[8]

상투메 프린시페에서 프레이리는 문해학습용 입문서 사용을 지지하는 입장으로 초기의 실천과는 약간의 거리가 있었다. 브라질에서의 그의 초기 성인문해 경험과는 달리, 프레이리는 입문서를 사용하지 않았는데, 그것은 '그림의 표상을 주어진 하나의 선물로 본다거나, 비문해자를 그 역할에서 학습의 **주체**(Subject) 대신에 객체로 만들어버린다'는 믿음에 대한 그의 불신에 기초하는 것이었다.(Freire, 1976, p. 49) 상투메 프린시페에서의 성인 교육 노력은 《대중문화 노트북(Popular Culture Notebooks)》이라 불리는 책을 중심으로 이루어졌다. 시리즈상의 첫 입문서 《배움의 실천(Practice to Learning)》은 문해 단계에서

---

6) '크리올어'란 한 언어 공동체의 토박이말로 굳어진 피진어(두 개의 언어가 섞여서 된 보조적 언어)이다. 일반적으로 한 언어를 사용하는 사람들(식민지인)이 다른 언어들을 사용하는 사람들(피식민지인)보다 경제적·정치적으로 우세할 때, 특히 후자의 사람들이 글을 읽고 쓸 줄 모를 때 크리올어가 생긴다. 처음에는 지배집단의 언어를 단순화하거나 수정하여 서로 다른 집단의 구성원 사이에서 의사소통을 위해 사용하게 되었다. 크리올어는 식민통치의 결과물이다.

활용되었다. 추가적인 자료는 문해 후 단계에 도입되었다.(Freire and Macedo, 1987, pp. 64~65)《배움의 실천》은 비문해자를 위한 단어와 문장의 세트를 갖춘 워크북이었는데, 토론을 위한 그림 매개물과 상황 주제를 갖추고 있는 것이었다. 책의 전반부에 제시된 기본 개념은 민중이 (사회적) 실천을 통해 학습한다는 관념이었다. 학습자는 책을 통해 자신의 방식을 배우면서, 민족독립, 일, 지식, 착취, 식민주의와 관련된 보다 복잡한 주제와 관념들에 대해 점차 다가가게 되었다. 학습자는 그들 자신의 단어와 문장을 워크북의 각 부분에 쓸 기회를 가지게 되었다.

프레이리의 관점에서 보면, 그 프로그램은 비록 어려움이 없지는 않았지만 성공적인 것이었다. 대부분의 어려움은 1975년 국가의 독립이 수반하는 민족재건의 전반적 과정에서 나타나는 문제와 긴밀하게 엮여 있었다. 프레이리는 장애에 대해 이런 것들을 언급하고 있다. 카카오(상투메 프린시페의 주요 산물) 가격의 국제 파동, 후기 식민지 국가재건 과제를 다룰 수 있는 '국가 기간요원'의 부족, 성인문해 작업에 소요되는 인적·물적 자원의 부족 등이 그것이다.(1981, p. 30) 상투메 프린시페에서 이루어진 캠페인은 지(Gee, 1988)에 의해 비판을 받아왔는데, 그것은 한편으로는 민중이 독립적으로 사고하는 자가 되도록 격려하는 것과 다른 한편으로는 이른바 '정확하게 사고하는' 능력을 그들에게 부여하는 것 사이에 놓인 틈 때문이었다.[9] 전체적으로 볼 때, 비록 상투메 프린시페에서 프레이리의 작업이 기니비사우에서 행한 프로그램이 수반했던 것과 동일한 문제점을 나타내지는 않았다. 아마 그것은 대개 프레이리 자신이 지적하고 있듯이, 그와 그의 부인 엘자(Elza)가 국가의 세부적 목적에서 절대적으로 정부와 하나가 되어 있었기 때문이었다.(Freire and Macedo, 1987, p. 64를 보라)

주

1 프레이리의 문해 작업의 논의를 위해 프레이리(1972a, pp. 81~95; 1972b, pp. 29~47; 1976, pp. 41~84; 1987, pp. 5~68; 1981; 1965, pp. 7~18, 21~27)을 보라. Freire and Macedo(1987, 4장과 5장); Horton and Freire(1990, pp. 83~95); Brown(1974); Sanders(1972); Lloyd(1972); Bee(1980)을 보라.

2 세 번째 단계를 '실제적 문해 훈련'이라고 부르고 싶은 유혹이 있다.(Sanders, 1972, p. 593) 왜냐하면 이 프로그램의 이 지점에서 참여자들이 읽기와 쓰기의 'mechanics'을 배우기 때문이다. 즉, 이때 단어나 문장의 형성의 메커니즘에 대해 배울 수 있기 때문이다. 그러나 이 유혹에 따르게 되면, 프레이리가 생각하듯이, 문해를 위해서는 심각한 실수를 하게 된다. 문해는 단순히 프린트된 글자의 습득 이상을 의미한다. 이를테면 자연, 문화, 작업, 인간관계 등에 대한 선행적 혹은 동시적인 분석, 지역 정치와 국내 정치를 포함하는 많은 문제의 제기가 문자와 단어의 학습 그 이상으로 프레이리적 용어로 '문해'가 의미하는 부분을 구성하기 때문이다. (5장을 보라.)

3 원본은 프레이리가 제작한 것이었다. 《Education: The Practice of Freedom》에 등장하는 그림 상황은 다른 브라질 미술가 Vincente de Abreu에 의해 만들어졌다.(Freire, 1976, p. 61) Cynthia Brown은 첫 열 개 그림 중 여덟 개를 확보할 수 있었고, 그 여덟 개의 모든 그림은 그녀의 논문 〈Literacy in 30 Hours: Paulo Freire's Process in Northeast Brazil〉에 나타나고 있다. Brown에 의해 등장한 그림 5와 8은 de Abreu set에서 나온 것이다.(Brown, 1974, pp. 27~28을 보라)

4 그림에 보이는 텍스트는 물론 포르투갈어로 쓰여 있다. 그 시는 원자폭탄의 위험성에 대한 것이다.(Brown, 1974, p. 29를 보라).

5 이 프로그램에 대한 상세한 논의를 위해서는 Taylor(1993, 5장)를 보라. 이 단계의 '단어 읽기와 세계'의 개념은 문해에 대한 프레이리의 후기 이론적 작업에서 뚜렷한 특징을 나타내는데, 5장에서 상세하게 다루어질 것이다.

6 코드화(codification)와 디코드화(decodification)에 대한 프레이리의 접근에 대한 심층적 분석을 위해서는 JanMohamed(1994)를 보라.

7 이것은 단지 하나의 예는 아니다. 브라질에서 이루어진 1964년 이후 문해 작업에서도 프레이리의 이름은 보이지 않는다. Chesterfield and Schutz(1978)에는 프레이리의 작업에 대한 하나의 인용은 있지만, 그것에 대한 논의는 없다. 또 다른 논문(Moreira, 1985)에서는 프레이리를 언급조차 하지 않고 있다.

8 이 쟁점에 대한 탁월한 논의를 위해서는 Mayo(1995)를 보라.

9 '정확성'의 개념은 프레이리의 많은 후기 저작에 거듭거듭 나타난다.(예컨대 Freire, 1993a, 1994, 1998c를 보라) 나는 어느 곳에서든(Roberts, 1999a), '정확한 사고'는 프레이리에게는 '비판적 사고'와 같은 말이라고 주장해왔다.

제5장 문해 지평의 확장
: 프레이리와 다차원적 글

5장은 프레이리의 연구에 담긴 정치·경험·문해의 관계를 간략히 살피는 것으로 시작하려고 한다. 그런 다음 프레이리식 성인문해 교육프로그램에서 대화의 중요성을 언급한다. 세 번째 절에서는 앞선 논의에 이어 문해에 대한 프레이리 접근법의 특징이라 할, 구어적·문어적·실제적 측면을 다 포함하는 다차원적 '글(word)'에 대해 상세하게 분석하려고 한다. 마지막 절에서는 **비판적** 문해라는 발전적 개념의 특성을 설명할 것이다. 이때 **비판적** 문해란, 인간을 반성적·대화적·실천적 존재로 보는 프레이리안의 개념을 전제로 한 것이고, 또 희망의 윤리와 교육학에 명확히 근거를 둔 것이다.

정치, 경험, 그리고 문해

문해는 의심할 여지 없이 당연히 가치 있는 것이라 여겨지곤 한다. 그러나 문해가 좋은 것이고 비문해는 바람직하지 못한 것이라는 주장을 신중히 생각해봐야 한다.(Street, 1984; Lankshear with Lawler, 1978; Graff, 1987; Roberts, 1997b를 보라) 문해의 가치와 결과에 대한 통념을 프레이리는 이미 초기 몇몇 저서에서부터 비판하였다. 가령 《자유를 위한 문화적 행동(Cultural Action for Freedom)》(1972b)에서는, 많은 성인문해 교육프로그램에 담겨 있는 지식의 '소화'라는 개념을 비판했다. 그에 따르면, 비문해자는 때로 '부실하고', '중독되었고' 혹은 '병을 앓고 있어서' 문해라는 '치료'가 필요한 존재로 취급당하고 있다는 것이다. 아무것도 없는 마음에 글말(written word)을 단지 저축만 해놓으면, 비문해자들이 '먹고' 소화할' '마음의 양식'을 제공받을 것이라 전제하고 있다는 것이다.(pp. 23~24) 이런 식의 비문해 개념은 문해 운동을 (가부장적인) 인본주의로 이끈다. 즉, 자신의 글을 갖지 못했던 박탈로부터 비문해자들을 구하기 위해 글을 아는 코디네이터나 교사가 글을 선물로 준다는 식의 인본주의 말이다. 그러나 프레이리가 관찰하였듯이, "단순히 읽고 쓰기를 가르치는 것만으로 기적이 일어나지는 않는다. 만약 일할 만한 직업이 충분치 않으면, 그저 더 많이 읽고 쓰기를 가르친다고 해서 기적을 만들지는 못할 것이다."(p. 24)

프레이리가 처음부터 인식하고 있었던 것처럼, 비문해는 구조적인 불평등의 이유가 아니라 구조적인 불평등의 반영이거나 선언이다. 인구의 절대다수를 비문해 상태에 놔두고 오직 특혜받은 소수만이 글말에 접근하도록 하는 것은 일종의 폭력적 행위이다. 비문해자들에게는 완전한 시민권이 거부되는 일이 너무나도 잦다.(Freire, 1998a, p. 2) 프레이리는 비문해자들을 '타자들을 위한 존재', 다시 말해 억압적인 사회질서 속에서 지배당하는 사람들이라고 말한다. 이 상황의 해결책은 비문해자들을 억압적 구조 속으로 더 깊이 밀어 넣는 것이 아니라 억압의 조건을 변혁하는 것이다. 최소한 잠재적으로 문해는 억압적 사회 조건을 극복하는 투쟁의 한 가지 요소가 될 수 있다.

프레이리는 문해를 반드시 맥락 속에서 이해해야 한다고 보았다. 문해 프로그램에 착수하려고 시도할 때, (만일 그 프로그램이 인간화를 목적으로 한다면) 문해 교육자들은 자신이 일하고 있는 지역의 문화를 조사해봐야 한다. 프레이리가 동의했듯이, 만약 문해 프로그램 참여자들의 일상—그리고 넓게는 일상 활동의 한계를 결정하고 일상 활동을 제약하는 사회구조—을 이해하지 않는다면, 문해계획은 결코 성공하지 못할 것이다. 이 때문에 브라질에서 프레이리가 문해활동을 할 때

지역의 관심사와 관습, 그리고 환경을 조사하는 예비적 문해활동 단계를 매우 중시했다.

프레이리에게, 문해는 항상 일종의 **정치적** 현상이다. 문해는, 어떤 한 사람이 글말 읽기를 배우도록 초대받는 것(혹은 학교에서 의무적으로 읽기를 강제당하는 것)에서부터 시작한다. 문해를 거부하는 것이 정치적 결정이듯이, 누군가 글을 읽을 수 있도록 격려하는 결정 또한 일종의 정치적 결정이다. (1950년대와 1960년대 초반 브라질 사회에서 비문해자들에게 투표권을 주지 않았던 것을 떠올려 보라.) 그러나 누군가가 읽고 쓸 수 있고 그 후 읽고 쓰기를 활용하는 방식은 명백히 일종의 정치적 문제이다. 초기 저작에서 프레이리는, 사람들이 억압적인 사회환경을 수용하도록 길들이거나 그 환경에 적응시키려는 의도에서 문해교육 형식을 만들 것이냐 아니면 읽고 쓰기를 배워서 억압적 사회환경에 도전하게끔 할 의도에서 문해교육 형식을 만들 것이냐를 선택해야 한다고 주장했다.(Freire, 1972a, 2~3장; 1972b, pp. 21~47; 1976, pp. 41~58, 134~162) 후기 저서에서는 이런 이분적인 양자택일의 논리 대신에 문해활동을 좀 더 다양한 형식으로 보는 복합적인 입장에 선다.(Freire and Macedo, 1987; Freire, 1994, 1998a, 1998b, 1998c)

프레이리는 어떤 문해 프로그램이든 그 시작은 반드시 참여자의 경험, 즉 살아온 현실에 기초한 글이어야 한다고 주장한다. 브라질에서 프레이리의 문해활동은 이런 원칙을 입증하는 고전과 같다. 앞 장에서 설명하였듯이, 브라질의 일상생활 요소에 부합하는 일련의 생성적인(그리고 '논쟁적', 감정적인) 글이 문해 프로그램의 기초가 된다. 동일한 원칙을 성인 또는 아동 그 누구와 함께하든 교육 스펙트럼의 모든 수준에서 적용해야 한다고 프레이리는 주장한다. 어떤 사람이건 읽고 쓰기를 배우는 최초의 글은 반드시 그들 자신의 글이어야 한다. 즉, **자신의** 세계에서 나온 글이어야 한다.(참조. Freire, 1983)

그렇다고 해서 개인적인 경험이 문해 프로그램의 종결점이어야 한다는 의미는 아니다. 프레이리가 언제나 확신했던 교육이란, 사람들이 도전하도록 자극하고 자신에게 익숙해진 것보다 더 많은 새로운 것을 요구하고, 그리고 기존의 비판적 능력을 더욱 확장함으로써, 사람들이 (읽고 쓰기를 통해서이든, 혹은 또 다른 사회적 실천을 통해서이든) 세계에 대한 현재의 이해를 **넘어설 수** 있도록 북돋아야 하는 것이다.(참조. Freire, 1996, pp. 128~129) 사람들은 저마다 지식의 최소한 한 국면 ― 즉, 자신들이 살아온 경험의 실재 ― 에 다가가는 독특한 접근법이 있다는 게 프레이리의 입장이다. 아무도 **나의** 세계, 즉 나의 지각, 감정, 갈망, 고통, 활동 등등을 내가 아는 바로 그 방식으로 알 수는 없다. 만약 학습자가 교육자나 코디네이터가 말하는 것과 **어떻게든** 관계를 맺을 수 없다면, 그 문해 프로그램(실제로는 모든 교육 프로그램)은 성공할 수 없다. 기존의 지식과 경험에 관계를 더 잘 맺을수록, 그 기초 위에서 더 많은 학습을 진행해갈 수 있는 더 나은 학습자(다른 조건이 동일하다면)가 될 것이다.

프레이리는 참여자가 프로그램을 처음 시작할 때 지닌 세계이해보다 끝날 때의 세계이해가 더 나아지지 않았다면 그 문해운동은 실패라고 생각했을 것이다. 프레이리의 교육에서 변화의 개념은 매우 중요하다(7장을 보라). 그러나 '현재 우리가 있는 곳'을 넘어서려고 도전하는 과정에서, '새롭게' 직면하게 될 것을 더 잘 이해하기 위해서는 반드시 끊임없이 '오래된 것'(혹은 기존의 것)에 되돌아가 관계 맺어야 한다. 사실, 프레이리의 문해활동에서 한 가지 중요한 요소는 새로운 경험에 비추어 현실에 대한 기존 개념을 **재해석**하는 것이다. 프레이리가 '경험'을 논할 때는 ① 관습, ② 관계, ③ 활동, ④ 어떤 한 사람이 알고자 하는 물리적 현상과의 상호작용, 이 전부를 아우르는 전체 망을 고려했다. 이런 형태의 이해가 새로운 아이디어들을 만날 수 있는 필수적인 경로를 제공하지만, 그렇다고 이 이해가 현실에 대한 최종적인 읽기나 가장 정확한 읽기라고 무비판적으로 받아들여서는 안 된다.

대화의 중요성

어떤 교육적 노력(문해 프로그램이 하나의 사례이다)에서든 지식과 경험의 기존 형태와 새로운 형태 사이를 잇는 중요한 가교는 대화이다. 대화는 교사나 코디네이터들에게 비문해자의 세계(혹은 교육적 상황에 있는 학습자의 세계)로 '들어가는 길'을 제공한다. 사실, 대화가 없다면 각 학습자가 지닌 고유한 지식과 경험의 세계를 '노크할' 적절한 다른 길은 없다. 잊어버릴 때가 많지만, 학습자들이 코디네이터들의 문자화된 세계로 들어가는 데도, 마찬가지로 대화가 수단이 된다. 문해 프로그램에서 대화의 목적은 읽고 쓰는 능력을 획득하도록 돕는 것만이 아니라, 사회적 세계에 대한 참여자들의 비판적 이해와 변혁을 증진하는 것이다. 프레이리가 이해하듯이, 대화란 문해 과정에 내재하는 것이다. 읽고 쓰는 학습은 둘 또는 그 이상의 사람들과 관계를 내포하고 있다. 프레이리의 관점에 따르면, 다른 사람 도움 없이 오직 혼자서 문해자가 되어가는 중이라거나 혼자서 문해자가 되었다고 말하는 것은 상상할 수도 없다. 이 생각은 언어란 필수적으로 사회적이고 공유되는 것이라는 프레이리의 인식에서 나온다. (사적 언어는 불가능하다고 한 비트겐슈타인의 입장이 여기에 맞다) 이것이 바로 프레이리가 말한 대화 개념의 **출발점**이다. 하지만 이것만으로는 교육적 상황에서 대화가 반드시 이루어져야 한다는 프레이리의 구체적인 생각을 다 밝히지는 못한다.

프레이리는 상호주관성 혹은 상호소통이 인간의 근본적인 특징이라고 말한다.(1976, p. 136) 프레이리의 입장에서, 인간 세계는 의사소통 없이 존재할 수 없다. 이 입장은 교육과 문해를 이해하는 데 깊은 의미가 있다. 프레이리는 이렇게 쓰고 있다.

> 교육자들이 자신의 조사연구를 수행하는 바로 그때, 즉 인식의 주체로서 앎의 대상과 마주할 때, 그들은 단지 외견상으로만 혼자이다. 교육자들은 그들에 앞서 앎의 행위를 한 사람들과 눈에 보이지는 않지만 신비로운 대화를 나누고 있으며, 그들 자신과도 역시 대화를 하고 있다. 자신을 마주하고서, 그들은 탐구하고 자신에게 질문을 던진다. 질문을 더 많이 할수록 앎의 대상에 대한 자신의 호기심이 줄어들지 않는다는 걸 그들은 더 많이 느낀다. 오직 인간과 세상으로부터 분리될 때 호기심이 줄어들게 된다. (p. 148)

모든 대화의 전제조건이 타인이 눈앞에 보여야 하는 것은 아니다. 그러므로 독자와 텍스트 사이의 대화적 관계를 말하는 것도 가능해진다. 프레이리의 관점에 따르면, 우리는 책에 적극적으로 **개입**해야 한다. 이것이 의미하는 바는, 우리가 책에 '말을 거는 것'과 동시에 책도 우리에게 '말을 걸도록' 하여서, 텍스트와 특별한 관계를 맺는다는 것이다.(참조. Freire, 1998a, p. 30) 읽으면서 만들어낸 의미는 독자가 전적으로 해석해낸 결과물도 아니고, 텍스트 속에 명확히 담겨 있는 뭔가도 아니다. 오히려 의미는 쓰기와 읽기 사이에서 협상하거나 '구성'하는 복잡한 과정에서 나오게 된다. 프레이리가 의도한 읽기는 또한 항상 쓰기의 과정이며, 쓰기는 읽기의 과정이다. 독자들은 책에서 만난 아이디어들을 자신의 투쟁과 물리적 환경에 적용해야 하고, 자기 경험을 불러내 텍스트를 해석하며 '다시 쓰기'를 해야 한다. 프레이리에게 읽기란, 텍스트에 도전하는 동시에 텍스트에 의해 도전받을 준비를 하면서, 텍스트를 붙들고 '씨름'하거나 '분투'해야 하는 일이다.(Roberts, 1993, 1996c를 더 보라)

프레이리 이론에서 다차원적 글

프레이리는 말로 하는 의사소통과 글로 하는 의사소통을 역동적으로 통합하는 방식으로 성인문해 교육을 했다. 프레이리는 함께한 성인들을 위해, 입말을 매개로 해서 생성어와 코드화에 대해 유의미한 토론을 하면서 글 읽기를 배우세끔 했다. 세상을 해석하고 이해하고 바꾸는 데 말로 하는 방식과 글로 하는 방식 사이에 **가교를 놓는 것**이 대화이다. 사실, 프레이리의 문해 작업에서는 '말하기'와 '쓰기'의 엄격한 분리는 없었으며, 적어도 문해 과정에서 명백한 '단계'로 구분하지 않았다. 생성어는 말로 하는 대화의 소재이자 동시에 이런 말들을 숙고해서 '문자화된' 방식으로 고칠 때 수단이 되는 것이다.(Freire, 1976; 1996, p. 128을 보라)

이런 과정을 통해 글과 세상의 관계를 변증법적으로 다시 정의했다. 프레이리는 어느 누구라도 세상을 먼저 읽고 나서야 글을 읽을 수 있다고 강조한다.(1994, pp. 78~79) 그렇지만 현실을 읽는 것 모두가 두드러지게 비판적인 것은 아니다. 프레이리는 문해 프로그램에 참여한 많은 이들이 자신에게 닥친 명백히 억압적인 상황을 운명이나 신의 뜻이라고 생각하면서, 자신이 속한 세상을 '주술적으로' 보거나 해석하려는, 즉 '읽으려는' 경향이 있었다고 주장한다. 글을 소개하면서 말로 비판적 논의를 함께 하였더니, 이 읽기는 **다시 읽기** ― 말하자면 형태를 바꾸는 것 ― 가 되었다. 동시에 코디네이터의 문자화된 세계도 탈신비화되었다. 즉, 참여자들이 생성어의 음절들을 조합해서 새로운 단어 만들기를 배울 때, 쓰기 자체가 지닌 (그들이 깨달은) 주술적 성격이 무너졌다(비록 주어진 시간을 감안하면, 매우 초보적인 수준이었지만).

프레이리가 《교사론(Teachers as Cultural Workers)》(1998a, pp. 24~25)에서 썼듯이, 쓰기는 흔히 부담스러워 피하고 싶거나 두려운 것으로 여겨진다. 이런 현상은 부분적으로 쓰기를 읽고 말하기와 인위적으로 분리하는 데서 비롯되었다. 이 분리과정은 흔히 어린 시절부터 시작해 학교교육 시스템을 거쳐 성인이 될 때까지 이어진다. 인간의 다른 활동과 마찬가지로, 쓰기 역시 더 나아지고 완성되고 풍부해지려면 정성 들여 교육하고 훈련해야 한다. 학습자들이 자기 아이디어를 '아름답고 명쾌하고 명료하게' 설명하기를 바란다면, 훌륭한 작가들 ― 시인이 될 수도 있고, 소설가, 과학자, 철학자가 될 수도 있다 ― 을 읽고 연구할 필요가 있다.(p. 24) 그래서 어떤 문해 프로그램에서든, 학습자들이 가장 빠른 기회에 글로 된 자기 텍스트를 창작할 수 있도록 모든 노력을 다해야 한다. 먼저 말하기를 배운 다음에 읽기 기술을, 또 그다음에는 쓰기를 차례대로 배우는 것은 프레이리의 방법이 아니다. 차라리 말하기, 읽기, 쓰기는 지식과 사회적 변화를 추구하는 과정에서 서로 뒤얽혀 있는 것으로 보아야 한다.

프레이리가 말한 말하기·읽기·쓰기·행동의 통합은 다차원적 글이라는 개념으로 더 잘 파악할 수 있다. 진짜 대화적인 문해 프로그램에서는 말하기, 읽기, 쓰기, 행동 같은 상이한 요소들이 서로 얽혀 있다. 읽고 쓰기를 배우는 과정에서 입말과 글말과 **참말**(true word)은 계속해서 상호작용을 한다. 프레이리에게 글이란 일종의 프락시스이다. 다시 말해 반성과 행동 둘 중 하나가 조금이라도 희생당하면 다른 하나가 즉각 어려움에 처할 만큼 뿌리에서부터 상호작용적인 것, 즉 반성과 행동의 종합이다.(Freire, 1972a, p. 60) 프레이리에게 글, 노동, 프락시스는 상호교체 가능한 용어이다. 이 용어들은 모두 상호관계를 통해 현실의 의식적 변화를 추구한다. 글(word)을 말하는 것 — 이것은 단지 입으로만 하는 게 아니라 적극적인 과정이다 — 은 **원초적인** 인간 권리이다.(p. 61) 더 나아가 프레이리는 **문해**가 인간 존재인 모든 인간에게 속한다고 보았다. 프레이리의 고유한 감각으로 보자면, **인간이 된다는 것**은 글을 읽고 쓸 수 있다는 의미이다. 글(word)을 말하는 것 — 이것은 활자화된 글의 읽고 쓰기에 국한된 것이 아니라, 그것을 포함하는 것이다 — 은 프레이리가 강조했듯이(1972b, p. 30) 모든 인간의 기본 권리이지 소수 엘리트의 특권이 되어서는 안 된다.

프레이리의 문해 개념을 이해하는 데 글(언어)과 세계의 관계는 매우 중요하다. 그렇다고 프레이리가 글과 세계 사이에, 혹은 텍스트와 컨텍스트(맥락) 사이에 차이가 없다고 주장한 게 아니다. 그는 다만 글들(말로 하는 것, 글로 쓴 것, 그리고 '참말')과 텍스트들(글로 쓴 텍스트, 그리고 사회적 현실 그 자체로서 텍스트)의 상이한 종류에 대해 밝히고 논의하였던 것이다. 프레이리에게 세계란 난무하는 기표들을 단순히 죄다 모아놓은 것이 아니다. 현실은 구체적이고, 객관적이고, 물질적인 차원을 가지고 있다. 글과 세계의 관계 속에 있는 세계란 ① 인간 존재의 반성적 행동, ② 인간이 만들어낸 사회 제도, ③ 서로를 구축하고 있는 관계, 그리고 ④ 객관적 세계의 물리적 측면을 포함하고 있다고 프레이리는 말한다. 프레이리가 '참말을 말한다'고 얘기할 때, 바로 위와 같은 것들이 현실 차원에서 바뀌어야 한다는 뜻이다. 글은 세계의 일부이면서 동시에 세계를 형성하고 바꾸는 수단이다. 어떤 종류든 글을 말한다는 것은 하나의 과정 혹은 행동을 의미하고, 타자와 그리고 세계와의 관계를 의미한다.

따라서 글(언어)은 항상 더 큰 세계의 한 가지 요소일 뿐이다. 즉, 글은 필연적으로 세계 '속에' 있다. 그러나 세계 또한 글 속에 항상 존재한다. 이는 프레이리안의 문해 개념을 파악하는 데 필요한 까다로운 개념이자 동시에 핵심적인 개념이다. (말이든, 글이든, 혹은 성찰적 행동이건 간에) 언어는, 주어진 상황 속에서, 특정한 물리적 환경 안에서, 특별한 이데올로기적 영향을 받아서, 그리고 독특한 사회적 관계망의 일부로서 항상 말이나 글로 나타난다. 그러나 이런 특징들, 즉 '장면'이나 '컨텍스트'나 '틀'을 글로 말하거나 글로 써서 알린 특징들 역시 언어 자체로 **살아남아야 한다**. 언어는 무(無)에서 갑자기 튀어나온 무생물이 아니다. 언어가 진화해온 세계 속에서 언어는 만들어지고 창조되고 조건화된다.

문해 지평의 확장: 비판적 읽기와 쓰기

프레이리의 문해활동에서 무엇보다 중요한 특징은 비판적인 읽기와 쓰기의 중요성을 강조했다는 점이다. 프레이리가 비문해자 성인들과 실제 활동할 때도 그리고 문해에 대해 여러 번 이론적인 설명을 할 때도, 그는 항상 글과 세계 둘 다에 대한 비판적 접근을 항상 중시했다. 이는 성인에게도 아이들에게도 마찬가지였다. "우리가 가르치는 학생의 수준이나 나이와 무관하게, 유치원에서부터 대학원까지 전부, 비판적 읽기는 절대적으로 중요하고 근본적이다."(Dillon, 1985, p. 19) 프레이리가 읽기의 심미적 순간이나 책의 아름다움 혹은 문해활동 시의 감정을 얘기할 때조차, 이 모든 일을 '비판적으로 되어간다는 주요 관심사'에 비추어 판단했다.(Horton and Freire, 1990, pp. 23~27, 31~32) 읽기를 능동적이고 대화적이며 비판적으로 할수록, 읽기는 즐거워진다. 비판적으로 개입할수록 책은 아름다워진다. 비판적이지 않다면, 읽기는 앎의 행위가 될 수 없다.(Freire, 1983, pp. 10~11; Dillon, 1985, pp. 18~20)

프레이리는 초기 저작에서(Freire, 1972b, p. 42 ; 1976, p. 43) 문해의 비판적 측면을 의식화라는 개념과 연관 지어 설명했다. 프레이리가 관여한 문해 프로그램들은 비문해자 성인들이 순진한 의식단계에서 (계속해서 진보해가는) 비판적 의식으로 발달시켜가는 것이 목적이었다. 좀 더 구체적으로 프레이리의 목표를 말하면, '비문해자들이 쓰고 읽는 방법을 빨리 배우고, 동시에 사회가 왜 이런저런 방식으로 움직이는지 그 이유를 배우도록 만드는 것이었다.'(Horton and Freire, 1990, p. 84) 다른 이론적 논의를 할 때도, 프레이리는 문해 과정에 필요한 특정한 태도를 계속해서 강조했다. 즉, 텍스트에 접근할 때 조사하고, 질문하고, 호기심을 갖고, 애타는 태도를 보여야 한다는 것이다.(예컨대 Freire, 1985, pp. 2~3을 보라) 중요한 것은 몇 권을 읽었느냐가 아니라 읽기의 질이다.(Freire, 1983, p. 9; Freire and Shor, 1987, pp. 3~85)

프레이리안의 의미에서 볼 때, 비판적인 문해자가 되어간다는 것, 그리고 비판적 문해자라는 것은 세상에 대한 특정한 태도를 개발한다는 의미이다. 프레이리에 따르면 **텍스트**를 비판적으로 읽는 행위는, 주어진 **컨텍스트**(맥락)를 비판적으로 읽는 행위를 필요로 하는 것이며, 또 주어진 컨텍스트를 비판적으로 읽을 때만 가능한 행위이다. 프레이리안의 비판적 문해 속에서는 글과 세계가 역동적으로 얽혀 있다. 비판적 읽기는 텍스트와 컨텍스트 사이의 지속적인 상호작용을 포함한다. 예를 들어, 텍스트를 컨텍스트화 하려면, 책을 분석할 때 저자가 처한 역사적 환경을 알아야 한다. 다른 한편, 텍스트는 독자가 자신의 세상을 재해석하도록 해준다. 그래서 텍스트와 컨텍스트 양자를 서로 연관해서 질문함으로써 텍스트와 컨텍스트를 더욱 비판적으로 읽는 것이 가능해진다.(Roberts, 1997c)

그러나 좀 더 깊이 들어가면, 프레이리안의 비판적 문해에서는 텍스트와 컨텍스트를 구분하는 전통적 방식이 무너진다. 비록 읽기에 대한 프레이리의 여러 논의에서 '책'을 텍스트와 같이 취급할 때가 있지만, 그의 저작에서 보면 텍스트 개념을 훨씬 더 넓게 사용하고 있다. 프레이리는 프락시스, 즉 변혁적이고 성찰적 행동을 '참말을 말하는' 과정으로 설명한다.(1972a, p. 61) 앞서 논의했듯이, '참말'은 이론과 실천의, 행동과 성찰의, 글과 세계의 변증법적 종합을 나타낸다. 참말을 말하는 가운데 읽고, 쓰고, 다시 써야 할 텍스트는 사회적 현실 자체이다. (더 알고 싶으면 Peters and Lankshear, 1994; Macedo, 1993을 보라) 프레이리안의 비판적 문해는 변혁적이고 성찰적인 사회 행동의 형식이나 혹은 그 행동의 한 측면으로 이해될 수 있다. 좀 더 구체적으로, 비판적 문해는 억압적인 사회구조를 깨닫고 그 구조에 도전하고 구조를 바꾸기 위해 의식적이고 실천적이며 대화적인 노력을 하는 것을 암시한다.

비판적 문해라는 프레이리안의 관점은 책을 (단순히) 비판적으로 분석하고 평가한다는 개념을 포함하고 있으면서, 또한 그 개념을 넘어서 있다. 핵심 주제나 아이디어를 정하고, 중심 가설을 질문하고 문제 제기하며, 그리고 저자의 주장을 분석하는 것, 이 모든 것이 지닌 가치를 프레이리가 부정하지는 않는다. 사실, 프레이리는 이런 행위를 독자들이 하라고 분명히 권장하고 있다. (예를 들어, Freire, 1985, pp. 1~4를 보라) 그러나 프레이리의 이상은 이걸 넘어서 있다. 프레이리에게 비판적 문해는 담론을 실천하는 양식으로 이해된다. 즉, 세상 속에서 (그리고 세상과 더불어) 존재하는 것이다. 비판적으로 읽고 쓰는 것은 대화적 프락시스의 형식에 참여하는 것이다. 그것은 비판적으로 의식하는 주체로서 역사 속에 들어가 글과 세계 둘 모두를 이름 붙이고 (naming) 바꾸는 것이다. 프레이리가 이해한 바에 따르면, 비판적 문해는 억압으로부터 해방되기 위한 투쟁의 한 요소이다. (전통적인 의미에서) 읽고 쓰기를 배운다고 억압적인 태도나 실천 그리고 억압적 구조를 타도할 수는 없지만, 타도하는 과정에 기여할 수는 있다.

요약하자면, 프레이리안의 비판적 문해 개념은 특정한 **존재**와 **행위** 양식을 발달시키는 데 관심이 있다. 단지 책을 다루는 방식에 관심이 있는 게 아니다. 읽기는, 비판적 접근을 해볼 수 있는 숱한 활동 중 하나이다. 이 점에 바로 프레이리가 말한 '글과 세계 읽기'라는 구성개념이 지닌 진짜 중요성이 있다. 프레이리안 교육자에게, 비판적 문해는 전통적인 (기술적) 의미에서의 읽고 쓰기보다 훨씬 더 많은 것과 관련이 있다. 여러 가지 점에서, 문해 프로그램을 진행할 때 텍스트를 실제 읽는 것은 부수적이고, 새로운 인식적·존재론적·윤리적 의식이 출현하도록 하는 것이 더 중요하다. 텍스트가 인간화하는 게 아니다. 사람들은 자신을 인간화한다. 부분적으로는 책과 여타 문자화된 텍스트에 개입함으로써, 더 깊이 들어가면은 사회적 세계를 읽고(즉, 번역하고, 반성하고, 질문하고, 이론화하고, 탐구하고, 규명하고, 증명하고, 문제제기하는 것 등) 씀으로써(행동하고 변증법적으로 바꾸기) 사람들은 자신을 인간화한다.

맺는말

이 장에서는 프레이리가 말한 비판적 문해교육이 첫째, 문자·단어·문장을 배우는 것, 둘째, 세계를 향한 특별한 지향성을 개발하는 것, 이 둘 모두를 포함한다고 주장했다. 분명한 건, 문해에 대한 프레이리의 관점이 정치인, 독서 심리학자, 다수의 성인문해 프로그램 설계자, 많은 문해연구 이론가가 전통적으로 지지하는 입장과는 확연한 차이가 있다는 사실이다. 프레이리가 의도한 대로 문해자가 된다는 것은 기호와 상징을 익히는 것만 아니라, 자신의 사회를 건설하고 재건설하는 과정에 기꺼이 참여하려는 의지도 있어야 한다. 이 관점을 프레이리와 마세도의 책《문해교육(Literacy: Reading the Word and the World)》 서문에서 지루(Giroux)가 멋있게 전달하고 있다.

프레이리 문해 접근법의 핵심은 한편으로는 인간과 세상의 변증법적 관계이고, 다른 한편으로는 언어와 변혁적 행위자 사이의 변증법적 관계이다. 이 관점에서는 문해를 단지 획득해야 할 기술적 기능이 아니라, 자유를 위한 문화적 행동의 필수적인 토대로 접근한다. 자유를 위한 문화적 행동의 중심에는 스스로 한 명의 자아이자 사회적으로 구성된 행위자라는 의미가 포함되어 있다. 프레이리에게 문해는 본질적으로 정치적 프로젝트라고 하는 점, 즉 사람들이 자신의 경험을 읽고 이해하고 바꾸며 또한 더 넓은 사회와 맺는 관계방식을 재구성할 수 있는 권리와 책임을 주장하는 정치적 프로젝트라고 하는 점이 가장 중요하다. (Giroux, 1987, p. 7)

읽기와 쓰기에 대한 이처럼 폭넓은 프레이리의 견해는 니카라과 문해운동에 대한 자기 평가에 반영되어 있고, 일부 요약되어 있다. 문해와 프락시스의 관계를 명확히 하면서, 프레이리는 이렇게 주장한다.

니카라과에서는 사람들이 자신의 손으로 역사를 쥐게 되자마자, 문해활동이 시작되었다. 당신 자신의 손에 역사를 쥐는 것이 알파벳을 아는 것보다 먼저이다. 자신의 손으로 역사를 만든 사람이라면 알파벳을 배우는 일은 매우 쉽다. 문해 과정이 당신 자신의 손으로 역사를 만드는 과정보다 훨씬 쉽다. 왜냐하면 역사를 쓰는 일은 당신의 사회를 '다시 쓰는 일'이기 때문이다. 니카라과에서 사람들은 글을 읽기 전에 그들의 사회를 다시 썼다. (Freire and Macedo, 1987, pp. 106~107)

다른 관점의 문해 개념에서 보면, 이 인용문은 모순처럼 보인다. 어떤 사람이 읽고 쓰기를 '할 수 있기' 전에 사회를 쓰고 다시 쓸 수 있다고 말하는 것이 표면적으로는 이상하게 보인다. 그러나 프레이리 생각에 따르면 **모든** 인간은 세상의 독자이고 저자이다(이 점에서 일부 사람이 다른 사람보다 더 비판적이라고 하더라도). 이 점에서 프레이리의 견해는 **문해**를 단일한 능력이 아니라 복잡한 사회적 실천으로 보는 이들과 더 잘 맞다.(예를 들어, Street, 1984; Lanksheak with Lawler, 1987; Roberts, 1995b를 보라) 현실을 성찰하고(읽고) 변혁하는 것(쓰거나 다시 쓰는 것)은 수천 년간 인간이 행해온 특징이다. 진정, 결정적 특징이다. 혁명 전의 니카라과 같은 사회에서는 해방적인 사회변혁을 가로막는 요소가 너무나 많았다. 1979년 니카라과 혁명이 절정에 달했을 때, 니카라과인들의 역사 다시 쓰기는 세상을 바꿈으로써 글을 되찾으려 한 투쟁의 중대한 계기였다. 아마 프레이리라면, 이 과정에 참여한 니카라과인들이 의사소통하는 대화를 나눔으로써 '참말'을 말했고, 그 때문에 글말을 배울 수 있는 환경을 제공했다고 이야기했을지도 모른다. '알파벳을 배우는' 과정에서, 니카라과인들은 그들 사회를 계속해서 '다시 쓸 수 있는' 도구를 획득했다. 니카라과 역사를 (문자 그대로) 다시 쓴다는 의미에서 그렇다.

그렇다면 우리는 어떤 점에서 읽기와 쓰기가 사회변혁 과정에서 일익을 담당한다고 할 수도 있다. 그러나 또 다른 수준에서 보면, 문해—즉, 글과 세계 모두를 읽고 쓰는 것, 다시 말해 '이름 붙이기'로서 문해—는 변혁적 과정 자체이다. 이는 개요와 2장에서 언급한 희망의 서사를 프레이리의 문해활동과 직접 연결 짓는 것이다. 문해는 비판적이고, 대화적이며, 프락시스적일수록 인간화의 역할을 한다. 이런 요청은 종종 도저히 해결 불가능한 곤경에 맞서는 복잡한 투쟁과 관계되어 있다. 하지만 정확히는 그런 도전에 직면함으로써 희망의 불꽃—프레이리가 가졌던 유토피아의 꿈—이 살아남아 있는 것이다.

제6장 프레이리의 모더니즘에 대한 비평

프레이리의 저작이 널리 인정받았을지라도, 앞에서 논의한 바와 같이, 그의 교육론은 어떤 점에서는 신랄한 비판을 받기도 했다. 이 장에서는 최근 30년간 프레이리에 대한 주요 비판에 대해 간추려보고, 그에 대한 대응을 고찰해보고자 한다. 프레이리에게 제기된 가장 신랄한 질문은 그의 모더니즘에 대한 것이다. 프레이리는 포스트모던이 가진 많은 통찰력의 중요성을 인식했지만, 많은 부분에서 여전히 모더니스트 사상가였다. 이 장과 다음 두 장에서는 프레이리의 저작의 문제점을 알아본다. 또한 그를 향한 거친 비판에 맞서 프레이리를 옹호하고자 한다. 이 장은 프레이리가 주장하는 교육적 개입의 형식에 대해 바우어스(Bowers), 버거(Berger), 그리고 워커(Walker)가 여러 가지 방식으로 문제를 제기하면서 비판하는 내용을 개관하면서 시작한다. 이어서 두 번째 절에서는 프레이리와 다른 비판적 교육학자들이 사용하고 있는 '보편주의적'인 용어에 반대하는 엘스워스(Ellsworth)와 와일러(Weiler)가 제기하는 주제에 대해 간략히 살펴본다. 세 번째 절에서는 프레이리의 후기 저서에서 나타난 포스트모더니즘과 관련된 그의 입장에 대한 이러한 비평과 논평의 강점과 약점에 대해 평가한다. 프레이리의 비평 중에서 가장 중요한 바우어스에 대한 자세한 대응은 7장에서 다룬다. 8장은 '의식 고양'의 과정과 관련된 단계로서 의식화에 대한 해석의 문제를 집중적으로 살펴보고, 하나의 대안적인 해석을 제시한다. 이것은 포스트모던의 다중 주체성(multiple subjectivities)의 개념과 프레이리안의 인간화하는 프락시스(humanizing praxis)의 이상을 결합한 것이다.

프레이리안의 개입에 대한 문제제기
: 바우어스, 버거, 워커

프레이리를 가장 끈질기게 비평한 사람 중의 하나는 바우어스였다. 1980년대 초부터 발간한 일련의 출간물에서, 프레이리와 그의 저작의 토대가 된 가정에 대해 광범위한 공격을 해왔다. 1983년에 《교원대학 레코드(Teachers College Record)》[1]에 실린 바우어스의 에세이 〈파울루 프레이리의 교육학에서 문화 침략의 언어적 기원〉[2]은 특히 주목할 만한데, 여기서 주요한 문제를 제시하고 있다. 다음 장에서 바우어스가 한 비평의 구조와 실제적인 내용 둘 다에서 찾을 수 있는 약점을 확인한다. 그럼에도 나는 바우어스의 비평이 교육자가 타인의 삶에 개입하는 데 따른 위험을 지적하고 있다는 점에서 유익하다는 것을 인정한다. 바우어스는 그 어젠다에서 프레이리안의 개입의 문제(즉, 그것이 정당화될 수 있는지)를 정면으로 제기한 최초의 비평가 중 한 사람이었으며, 한 사람이 다른 사람들의 세계관을 지배한다고 하는 그의 주장은 후에 거대 담론(metanarratives)[3]과 보편주의 철학 원리와 관련된 우려를 예견했다. 이러한 이유로, 무엇보다도 프레이리안 학자들은 그의 견해에 동의하든 그렇지 않든지 간에 바우어스에게 빚을 지고 있다.

1) 교원대학 레코드는 1900년부터 컬럼비아 대학교(교원대학)에서 출판된 교육 관련 학술지이다.

2) Bowers, C. A. (1983) "Linguistic roots of cultural invasion in Paulo Freire's pedagogy", Teachers College Record, 84 (4).

3) 너와 나의 이야기를 담은 담론과 달리 전체, 즉 정치·외교·경제·군사 등 사회 전반에 큰 영향력을 미치는 주제에 관한 담론을 포괄하는 이야기이다. 포스트모더니즘이 거대 담론을 거부하는 이유는 거대 담론은 자신의 원칙을 정치적·도덕적으로 강요하게 마련이고, 따라서 거대 담론을 수용하지 않는 사람들을 소외시키기 때문이다. 거대 담론은 근대의 합리주의 같은 철학 사상에 토대를 둔다. 그리고 거대 담론은 대개 종교에서 나온다. 종교는 대부분 우주와 인간에 대한 기본적인 원리를 바탕에 두고 있기 때문이다.

바우어스는 프레이리의 교육학이 서구 사고방식을 전통적인 문화 집단에 강요한다고 주장한다. 그는 프레이리를 서구 사고방식의 '전달자'로 보고 있다. 바우어스의 이런 주장은 해방, 비판적 반성, 프락시스, 그리고 사회 변혁에 대한 프레이리의 논의에서 계속된다. 바우어스는 프레이리가 변화의 진보적 특성, 비판적 반성의 중요성, 그리고 개인주의의 도덕적 권위에 관한 서구의 가정을 받아들인다고 믿고 있다. 그는 프레이리가 문해 프로그램에서 학습자의 삶의 세계에 중점을 두는 것을 지지하며, 특정 문화 환경에서 사고와 행동의 변증법적인 관계를 프레이리안 교육학의 중요한 강점으로 이해하고 있다. 그는 프레이리의 활동 중 많은 부분이 정치적으로 불안정한 혁명적 상황, 토착 문화가 이미 식민화된 곳에서 일어났다는 것을 인정한다. 그런데도 그는 전통적인 신념 체계의 구성요소를 보호할 가능성에 더 많은 관심을 둘 필요가 있다고 제안한다.(pp. 935~939)

바우어스는 두 개의 독특한 세계관을 묘사하면서, 프레이리와 캐나다의 치페위안족(Chipewyan)을 비교하고 있다. 바우어스는 치페위안족이 지식과 경험을 사고의 구성요소로 나누는 것을 피하면서 서구인들보다 더 전체적으로 사고하는 경향이 있다고 보고한다. 이들은 서로 간섭하지 않으려 하고 다른 사람들에 대한 의존으로부터의 자유를 추구한다. 프레이리의 문해 교육은 삶의 세계의 총체로부터 거리를 두고 추상화의 형식을 조장한다. 반면에 치페위안족은 지식에 대해 통합적이고 실제적인 접근 방식을 채택한다. 프레이리는 일상적 삶에 끊임없이 문제를 제기해야 한다고 주장한다. 반면에 치페위안족은 현재의 믿음에 문제를 제기하고 재조정하게 만드는 상황을 피하고자 한다.(pp. 939~941)

바우어스는 프레이리를 베버(Weber)가 서구 사상에서 '소명 예언 (emissary prophecy)[4]의 전통으로 묘사한 것과 연관시키고 있다. 프레이리와 같은 사상가들은 '사람들을 구제하기 위해서는 다른 사람들과 공유해야 하고, 심지어는 강요해야 하는 진리를 소유한다'라는 견해를 갖고 있다.(p. 942) 바우어스는 프레이리를 소명 예언 활동을 하는 사례로 묘사하면서, 기독교 선교사와 마르크스주의자, 그리고 부르주아 자유주의자와 같이 보고 있다. 선교사들은 이전에 그들이 가졌던 영향력을 이제는 행사하지 않는다. 그 대신 세속의 권위자들이 다른 사람들의 삶에 개입하기 위해 도덕적 정당화를 부여하고 있다. 이리하여 자본주의와 전통적(비서구) 신념 구조에 연관된 사회적 부정의를 없애고자 하는 마르크스주의자가 있으며, 다른 한편으로 도덕적이고 사회적인 토대 위에서 민주주의와 공교육을 지지하는 부르주아 자유주의자가 있다. 프레이리안의 개입은 도덕적 기초와 존재론적인 기초 둘 다 지니고 있으며, 비판적 반성, 변화, 진보, 그리고 혁명의 가치에 관하여 명백히 서구적인 가정을 전제로 하고 있다.

바우어스는 프레이리가 기니비사우에서의 교육 활동에 대해 적은 마리우 카브랄(Mario Cabral)에게 보낸 편지(Freire, 1978)[5]를 참조하면서, 근대화, 교육과 종교의 분리(교육의 세속화), 그리고 사회 조직에서 국가의 역할에 대해 공격을 가하고 있다. 바우어스는 근대화와 교육과 종교의 분리 사이의 연관성을 "사회 정책의 도덕적 기초를 정당화하기 위해 점점 더 종교적 신념을 사유화하고 공리주의 원리와 합리성

---

4) 소명 예언은 모범 예언과 대조되는 것으로, 예언자는 신의 이름으로 윤리적·금욕적 성격을 세계에 요구한다. 한편 모범 예언은 예언자가 구원으로 인도하는 삶을 주로 명상적이고 무욕의 삶을 모범적으로 보여준다. 소명 예언은 하나의 특정한 신의 개념, 즉 창조신 개념이다.

5) *Pedagogy in process: the letter to Guinea-Bissau*(1978)는 '과정으로서의 교육'이라는 제목으로 최근 번역 출판되었다.

의 합목적성을 활용하는 것으로 이해할 수 있다"라고 주장한다.(1983, p. 944) 바우어스는 프레이리의 교육학적인 접근을 채택하는 사람들이 언급한 네 가지 쟁점이 있다고 밝히고 있다. 이 네 가지 쟁점은, 첫째 비판적 반성에 기초한 프레이리안의 개인주의와 전통적인 종교적 신념 및 도덕 규범 간의 갈등, 둘째 교육과 종교의 분리가 지식인과 전문기술인의 새로운 계급 출현에 기여한 것, 셋째 합목적적인 합리성이 공적 담론과 가치 명료화를 위해 받아들일 수 있는 유일한 기초가 될 때 어떻게 민주적이고 집단적 결정을 견지할 수 있을 것인가 하는 문제, 마지막으로 전통적인 형태의 종교적 통제를 넘어서는 국가 이데올로기의 부상 문제이다.(p. 946)

바우어스는 프레이리가 종교적 신념을 사유화하기를 원했거나 그것을 합리적 사고로 대체하기를 원했을 수도 있다고 주장한다. 프레이리의 개인주의에 대한 견해에는 '이중구속(double-bind)[6]'이 있다. 첫 번째 어려움은 '계획 사회(a planned society)'를 합리적, 비판적, 책임 있는 개인의 계몽주의 개념과 조화시키려는 쉽지 않은 시도와 관련이 있다. 두 번째 어려움은 전통적 형태의 지식과 도덕성이 지식의 원천으로서 주관적인 감정에 자리를 내주면서 '주관주의'를 조장하는 데 있다.(pp. 947~948을 보라) 바우어스의 견해로는, 프레이리가 '역사를 만들어가는 것'의 중요성을 강조함으로써, 전통을 뒤집는 개인의 권리를 미화하는 결과를 초래한 것으로 본다. 동시에 바우어스는 프레이리 또한 민중에 대한 국가의 통제를 지지한다고 주장한다. 즉, 보편적 문해를 추구하는 것은 이러한 목적을 달성하기 위한 하나의 수단이라고 보는 것이다. 프레이리의 서구 국가 개념은, '변화, 성장, 그리고 중앙집권

---

6) 언어(용어)를 전달하는 언어(용어)와 상반되는 메시지를 동시에 전달하는 것을 말한다.

적 계획의 강조와 함께' 기니비사우에서의 '아프리카 재건'의 이상과는 잘 들어맞지 않는다.(p. 950) 바우어스는 프레이리의 교육학이 '강력하고 매력적인 메시지를 전하며' '분명히 근대화의 효과를 지니고 있을 것이다'라고 단정한다.(P. 952) 그렇지만 프레이리의 사상과 실천이 비서구 국가에 적용될 때는 그것을 '서구 지배의 연속'으로 볼 수 있다.(p. 950)

피터 버거(Peter Berger)의 주된 관심은 프레이리의 의식화 개념이다. 버거는 프레이리를 반대하거나 지지하는 많은 사람과 같이 의식화를 '의식 고양'의 과정으로 설명한다. 그는 의식 고양을 지도 원리로 채택하는 프로그램은 "하층 계급 민중이 그들이 처한 상황을 이해하지 못하며, 그렇기에 그들은 계몽될 필요가 있고 이러한 계몽은 선택된 상층 계급 개인들이 제공할 수 있다"라는 것을 가정한다고 주장한다.(Berger, 1974, p. 113) 프레이리안 문해 프로그램은 지식인 선구자와 '대중'을 이분법으로 나눈다. 지식인 선구자는 그들이 대중을 해방할 지식과 수단을 가지고 있다고 당연하게 여긴다. 다른 사람의 삶에 개입하는 것은 억압의 상황을 바꾸기에 충분한 수준으로 대중의 의식을 고양하기 위해 필요한 것으로 간주한다. 버거는 프레이리가 비문해 농민들을 문해 프로그램을 조직하는 사람들보다 덜 완전한 인간으로 묘사하면서 인지적·존재론적 위계를 세웠다고 비난한다. 프레이리의 방법론이 외관상으로는 민주적인 특성이 있음에도 불구하고, 버거는 프레이리의 방법론을 다음과 같이 이해하고 있다.

특정 민중 집단이 동물의 수준까지 비인간화되고, 그들 스스로 이러한 상황을 인식하거나 그 상황으로부터 스스로 벗어날 수 없어서, 그들이 상황을 인식하고 스스로 구제할 수 있도록 도울(아마도 이타적인 도움) 필요가 있다는 가정에 기초한 프로그램보다 더 '엘리트주의적인' 프로그램을(그리고 그 점에서 더욱 '온정주의적인') 상상할 수는 없다. (p. 116)

버거가 보기에 프레이리의 성인문해 교육은 **개종**(conversion)의 행위와 유사하다. 그곳에서는 하나의 집단이 다른 집단을 구제하기 위해 그들의 진리를 강요한다.(p. 118) 버거는 어떤 사람의 의식이 특정 주제나 특정 환경에서 다른 사람의 그것보다 '더 수준이 높거나' '더욱 유용할 수' 있다는 것을 인정한다.(p. 116) 그러나 그는 "농부가 그의 세계에 대해서는 그 어떤 외부자보다 더 잘 안다"라고 이야기하고 있다.(p. 117) 사람들은 각기 다른 방식으로 세계를 이해한다. 따라서 (버거가 결론짓기를) 어떠한 사람도 다른 사람들보다 '더 의식적'이라고 말할 수 없기에 다른 사람의 의식을 고양한다고 말하는 것은 있을 수 없는 일이다.(p. 118)

워커(Walker, 1980)는 더 많은 문제를 밝혀낸다. 그는 "프레이리의 프락시스는 그것이 열망하는 해방의 가능성을 갖고 있지 않다"라고 주장한다. 프레이리의 이론이 지닌 여러 모순을 지적하면서 워커는 프레이리안의 성인문해 교육은 반(反)대화적인 것일 수 있다고 주장한다. 워커는 프레이리의 교육학에는 실존주의적 기독교 신앙(existentialist Christianity)과 마르크스주의적/사회주의적 국가 해방 이론의 영향 사이에 갈등이 있다고 보고 있다. 워커는 그 둘의 영향 중에서 실존주의적 기독교 신앙이 프레이리의 실천에서, 더욱더 중요하다고 이야기한다.(p. 150) 이 점은 구조화된 억압과 계급 대립의 구체적인 현실에 대처하는 데 있어서 프레이리에게 난점을 불러일으킨다. 프레이리는 노동자들 스스로 자본주의 계급에 대항하여 봉기하는 노동자의 개념을 포기하면서, '계급 자살'이라는 개념을 채택한다. 이 개념에서 프티 부르주아는 자신의 원래 계급을 포기하고 피억압자들과 더불어 저항의 조직자이자 지도자가 된다.(p. 134) 마르크스에게 투쟁은 지배자와 피지배자 사이에서 변증법적으로 일어난다(두 집단 사이의 필연적 모순은 결국 혁명을 통해 극복된다). 프레이리에게 답은 지도자(이전에는 지배계급이었던 사람)와 피억압자 사이의 대화에 있다.(p. 137) 워커가 보기에 계급 투쟁을 해결하는 수단으로서의 대화에 대한 프레이리의 믿음은 잘못된 것이다. 대화는 '계몽된 자가 무지한 자에게 손을 뻗는' 과정을 통해 피억압자가 아니라 지도자가 추진한다. 워커는 대화의 (교육적이고 윤리적인) 가치를 인정한다. 그러나 프레이리의 교육학 이론에는 대화가 효과적으로 이루어지는 데 필요한 진정한 정치적 평등이 없다고 주장한다.(p. 146을 보라)

보편성에 반대하며: 엘스워스와 와일러

바우어스, 버거, 그리고 워커는 모두 교육적 개입에 따른 문제를 다루고 있다. 그들은 프레이리가 피억압자의 어려움의 본질에 대해 피억압자보다 더 잘 알고, 민중의 투쟁을 조직하는데 '민중' 자신보다 더 나은 위치에 있으며, 따라서 그의 문해 프로그램에 참여하는 사람들에게 자신의 문화적 신념과 실천을 적용하는 것이 정당화될 수 있는 것으로 생각한다고 주장하고 있는 듯하다. 이러한 (주장한) 가정에 문제를 제기하면서 바우어스, 버거, 그리고 워커는 포스트모던 교육 이론가들의 비평과 다르지 않은 노선을 보여주었다. 합리성의 고결함과 근대 사상에서 우월한 지위를 가진 단일한 주체(united Subject)[7]는, 포스트모던 학풍에서, 다양하고 때로는 모순적인 권력의 담론에서 구성되는 존재로 보는 인간의 개념으로 대체되었다. 포스트모더니스트들은 '정신의 변증법, 의미의 해석학, 합리적 존재 또는 일하는 주체의 해방, 부의 창조'와 같은 '거대 담론'을 불신하면서 초월적, 보편적, 또는 본질주의적인 진리에 대한 모든 주장을 거부한다.(Lyotard, 1984, p. xxiii) 포스트모더니스트들은 어떤 윤리적 이론이 경험의 통일성을 주장하고 있는지 의심스러워하며, 차이의 정치, 억압의 특수성, 그리고 지역적이고 '작은' 담론의 중요성에 집중한다.

교육 분야에서 잘 알려진 포스트모던 이론화의 한 예는 엘리자베스 엘스워스(Elizabeth Ellsworth, 1989)에게서 찾을 수 있다. 그녀는 보편적 제안에 대한 호소는 "유럽인, 백인, 남성, 중류 계급, 기독교인, 건강한 사람, 날씬한 사람 그리고 이성애자가 아닌 사람들에게는 억압적이었다"라고 주장한다.(p. 304) 비판적 교육학의 추상적인 언어는 진정한 대화와 사회 변혁의(인종차별주의, 성차별주의, 계급차별주의, 그리고 다른 억압적인 실세) 가능성을 줄이면서 교육자와 학생 사이에 장벽을 만들어낸다고 주장한다. 엘스워스는 프레이리, 쇼, 지루, 맥라렌과 또 다른 학자의 저작을 언급하면서, 비판적 교육학의 문헌에서 옹호하는 합리적 이상(권한 부여, 학생의 목소리, 대화 등)을 지배 관계를 극복하기보다 영속시키는 데 이바지하는 '억압적 신화'로 묘사한다.(p. 298)

---

7) 단일한(홀로) 주체는 모더니즘의 주체로 그의 언어는 혼자서 구성하는 독백적 성격으로서 홀로 주체적이었다면, 포스트모더니즘의 주체는 사이의 주체로 그의 언어는 대화적 성격으로 의미가 사용적이고, 사용은 공동체적이라는 점에서 서로 주체적이라 할 것이다.

엘스워스는 대학 교수로서 다양한 학생 집단과 함께 반인종차별주의에 관해 연구하며 경험한 것을 인용하면서, 그녀가 '해방' 교육사상을 실천에 옮기려고 시도할 때 부딪친 장애에 대해 기록하고 있다. 무엇보다도 그는 교사로서 자신이 권력을 가진 위치에 있다는 것을 인정해야 했고, 백인 중산층 여성으로서 그녀가 "유색 인종 학생이 그/그녀의 진정한 자신의 목소리를 찾도록 아무 문제 없이 '도와줄 수' 없다는 것을 인식해야만 했다."(p. 309) 그녀는, 인종차별에 대한 그녀 자신의 이해 방식은 "그녀의 흰 피부와 중산층의 특권에 의해 항상 제약을 받는다"라는 것을 믿었다.(p. 308) 계급 토론은 참여자들이 모순된 사회적 처지를 떠올려야 하는 데서 느끼는 불편한 생각으로 억제받았다. 이를테면 여성들은 "인종적 특권과 억압의 표현을 우선시하는 것이 여성들의 성 억압을 영속화할 것이라고 위협받는 경우 그런 표현을 우선하는 것이 어렵다는 것을 알게 되었다."(p. 312) 또한 잘못 이해될까 하는 두려움, 이전에 있었던 불행한 발언 경험의 기억, 다른 계급 구성원들의 헌신에 대한 의심, 그리고 다른 억압을 희생하면서 인종차별주의에 집중하는 것에 대한 분노로 대화는 억제되었다. 엘스워스에 따르면 "전통적인 의미에서 대화는 문화 전반에 걸쳐 불가능하다. 왜냐하면, 이러한 역사적 국면에서 인종, 계급, 그리고 성별, 학생과 교사 간의 권력관계가 불공평하기 때문이다."(p. 316) 학생들이 제지당하지 않고 말할 기회를 가질 수 있는 다른 교육 형태를 고민하게 되었다. 결국에는 친밀한 집단의 동맹이 발전하여 캠퍼스 도서관 쇼핑몰과 행정 사무실에서 몇몇 저항의 노력을 불러일으켰다.(pp. 319~320)

《페다고지》(1972a)에서 프레이리는 억압, 해방, 인간화, 비인간화를 보편적인 용어로 말한다. 이로 인해 와일러(Weiler)로부터 비판을 받았다. 와일러는 프레이리가 이러한 용어를 추상적으로 다루는 것은 특정 집단이 구체적인 억압에 맞서도록 하는 데에 적절하지 않다고 본다.(1991, p. 453) 프레이리가 인간화(동시에 의식화, 대화, 그리고 프락시스)를 보편적인 윤리적 이상으로 가정하면서, 민중이 경험하는 특권과 억압의 계층적이고 모순적인 지위를 얼버무리고 있다는 것이다.(p. 450) 이를테면 농부는 지주에 의해 억압받는 사람이면서 동시에 그의 아내를 억압하는 사람일 수도 있는 것이다.(p. 453) 억압의 동질성을 당연하게 여길 수 없다면, 성인문해 교육의 (그리고 다른) 노력을 학습자의 경험에 토대를 둔 프레이리안의 개념 또한 새로운 모습을 띠게 된다. 피억압자들이 그들 자신의 경험에 대한 비판적 반성에서 나온 집단적이고 통일된 행동에 참여하게 될 것이라는 프레이리의 희망은 만일 그러한 반성이 갈등, 분할된 경험, 이해관계, 그리고 해결책을 토해낸다면 문제가 생기게 된다. 와일러는 생생하고 특정한 사회적·역사적 맥락에서 억압과 해방에 관해 주장하는 것이 중요하다고 강조한다.(p. 469) 와일러는 교육자들이 피억압자의 '편에 선다'라는 프레이리안의 윤리적 의무에 공감한다. 그리고 '사회 정의'와 '권한 부여'라는 목적을 포기하기를 원하지 않는다. 그러나 차이와 갈등을 부정하지 않는 공동 목표의 연대를 형성할 필요가 있다. 와일러에게 이것은 '억압에 대항한 집단적 의식화와 투쟁의 더 복잡해진 프레이리안의 비전의 실현'을 의미한다. 그것은 차이와 갈등을 인정하지만 프레이리의 비전과 같이 느끼고, 알고, 변화할 수 있는 인간의 능력에 대한 믿음에 달려 있다.

프레이리의 비평가들에 대한 논의

7장과 8장에서는 바우어스와 버거의 주장에 대해 좀 더 자세히 살펴본다. 여기에서 나는 엘스워스와 와일러가 전개한 프레이리의 교육학과 보편주의적 사고에 대한 비판에서, 반(反)대화(antidialogue)에 대한 워커의 비난에 주목한다. 나는 프레이리가 포스트모더니즘에 대해 해석한 것과, '다양성 속에서 연대'의 주제에 대해 그가 옹호한 것, 그리고 신자유주의 정책과 세계화하는 자본주의에 대해 그가 강하게 반대한 것에 대해 간략히 언급하면서 결론을 내린다.

대화의 한계

프레이리의 대화 접근법은 브라질 문해 프로그램의 토대가 되었다. 그것은 생성어를 선정하고, 경험과 정치적 현실에 관해 토론하며, 현재의 사회구조에 대한 변혁적인 대안을 만들어가는 것을 포함하고 있다. 문해 참가자들의 삶에서 중요한(적어도 부분적으로는) 것을 토대로 문해 프로그램의 초기 단어를 선정한다는 생각은 1960년대 초에는 비교적 참신한 것이었다. 실비아 애쉬튼 워너(Sylvia Ashton Warner, 1966)는 뉴질랜드의 마오리 어린이들과 함께 활동하면서 유기적 어휘 및 핵심 단어로 된 유사한 접근법을 만들었고, 1961년 쿠바 문맹 퇴치 운동은 혁명, 국가 재건과 밀접한 주제와 단어를 중심으로 전개되었다.(Kozol, 1978을 보라) 그러나 학교 수업과 성인 교육 프로그램에서 나타나는 문맹 퇴치 작업에서의 지배적인 접근방식은 의심할 여지 없이 '하향식' 방식이 강조되었다. 학교 저널과 성인문해 독본에서 사용되는 단어와 주제는 읽고 쓰는 것을 배우는 사람이 아니라 다른 외부자들이 전적으로 선정했다. 읽기 프로그램의 내용을 결정하는 데 가장 적합하다고 생각되는 사람들은 '전문가', 즉 교육 과정 설계자, 정부 정책 입안자, 그리고 때로는 학술 연구자였다. 종종 주요 단어, 이야기 줄거리, 그리고 주제는 읽기를 배우는 사람들의 생생한 현실과는 거의 관련이 없는 것이었다. 이 철학은 성인 문맹 퇴치 계획에 기억에 남는 실패를 초래했으며, 그중 가장 눈에 띄고 비교적 손실이 큰 것은 유네스코 캠페인이었다.

프레이리안 접근법은 분명히 이러한 전통에서 벗어나는 위대한 발걸음이었다. 물론 프레이리는 프로그램의 기술적 특성을 살리기 위해 생성어의 목록을 선정하는 데 특정한 언어적 기준을 충족시켜야 했다. 이런 점에서 생성어의 선정과정은 기술적인 요구 사항과 생성어가 참가자들의 삶과 밀접히 관련되어야 한다는 필요성을 적절히 조정하는 것이었다. 이와 관련해서는 거의 이견이 없을 것이다. 프레이리안 프로그램의 성공은 이 두 가지 요구를 충족하는 것에 달려 있었다. 하지만 이 문해운동의 또 다른 특징은 한층 더 강한 정당성을 요구한다는 것이다.

먼저, 아이러니하게도, 프로그램 코디네이터들이 과거 낡은 일방적 대화(monological) 방법을 교육적 대화의 형태로 바꾸어야 한다고 프레이리가 강하게 요구하는 것 지체가 오히려 비대화적(nondialogical) 방식으로 행해져야 하는 행위였다. 이러한 쟁점에 대한 **협의**의 증거는 거의 없다. 프레이리는 어젠다(프로그램 실행에 따른 일정과 과제)에 대한 상세한 설명이 "코디네이터들에게 단순한 도움으로 작용해야지, 따라야 할 엄격한 계획으로 기능해서는 안 된다"라고 경고하지만, 대화의 방법을 따라야 하는 것에는 단호했다. 즉, "코디네이터들은 대화로 전향해야만 했다." 이를 위해, 교육적 가르침은 "코디네이터들이 반대화의 유혹을 물리치기 위해 대화의 지시를 따라야만 한다"(Freire, 1976, p. 52)라고 말했다. 프레이리는 다양한 코디네이터가 다양한 비문해 성인 집단과 더불어 여러 대안적인 가르침을 실천할 가능성에 대해서는 거의 언급하지 않는다. 즉, 대화, 바로 그 대화가 모든 성인문해 운동에서 **유일한** 방법이었다.

프레이리의 프로그램을 '반대화적'이기보다는 '비대화적'이라고 기술한 것은 심사숙고한 것이다. 프레이리가 지지하는 교육적 이상과 이것을 뒷받침하는 윤리적 가정을 고려할 때, 그가 어떻게 그의 문맹 퇴치 작업에서 비대화적인 국면들을 피할 수 있었는지는 알 수가 없다. 전통적 은행저금식 방법을 선호한 나머지, 대화가 손상되거나, 약화되거나, 단지 부분적으로만 실행되거나, 완전히 무시되는 위험을 감수하길 원하지 않는 데서, 프로그램이 취할 형태에 대한 대화는 어느 정도 축소되어야만 했다. 그럴 경우, 코디네이터와 참가자는 미리 정해진 특정한 한계 안에서 대화를 수용해야만 했다. 브라질의 일상생활에서 나온 코드화, 생성어, 주제를 논의하는 대화는 있을 것이지만, 교육적 형태로서 (프레이리안) 대화의 장점에 관한 대화는 없을 것이다. 따라서 대화는 조장되었지만, 그런 대화를 위한 틀은 미리 정해져 있었다. 그 대화는 그러한 한계를 완전히 거부하도록 하는 대화가 아니라, 장려된 기존의 한계 **내에서의** 대화였다. 프레이리는 그의 교육 이론과는 다른 교육 양식은 논리적으로 수용할 수가 없었다. 그리고 정말, 프레이리의 입장에서, 그러한 교육 양식이 대화의 원리에 기초한 것이 아니라면, 그것은 전혀 '교육적'인 프로그램일 수가 없었다.

이보다 훨씬 더 큰 관심은 프로그램의 다음 단계, 즉 문화 개념에 대한 소개였다. 외관상 코드화(비문해자 세계의 상황을 묘사한)에서 비롯된 주제의 개방적인 탐구는, 그것이 연구 중이었던 '문화'의 **특수한** 개념이었다는 점에 주목하는 것이 중요하다. 실제로 비문해자들이 고려하도록 격려받은 것은 인간과 세계에 대한 구체적인 이론이었다. 코드화에 대한 논의에서 다루어진 아이디어는, 만약 프레이리의 《자유의 실천으로서의 교육(Education: The Practice of Freedom)》(1976)에 대한 설명이 일반적으로 프로그램을 대표하는 것으로 받아들인다면, 프레이리의 존재론·윤리학·인식론에서 발견되는 아이디어와 본질적으로 동일한 것이었다. 인간과 동물의 차이, 즉 노동을 통해서 자연을 변혁시키는 능력, 인간 존재는 서로 관계를 맺는다는 생각은 코드화의 논의에서 핵심적인 주제이며 프레이리 철학에서 가장 중요하다. 프로그램의 두 번째 단계는 참가자들이 그림으로 묘사한 표현물과 관련된 주제, 질문, 문제, 쟁점을 토론할 가능성을 열어주었지만, 세계를 이해하는 특별한 방식이 그들이 구성하는 것에서 전제가 되어 있었다.

그러나 거의 모든 교육 프로그램에서도 이와 유사한 문제가 제기된다. 교육 프로그램이 온전히 진행되려면 토론과 학습이 이루어지도록 누군가가 무언가를 내놓아야 한다. 프레이리안의 교육적 대화가 프로그램의 참가자들에게 관심이 있는 것이면 무엇이든지 간에 논의하는, '뭐든 좋다는 식의 무책임한' 토론을 의미하지 않는다는 것을 거듭 강조하는 것이 중요하다. 이와 반대로 3장에서 논의했던 바와 같이, 프레이리는 해방 교육에서 구조화되고 목적적인 대화의 성격에 대해 항상 강조했다. 나는 프레이리가 비문해 성인들과의 작업에서 (일종의) '어젠다'를 **가지고 있었다**는 것을 꽤 행복하게 인정했다고 생각한다. 프레이리에게 문해는 더욱 인간적이고 덜 억압적인 브라질 사회를 만드는 데 잠재적으로 중요했다(하지만 문해 그 자체만으로는 충분하지 않았다).

그렇다면 반성적인 변혁과 같은 주제를 중심으로 토론의 주제를 정하는 것은 우연이 아니었다. 프레이리의 견해로는, 참가자들이 바로 이런 식으로 세계를 바라보게 되는 데서 사회변화 과정에 기여할 수 있는 자신의 능력을 깨달을 수 있다고 보았다.

프레이리의 이론이 그의 실천으로 알려졌다는 것을 상기하는 것 또한 중요하다. 프레이리의 저작에서 코드화 주제와 핵심적인 이론의 원리 간의 일치는 놀라운 일이 아니다. 프레이리는 일관되게 이론과 실천과의 연계의 중요성을 강조했다.(예를 들어, Freire, 1985, pp. 155~157; Freire and Shor, 1987, pp. 135~137; Horton and Freire, 1990, pp. 21~22, 31~32를 보라) 프레이리는 또한 가르침과 배움의 관계는 교사와 코디네이터가 교육적인 과정에서 가르칠 뿐만 아니라 다른 참가자들로부터(그들이 학교의 학생이든 성인문해 과정의 학습자이든 간에) 배우는 상호적인 관계임을 항상 강조했다. 따라서 인간과 동물의 차이, 문화와 노동의 본질, 비판적 반성과 행동을 통한 현실의 변혁에 대한 프레이리의 이론적 진술은 마르크스, 헤겔, 그리고 다른 이론가들의 저술을 읽은 것만큼이나 성인문해 프로그램에 직접 관여함으로써 영향을 받았을 가능성이 크다. 실제로 1989년 카를로스 알베르토 토레스(Carlos Alberto Torres)와의 인터뷰에서 프레이리는 "나는 내가 하는 일에 대해 글을 쓴다. … 내 책은 마치 내 실천에 대한 이론적 보고서인 것 같다"라고 주장했다.(Torres and Freire, 1994, p. 102)

프레이리의 문해운동으로 성인들이 현실에 대해 더욱 비판적인 이해를 할 수 있을 것이라는 그의 바람은, 프레이리가 옹호하고 있었던 바로 그 이상(理想)의 성격에 비추어 볼 때, 참가자들이 매우 원한다면, 프레이리의 세계관마저 거부할 수 있음을 어느 정도 포용하고 있었다.

비판적 사고의 가치에 대한 프레이리의 충고를 진지하게 생각해본다면, 성인들은 자연·문화·노동·인간·동물 등에 대한 프레이리의 서술을 수정하거나 거부하고, 정치적 문제에 대한 프레이리의 생각과 관련하여 잘못된 점을 발견할 수도 있을 것이다. 그러나 이런 식으로 프레이리안의 철학을 비판적으로 분석한다는 것은 프레이리의 이상을 거부하는 것이라기보다는 더 지지한다는 것을 의미한다. 사람들이 프레이리가 비판적 의식의 특징으로 제시한 자질을 발휘하는 한, 비록 그들이 변혁을 위한 비판적·대화적인 반성과 행위의 개념을 비판할지라도, 프레이리안의 이상은 실현되고 있다. 프레이리안의 접근방식으로 프레이리안의 가정을 거부하는 것은 바우어스, 버거, 워커가 말하는 우려를 극복하지 못한다. 오히려 그 반대로, 이와 같은 형태의 거부는 이런 비평가들에게, 프레이리안 문해운동에 부여된 성격을 확인시켜줄 뿐이다. 나는 이 문제를 다음 장에서 더욱 상세하게 이야기한다.

억압, 해방, 그리고 정치적 헌신

엘스워스(Ellsworth)의 논문은 포스트모더니즘과 교육에 관한 논쟁에서 중요한 참고가 되었다. 그러나 그녀의 분석에 난점이 없는 것은 아니다. 이를테면 특징 집단을 '억압받게' 만드는 것이 정확히 무엇인지는 분명하지 않다. 그녀가 언급하는 억압받는 집단들에게 '해방'이 무엇을 의미할지에 대한 자세한 설명도 마찬가지로 부족하다. 물론 엘스워스의 주요 메시지 중 하나는 억압받는 '다른 사람들'에게 억압의 본질을 가르쳐주는 것이 교사나 비판적인 교육자들이 해야 하는 일이 아니라는 것이다. 그러나 엘스워스는 이 전제를 수용하면서, 사람들이 단순히 그렇다고 말하거나, 그들의 문화적인 성(gender), 인격적인 성

(sexuality), 몸매(body shape) 등만으로 억압당한다는 것을 의심의 여지 없이 받아들이는 듯하다. 이것은 엘스워스가 그 사람이 (예를 들어) 여자, 게이, 또는 비만이라면 억압받는다고 선언하는 것으로 충분한 것처럼 보인다. 이는 **모든** 여성, **모든** 동성애자, 그리고 모든 비만인이 **반드시** 어떠한 방식으로든 억압된다는 것을 의미한다. 반대로 모든 남성, 이성애자, 그리고 날씬한 사람들은 **반드시** 어떤 이점을 누린다. 특정 집단의 모든 개인이 반드시 억압을 받는다는 생각은 다양한 이론적·경험적 근거에서 뒷받침될 수 있다.[1] 하지만 그녀의 모든 주장이 이 문제를 제기하고 있음에도 불구하고, 엘스워스는 놀랍게도 그 근거가 무엇인지에 대해 거의 말을 하지 않는다. 그녀는 억압받고 억압받지 않는 영역을 양립시키는 데 있어 개인들이 겪는 어려움을 재빨리 지적하며, 그녀 자신이 소속한 억압받는 한 집단(여자)과 그녀가 연계한 여러 특권층(백인, 신체 건강한 사람, 날씬한 사람 등)을 함께 주목한다. 그러나 근본적인 윤리적·정치적 가정에 대한 해명 없이는, 그 결과는 억압과 특권의 서로 다른 층이 어떻게 서로 상호 연결되거나 상쇄될 수 있는가를 거의 알 수 없는 억압자-피억압자 집단의 광범위한 유형학이 된다.

계급, 인종, 성별의 범주는 억압과 해방의 문제와 관련된 비판적 교육학과 교육사회학에서, 많은 연구 활동의 근간을 형성했다. 엘스워스는 논문에서 성적 지향, 나이, 종교, 몸매, (무)능력, 원어(language of origin) 등 다른 부분에 대해 언급하면서 이 세 가지 범주를 확장한다. 그런데 왜 거기서 멈추는가? 실업자를 다른 억압받는 집단으로 보는 사례가 있을 수 있다. 청각장애인, 시각장애인, 참전용사, 가정폭력 피해자, 환경오염의 대상자, 또는 비정규직 노동시장의 성장과 함께 불안

감이 커지는 조건 아래서 일하도록 강요된 사람들에게도 관심을 돌릴 수 있다. 억압의 (계속 증가하는 수의) '여러 라인(lines)'으로 전적으로 생각하는 것의 위험은 여기서 쉽게 명백해진다. 역설적으로 말하면, 점점 더 많은 수의 특정 그룹에 초점을 맞추는 데 있어서, 이 모든 것을 하나로 연결하는 일종의 설명적 틀에 대한 필요성이 더욱 필요한 것처럼 보인다. 엘스워스는 자신의 억압 라인의 목록이 전부를 망라한 것인지, 아니면 그녀가 밝히는 모든 그룹이 공통으로 가지고 있는 어떤 특징이 있는지는 거의 말하지 않는다.

좀 아이러니하게도, 엘스워스는 추상적인 보편성을 신랄하게 비판했지만, 비판적 교육학 문헌에서 강하게 반대한 것과 다르지 않은 규범적 원리로 보이는 것을 제시한다. 엘스워스는 '그 특유의 특징을 손상하지 않고서 차이의 경험에서 공통성을' 추구하는 교육적 형태를 찾으려고 하면서 다음과 같이 결론짓는다.

지금 당장, 이것을 가장 잘 성취할 수 있는 것으로 생각하는 수업 실천은 다음과 같은 진술로 가장 잘 표현되는 차이점을 넘어서는 일종의 의사소통을 촉진하는 것이다. 그 진술은 "만약 당신이 나와 세계, 그리고 '해야 할 올바른 일'에 대한 당신의 지시이 항상 다른 사람들에게는 편파적이고, 사사로우며, 잠재적으로 억압적일 것이라는 것을 이해한다는 것을 보여주는 방식으로 나에게 말할 수 있다면, 그리고 나도 같이 그렇게 할 수 있다면, 우리는 다양한 학생들이 성공할 수 있는 상황을 만들기 위해 동맹을 만들고 다시 만들어가는 데 협력할 수 있다."
(Ellsworth, 1989, p. 324)

이것은 엘스워스의 연구에서 이전에는 (분명히) 막혔던 두 가지 가능성을 열어준다. 먼저 학생이 '성공한다'는 개념이 도입된다. 논문의 마지막 문장에 귀결되는 것과 같이 '성공하는 것'이 무엇을 수반하는지 확인하는 것은 어렵다. 그렇더라도 그 단어에 대한 언급은 모든 학생에게 적용되어야 할 어떤 형태의 윤리적 이상에 대한 관심을 가리킨다. 둘째, 지금까지 다른 억압받는 집단의 학생들 사이의 대화가 (기껏해야) 어렵다고 묘사되어 온 곳에서, 이제 학생들 사이의 차이는 집단행동에 대한 극복할 수 없는 제약처럼 보이지 않는다. 이런 최종적인 말이 없다면, 엘스워스의 분석에서 교육자들에게 연대, 단결 또는 프락시스로 가기 위한 길은 없다. 지루가 엘스워스의 '분리주의'를 '정치적 이탈의 치명적 불구(不具)'로 평가한 것은(1988, p. 177) 너무 가혹할 수도 있지만, 분열을 통한 무관심한 소극성의 위험을 무시할 수는 없다.

엘스워스는 어떠한 교사도 성차별, 인종차별, 계급차별, 장애인차별과 같은 '학습되고 내면화된 억압'에서 자유롭지 않다고 주장한다.(pp. 307~308) 나는 프레이리가 여기에 분명 동의했을 것이라고 확신한다. 그의 모든 교육학은 우리가 깊은 억압적인 세계에 살고 있다는 가정을 바탕으로 만들어졌다. 일상의 사회제도에 참여하면서 억압적인 태도, 가치관, 신념, 의식의 양식, 행동은 바로 우리 존재에 새겨진다. 그러나 프레이리와 엘스워스는 내면화된 억압의 인식에 대한 반응에서는 서로 의견을 달리한다. 엘스워스는 인종차별과 다른 형태의 억압을 이해하는 데 놓여 있는 그녀의 '백인 피부와 중산층 특권'(p. 308)이라는 제약을 강조하고, 교육적으로 그 효과를 약하게 하는 다양한 억압적 현실들 사이의 모순, 긴장, 충돌을 발견한다. 그녀는 자신이 이 학생들과 '아무런 문제가 없이 우호 관계를 맺을 수' 없는 것처럼, 그녀 자신이 속한 집단 이외의 억압된 집단의 학생들이 그 집단의 구성원으로서 그들의 '목소리'를 찾도록 '아무 문제 없이 도울 수는' 없다고 지적한다.(p. 309) 프레이리는 이러한 과정 중 어느 것도 '문제가 되지 않는 것'이 없다는 엘스워스의 견해를 받아들였을 것이지만, 또한 행동으로 옮기고 억압을 해결하는 데 관여하는 것이 중요하다는 것을 강조했을 것이다.

교사들(그리고 학생들)이 누리는 다양한 특권을 인정하고 모순된 주체의 처지를 인식하는 것이 절망과 정치적 무력함으로 이어지지는 않는다. 그 대신 그것은 새로운 형태의 비판적 교육학 실천을 위한 기초를 제공할 수 있다. 엘스워스의 분석은 프레이리의 억압, 해방, 교육 이론에서 중대한 결함과 부족한 점을 부각하는 데 유용한 통찰력을 제공한다. 반면에 해방 교육에 대한 프레이리의 접근 방식은 엘스워스의 비판과 교육적 마비 상태를 모두 깨우는 해독제를 제공한다. 포스트모던 교육 세계에서 "나(또는 우리)는 무엇을 해야 하는가?"라는 질문과 관련된 어려움에 우리가 주목하도록 한 사람이 엘스워스라면, 비록 잠정적이고 불확실한 방식일지라도 이 질문에 여전히 답할 수 있다고 우리에게 상기시켜준 사람은 프레이리이다. 프레이리의 견해에 따르면 억압에 대항해서 위험을 안고, 잠징적으로는 모순적이면서, 늘 제약된 입장을 취하는 것은 전혀 아무런 입장을 갖지 않는 것보다는 거의 언제나 바람직하다.

맥라렌과 레너드(McLaren and Leonard)의 《파울루 프레이리와의 중대한 만남(Paulo Frire: A Critical Encounter)》(1993a)에서, 도날도 마세도(Donaldo Macedo)는 와일러(Weiler)와 다른 페미니스트 학자들이 제기한 우려에 대해 프레이리가 보인 관심에 대해 다음과 같이 기술하고 있다.

> [페미니스트들은] … 해방과 사회적이고 정치적 변혁을 위한 당신의
> 목표가 어느 정도로 지식인으로서의 특권을 가진 당신 자신의 입장과
> 일반적으로 억압받는 집단들 간 갈등의 특징을 나타내는 경험의 특수
> 성을 모두 부정하는 보편적인 것들 속에 내장되어 있다고 지적한다. 즉,
> 당신은 억압을 보편적 진리로 이론화하는 데 있어서 억압의 다양한 역
> 사적 위치를 제대로 인식하지 못하고 있다. (Freire and Macedo, 1993,
> p. 170)

마세도는 '백인 중산층 여성에서 소작농일 수도 있는 하층 흑인 여
성에 이르는 억압의 계층적 구조'가 존재한다는 견해를 제시한다.(p.
173) 여성은 억압받는 집단(가부장적 사회에서 남성과 그들의 관계를
감안하면)이지만 흑인 여성들은 인종차별을 경험하기 때문에 백인 여
성보다 더 억압받는다. 노동자 계급의 흑인 여성들은 계급차별의 세계
에서 추가적인 부담을 안고 있다. 노동자 계급 흑인 소작농 여성들은
성차별, 인종차별, 계급차별, 지리적·정치적 고립으로 야기된 고난을
감내하고, 아마도 무자비한 지주들에게 착취를 당하며 무엇보다도 가
장 억압받고 있다(마세도가 제공한 범주를 사용하면).

프레이리는 마세도의 억압의 계층 구조에 대한 개념에 동의한다고
주장하지만, 초기 연구 활동에서 그의 주요 관심은 계급 억압이었다
고 강조한다.(pp. 172~173) 같은 책에서, 프레이리는 "항상 계급과 성의
단일한 경험의 주장에 반영된 본질주의를 거부했다"라고 계속 주장하
며, '여성과 유색인종이 겪는 억압의 다중성'을 인정할 필요성을 말한

다.(1993b, p. x) 그러나 프레이리는 억압의 특수성을 부정하지 않으면서, '모든 억압에 대항하는 집단적인 투쟁'에서 연대의 필요성을 강조한다.(Freire and Macedo, 1993, p. 174) 프레이리안의 관점에서 볼 때, 해방 투쟁에 대한 순전히 자기중심주의적인 접근을 피하는 것은 전략적일 뿐만 아니라 윤리적인 이유가 있다.

> 만일 억압받는 여성이 억압받는 남성과 같은 피억압자의 범주에 속할 때 오직 억압받는 남성과만 싸우기로 선택하면 여성과 남성에 한정된 억압-피억압적 관계를 끊을 수도 있을 것이다. 만일 이렇게 된다면, 그 투쟁은 단지 불완전한 것이며 아마도 전술상으로 올바르지 못한 것이 될 것이다. (p. 174)

프레이리의 견해는 다음과 같이 요약될 수 있다. 모든 피억압 집단이 공통적으로 가지고 있는 일정한 특징들이 있는데, 이것은 그들의 구체적인 억압적 상황의 특수성을 초월한다. 은연중에 지역 투쟁의 국부적인 문제를 넘어 해방에 대한 가장 중요한 비전이 있다. 억압의 독특한 형태(예를 들어, 인종차별과는 대립하는 성차별)가 있으며, 다른 운동과는 상이한 관심을 둔 해방 운동이 있다. 더 나아가서, 일정한 형태 내에서 여러 억압의 구체적인 예가 있다. 예를 들어, 직장에서의 성차별은 가정에서의 성차별과 다를 수 있다. 더 구체적인 것으로 나가면, **한** 가정에서의 성차별은 **다른** 가정에서의 성차별과 중요한 방식으로 대조될 수 있다. 그러나 지역적인 것과 구체적인 억압의 사례는 억압과 해방에 대한 더 큰 개념과 관련해야만 의미를 지닌다. 포스트모더니스트들이 보편성보다 개별성에 우선을 두는 것처럼 보인다면, 프레이리는 보편성과 개별성을 이해하기 위해 그 둘은 서로 의존한다고 본다. 우리는 만일 모종의 광범위한 억압의 이론이 없다면 성차별주의와 인종차별주의가 둘 다 억압의 사례라는 것을 알 수가 없다. 반면에 억압 이론은 억압의 구체적인 형태를 참조함으로써 신빙성을 얻을 수 있다. 즉, 억압 이론이 한 가지 이상의 억압유형과 수많은 구체적인 억압적 상황과 관행의 예에 적용될 수 없다면 그것은 억압 이론이 전혀 아닐 것이다.

피터스(Peters, 1999)는 특히 프레이리의 역사철학과 '억압자'와 '피억압자' 사이의 대립 배후에 있는 변증법의 원동력에 주목하면서, 프레이리의 저작에서 헤겔의 논리에 관심을 둔다. 마찬가지로 지루(Giroux 1993, p. 180)는 프레이리의 사상은 "때로는 지배와 투쟁의 상호 모순적이고 다중적인 성격을 경시하는 총체적인 담론(totalizing narratives: 전체화를 추구하는 거대 담론)과 이분법의 제약을 받았다"라고 주장한다. 맥라렌과 레너드(1993b, pp. 2~3)는 프레이리를 마르크스주의 전통 속에서 포스트모더니스트와 많은 페미니스트와 함께 유럽중심주의를 거부하고 거대이론과 기술자본주의의 전체주의적인 요소를 비판하는 유토피아의 인본주의자로 본다. 일부 포스트모더니스트 이론가들 사이에는 모더니즘을 대대적으로 일반화하면서, 사상과 이론적 전망 사이의 중요한 차이를 호도할 수 있도록 허용하는 경향이 있다. 바일하르츠(Beilharz 1991, pp. 112~113)는 포스트모더니즘에 대한 많은 논의가 모더니즘을 뒷받침하는 것으로 알려진 것과 같은 이원론적 사고에 빠져 있다고 지적한다. 예를 들어, 하산(Hassan, 1993, p. 152)은 고의/장난, 위계적 상태/무정부 상태, 집중/분산, 기의(記意)/기호 등과 같은 대척되는 용어를 사용하여 모더니즘과 포스트모더니즘의 차이점을 표로 정리한다. 피터스, 지루, 그리고 맥라렌과 레너드는 모두 이러한 함정을 회피한다. 그들은 프레이리를 모더니스트 사상가로 보지만, 그의 철학적·교육학적 위치의 복잡성을 인정하면서 프레이리안과 포스트모던 프로젝트가 만나는 중요한 지점들을 또한 확인한다.

프레이리는 윤리적이거나 인식론적 의미에서 상대주의자는 아니었다. 그는 어떤 사상과 어떤 형태의 인간 존재가 다른 것보다 '절대적으로' 더 낫다고 믿었다. 프레이리안의 관점에서 보면, 세상을 이해하고 사는 데 비판적·대화적·프락시적인 접근은 소극적·독백적 또는 억압적 접근보다 분명히 더 바람직하다. '본질주의자'의 윤리적이고 형이상학적인 원리를 거부하는 것은 사회 이론이 절대적인 것이 없이도 형성될 수 있다는 인상을 준다. 그러나 절대적인 것이 없다면, 역설적으로 적어도 하나의 절대적인 것이 있어야 한다. 즉, 절대적인 것이 없다는 전제가 있어야 한다. 절대적인 것이 없다는 것은, 절대적인 것이 없다는 명제를 절대적으로 받아들일 수 없다는 것을 의미한다. 이 명제(즉, 절대적인 것이 없다는 것)가 사실인지 확신할 수 없다면, 절대적인 것이 없다는 것은 단언할 수 없다. 절대적인 것이 없는 유일한 대안은 (하나 혹은 그 이상의) 절대적인 것을 갖는 것이다. 그러므로 절대적인 것을 거부하는 포스트모더니스트는 적어도 절대적인 것들이 있을 **가능성**은 있다는 것을 인정해야 한다. 포스트모던 시대는 절대적인 것이 완전히 사라진 것이 아니라 당연시하던 일련의 가정을 다른 것으로 대체하는 것을 의미한다. 모든 포스트모더니스트들과 포스트구조주의자들은 단일한 주체가 이제 죽었다는 것에 동의하는 것 같다. 그리고 다양성은 필연적으로 찬미될 수밖에 없으며, '이성'은 초월적 개념이라기보다는 언제나 '문화-특수성'의 구성으로 이해된다. 절대적인 것은 이론적으로 사라질 수 없다. 그것은 단지 다른 패러다임에서 다양한 모습으로 나타날 뿐이다.

모더니즘과 포스트모더니즘에 대한 프레이리의 입장

포스트모더니즘에 대한 프레이리의 입장은 《희망의 교육학》의 〈여는 글〉에서 간결하게 포착된다.

> 《희망의 교육학》은 … 분노와 사랑이 없으면 희망도 없기에, 이 책은 분노와 사랑으로 썼다. 이 책은 묵인과는 혼동하지 말아야 할 관용과 급진주의를 옹호하는 책이다. 나는 이 책에서 분파주의를 비판하려 한다. 또 진보적 포스트모더니티에 대해서는 그것을 설명하고 지지할 것이지만, 보수적이고 신자유주의적인 포스트모더니티에는 반대할 것이다.
> (1994, p. 10)

프레이리의 텍스트에서 문체상 가장 포스트모던한 것은 맥라렌과 레너드가 발행한 논문집(1993a)인, 《파울루 프레이리와의 중대한 만남(Paulo Freire: A Critical Encounter)》에서 그가 쓴 서문이다. 이 서문에서 프레이리의 언어는 그의 초기 저작과 뚜렷이 대조된다. 그는 '헤겔 철학에 뿌리를 둔 유럽중심주의와 남성중심주의를 종합한 논리, 그리고 비동일성 철학[8]에만 갇혀 있는 비판 이론에서 나온 비관론'을 피할 필요가 있다고 말한다. 프레이리는 '탈식민주의의 윤리와 공감의 정치'를 포스트모던 세계에서 상황에 따른 동일성을 확보하는 수단이라고 주장하면서, 그는 '현재로서는 난공불락의 뚫을 수 없는 문화적 경

---

8) 아도르노(Theodor Wiesengrund Adorno)의 보편적 지배의 모더니즘적 형태뿐만 아니라 사회진보의 합리화 과정을 부정하는 비동일성 철학을 말한다.

계를 없애고', '새로운 형태의 정치적 보상'을 장려하며, 그리고 '모든 민중이 새로운 선거권을 확립할 수 있는 새로운 자기 형성의 실천과 저항 문화를 만들기를' 원한다.(Freire, 1993b, p. xii) 프레이리는 《희망의 교육학》에서 포스트모더니즘의 개념을 하나의 태도로 그리고 일련의 구조적 변화와 구체적 실천으로 수용한다. 2장의 시작 부분에서, 프레이리는 "우리는 급진적이고 유토피아적인 포스트모던이 되자"라고 선언한다.(1994, p. 51) 프레이리는 교육자들에게 좀 더 관용적이고, 개방적이며, 솔직하고, 비판적이고, 호기심을 가지고, 겸손하라고 주장한다. 그리고 이러한 특성을 "명백히 진보적인 것이고, 모던보다 … 포스트모던보다 더 포스트모던한 것"으로 설명한다. 만일 마르크스주의자들이 '**모던**이라는 그들의 독선적 확신'을 극복하려면 진보적인 포스트모던한 태도가 필요하다.(p. 96) 구체적인 면에서, 포스트모던 정치 관행에는 적어도 두 가지 형태가 있다.

나는 포스트모더니티가 갈등을 다루고, 갈등의 이데올로기를 해결하고, 더욱 심해지는 불의를 없애기 위해 투쟁을 하고, 그래서 다양하면서도 훨씬 민주적인 방식으로 민주적인 사회주의에 도달하려는 방식이라고 할 수 있다. 우파에게도 포스드모더니티가 있다. 그리고 좌파에게도 포스트모더니티가 있다. 좌파는-강하게 주장하지는 않지만, 늘 은근히 암시하면서-포스트모더니티가 사회계급과 이데올로기, 좌파와 우파, 꿈, 유토피아 등의 종언을 고하는 것이라고 생각하지 않는다. 그리고 좌파의 포스트모더니티의 기본 요소 가운데 하나는 권력의 혁신이지, 모더니티가 그랬듯이 권력의 접수는 아니다. (p. 198)

프레이리는 모더니스트의 지나친 확실성, 오만, 모종의 편협적인 사고를 반대한다. 이러한 특성은 신자유주의 담론에서 지속되는데, 프레이리는 이를 '근대성으로 가득 찬 것'이라고 설명한다.(p. 41) 프레이리는 또한 신자유주의의 '무책임한 포스트모던의 실용주의'의 숙명론도 반대하며,(1998c, p. 26) 해방에 대한 현재의 장애를 피할 수 없고 이겨낼 수 없는 것으로 묘사하는 지식인들에 대해서도 강하게 비판한다.(1997a, p. 43)

진보적인 포스트모더니즘은 프레이리가 밝히듯이 순진한 낙관론과 역사의 현재 순간을 절망적으로 평가하는 비관론을 모두 피한다. 프레이리는 포스트모던 사상과 변증법적 사상을 모순된 것으로 생각하지 않는다. 《정치와 교육(Politics and Education)》(1998b)에서 프레이리는 진보적 포스트모더니즘은 대립과 갈등을 이해하는 데 변증법적이며, 이러한 의미에서 사회계급, 이데올로기, 투쟁, 유토피아, 꿈도 없는 새로운 역사에 길들여진 개념에 반대하는 입장이라고 주장한다. 변증법적인 포스트모더니즘은 우리가 존재의 근본적인 본질을 이해할 수 있도록 해준다. "나를 계급, 인종, 성의 렌즈를 통해서만 이해할 수는 없다. 그보다 나는 계급에서의 나의 위치, 나의 피부색, 그리고 나의 젠더를 통해 세상에 나왔고, 내가 행동하는 것, 사고하는 것, 말하는 것을 분석하는 데 있어서 이러한 점들을 무시할 수 없다."(p. 21) 우리 존재의 일정한 차원은 특정한 맥락에서 다른 차원보다 더 큰 의미를 지닐 수 있다고 해도, 그 어떤 인간 측면도 우리가 누구인지, 어떤 것인지를 설명할 수 없다. 인종은 인종차별 정책에서 남아프리카 공화국을 분열시키는 데 결정적인 특징이었을지 모르지만, 그 나라의 인종 억압 정책은 또한 계급차별을 더욱 심화시키는 결과를 가져왔다. 게다가 성 억압은 모든 계급에 걸쳐 행해졌다. 프레이리안의 관점에서 볼 때 이러한 갈등과 모순을 해결하기 위해 교육이 더욱더 필요하다. 교육자들은 차별, 착취, 억압의 쟁점과 사례들을 부각시키는 데 중요한 역할을 맡는다.(Freire, 1996, p. 177) 프레이리에게 모든 차별은 부도덕한 것이다. 차별적 관행은 그것이 인종차별이든, 성차별이든, 또는 어떤 다른 차별이든 간에, "인간의 존엄성에 대한 본질을 해치며 민주주의에 대한 근본적인 부정이다."(Freire, 1998c, p. 41) 차별에 대항해서 투쟁하는 것은 '직면해야 할 조건이 무엇이든 간에 하나의 의무'이다. 프레이리는 "우리 인간성에 내재하는 매력, 아름다움조차 바로 이러한 투쟁에 있다"라고 말한다.(p. 60) 교육적 환경은 그러한 인간화 활동을 추구할 수 있는 하나의 활동무대를 제공한다.

그의 후기 작품 중 다수에서, 차이의 정치를 언급할 때 '다양성 속에서의 연대'의 입장을 주장한다. 프레이리는 윤리적·정치적·교육적 근거에서 이러한 이상을 정당화한다. 그는 다음과 같이 진술한다.

> 여성, 남성, 흑인, 노동자, 브라질인, 북아메리카인, 프랑스인, 또는 볼리비아인으로서 우리의 투쟁은 우리의 성, 인종, 계급, 문화, 역사, 그리고 우리를 특징짓는 조건에 의해 영향을 받는다. 그럼에도 우리의 투쟁은 이러한 조건에서 벗어나 더 나은 존재, 즉 보편적인 목적을 향해 집중한다. 그렇지 않다면 적어도 나에게 그 투쟁은 아무런 의미도 갖지 못할 것이다. (1996, pp. 164~165)

프레이리는 어떤 종류의 연대가 없다면, 더 강한 권력, 즉 실리적으로 단결한 우파가 모든 피억압자 집단을 압도하게 될 것이라고 주장한다.

《망고나무 그늘 아래서(Pedagogy of the Heart)》에서 프레이리는 "우리는 좌파를 복수형으로 **좌파들**(the lefts)이라고 말하고 우파는 단수형으로 그냥 **우파**(the singular)라고 말한다"라고 지적한다. 프레이리는 우파가 정적들의 위협에 직면하여 그들의 차이를 제쳐둘 수 있지만, 좌파 간의 동맹은 항상 "어렵고 성가신 일이다"라고 주장한다. 이것은 우파는 진보적인 사상과 실천에 대해서만 편을 가르는 반면에, 좌파의 구성원들은 그들 사이에서도 여러 편으로 갈라지기 때문이다.(1997a, p. 76) 프레이리는 다양한 집단 간 그리고 차이에 따른 대화를 주장한다. 좌파 집단이 차이와 **더불어** 일할 수는 없지만, 대신 그들의 차이가 **그들에게** 불리하게 작용하도록 내버려 둘 때, 그들은 모든 억압적인 집단을 하나로 묶는 더 깊은 윤리적 의무를 놓칠 수 있다.

프레이리의 관점에서, 교육은 차이점으로 생산적인 토론이 일어나는 것이 방해받지 않고, 차이점을 설명하고, 토론하며, (가능한 한) 해결하는 데 관심을 가져야 한다.(참조. Escobar et al., 1994, p. 91) 프레이리가 밝히고 있는 해방 교육에 필요한 진보적인 미덕 ― 겸손, 존중, 개방성, 호기심, 헌신, 엄격함, 경청 등 ― 을 교사들이 가르친다면, 집단 내에서와 집단 간의 긴장은 긍정적인 교육적 결과로 바뀔 수 있다. 사실 프레이리는 어떤 형태의 문화적 긴장은 민주사회에서 필요한 것이라고 주장한다.(1994, p. 156) 대화는 그 자체가 특정한 종류의 동일성뿐만 아니라 차이점에 의존한다. 두 명 혹은 그 이상의 사람들 사이의 상호작용을 위한 본질을 제공하는 것은 세계 내에서의 우리의 다른 경험, 해석, 그리고 사회적 관계이다. 프레이리안의 관점에서 볼 때, 대화의 두 당사자(또는 모든)는 동일한 존재론적 소명을 공유하고, 이러한 소명이 대화를 '요청'하며, 그리고 의미 있는 의사소통이 일어나기 위해서는 어떤 형태의 공통점이 있어야 한다. 대화가 시작되기 위해서는 대화 당사자들 사이에 어떤 언어적·의사소통적·경험적 호환성이 있어야 하지만, 프레이리가 보기에 해방 교육에 필수적인 것으로, 단순한 대화가 엄격하고 구조적이며 의도적인 참여로 성장할 수 있게 하는 것은 참가자들 사이의 차이점이다.

다양한 피억압 집단은 다른 방법이 없다면, 그들의 다양성에 의해 연대한다. 즉, 그들은 그들이 서로 다르다는 사실을 공유한다. 사람들이 역사와 문화의 창조자로서 다양한 활동을 통해 그들이 공유한 인간화에 대한 소명을 추구하는 것은 그들의 차이에 **반대해서** 이루어지는 것이 아니라 오히려 차이 **속**에서 이루어진다. 사람들이 이러한 차이점들을 문제제기하고, 어려운 질문을 하며, 논쟁적인 쟁점을 토론하기 위한 토대로 만들 때, 교육적인 면에서 연대하게 된다. 그들은 대부분 사회에서 소위 '소수자'들이 함께 단결할 때 항상 '**다수자**'가 된다는 것을 깨달으며 행동할 때 **정치적으로** 단결하게 된다. 억압받는 다양한 집단이 서로 함께 단합하기를 거부하면 우익은 그들의 전략적 목표 중의 하나인 '분할 통치' 정책을 사용한다. 프레이리가 보기에, '이른바 소수자가 다른 소수자와 함께하기를 거부할 때, 그는 상대방이 태어나면서 공정하고 예의 바른 사람이 되기에는 무능하다는 편견에 사로잡힌 확신을 드러내는 것이다.'(1997a, p. 86) 프레이리는 브라질에서 페미니스트, 흑인, 인디언, 그리고 노동자 계급 집단이 '주적'에 대항해서 싸우는 대신 그들 자신끼리 싸우고, 전투에서 분열하게 되는지 이해할 수 없다고 고백한다.(pp. 85~86)

프레이리는 인류 역사상 좌파와 피억압자 집단 사이의 정치적 단결에 대한 필요성이 지금보다 더 큰 적이 없었다고 확신한다. 그의 생애

마지막 몇 년 동안, 그는 브라질과 세계의 부는 점점 더 적은 사람들의 손에 집중되어 있었고, 신자유주의 정책이 이미 자본주의 아래 피억압자들에게 잔인한 영향을 미치는 것을 목격했다. 많은 국가에서 신자유주의 경제 '개혁'과 보수적 문화 부활의 결합이 우파에 강력한 힘을 만들어냈다. 동시에 많은 좌파 집단들은 그들의 차이가 분열과 폄훼의 원천이 되도록 함으로써 우파들이 실리적인 정치적 단결을 하는 과정을 쉽게 만들었다. 이렇게 되자 그들은 '화합 가능한' 차이와 근본적으로 '적대적인' 차이를 혼동하게 되었다.(참조. p. 85) 프레이리는 지역 해방의 계획에 대한 필요뿐만 아니라 지역과 국가, 그리고 세계적으로 억압받는 다양한 집단 사이에 윤리적으로 굳건하고, 정치적으로 열려 있는 연대의 필요성을 확인했다.

프레이리는 사회계급도, 좌파와 우파의 이데올로기도 사라지지 않았다고 단호히 주장한다. 1970년대 초, 프레이리는 혁명적인 변혁의 기계적 모델을 넘어 정치적 조직의 대화적 원리를 주장한다는 이유로 교조적인 마르크스주의자와 마오주의자(Maoists)로부터 공격받았다. 계급투쟁이 인간의 상호작용과 개입과는 무관한 독자적인 논리를 가지고 있다고 믿는 사람들은 프레이리를 순진한 이상주의자로 본다. 프레이리는 우파의 고착된 보수주의, 반동문화정치, 그리고 독재적인 오만만큼이나 좌파의 독단주의와 분파주의를 늘 비판하였다. 후기 저작에서 프레이리는 신자유주의 영향 아래에 의견 차이와 다양성에 대한 억압을 많이 다루고 있다. 그러나 동일한 편협성이 일부 좌파에게서도 계속 나타난다. 프레이리는 과거의 좌파 독단주의는 ― 그의 '낡은 언어'와 더불어, 즉 슬로건에 대한 집착, 주입식 교수 절차, 그리고 엘리트주의 리더십 구조 (pp. 77, 82)는 ― 우리 시대의 잘 조직되고 자금이 풍부한 우파 연합에 대항하여 정치적 전쟁을 벌이는데 훨씬 비효과적일 것임을 분명히 밝히고 있다. 프레이리는 **진리**를 제공하려고 하지만, **그** 진리를 소유하고 있다고 주장하지는 않는다.(1998a, p. 47) 이와 달리 독단적인 좌파들은 자신들의 확신을 너무 과신해서 관용의 '혁명적인 미덕'을 유지하지 못한다.

포스트모더니티는 역사의 종말을 알리는 것이 아니라 새로운 형태로 이전의 주제와 과제의 지속을 나타내는 것이다. 예를 들어 프레이리는 '지식'이라는 주제를 언급한다.(1996, pp. 130~131) 프레이리는 실천적 지식이 사람들이 생산적인 활동을 위한 준비를 하는 데 중요하다는 것을 받아들이고, 기술과 과학 지식의 중요성이 커지고 있음을 인정한다. 그러나 신자유주의 아래에서 기술과학 지식의 발달은 보통 훈련에서 편협한 연습으로 격하되고, 학생들은 기술 이외의 것을 배우는 것을 단념한다. 이것을 교육적 논의와 토론의 생성 주제로 삼는 데서, 포스트모더니티에 대한 지식의 대안적 개념을 제시하여 고찰하는 것이 가능해진다. 프레이리의 '진보적인' 답변은 '기술적 능력과 철학적 이성을, 수공 기술과 정신 활동을, 실천과 이론을, 그리고 경제적 생산과 정치적 생산을 분리하는 것을 거부하는 것이다.'(P. 131)

프레이리는 자본주의를 '본질적으로 악한 것'으로 본다.(1998c, p. 114) 그는 자본주의 생산 양식이 인간화에 대한 뿌리 깊은 구조적 방해가 된다고 하는 신념을 결코 포기하지 않았다. 자본주의는 그것의 본질상 착취이고 억압이다. 《크리스티나에게 보내는 편지(Letters to Cristina)》에서 프레이리는 "자본주의를 더 인간적으로 만드는 것은 천사의 영들이(angelic spirits) 또는 구제 불능의 사기꾼들이 헌신하는 불가능한 꿈이다"라고 주장한다.(1996, p. 188) 프레이리는 냉전이 종식되고 난 후에 그런 '시대에 뒤처지고' '낡은' 이상은 더 이상 적합하지 않다고 하는 일부 사람들의 주장에도, 1990년대에 자기 자신을 사회주의자라고 부르기를 멈추지 않았다.(참조 p. 114) 그는 사회주의를 위한 투쟁이 브라질과 다른 나라에서 피억압자 집단을 위해 긴급하게 필요한 것으로 보았다. 그러나 그는 이 투쟁이 해방의 투쟁이 되려면 좌파는 권위주의적인 요소를 버리고 차이를 인식하고 덜 관료적이고 더 민주적인 사회 형태를 건설해야 한다고 믿었다.(p. 165)

마지막 진술

프레이리는 진보적이고 급진적인 포스트모더니스트로부터 많은 통찰력을 받아들였지만, 그의 마지막 저작에서 존재론·인식론·윤리학의 모더니스트 뿌리는 여전히 발견된다. 후기 저작에서 프레이리는 언제나 그랬듯, 세계에서 다른 것보다 더 나은(정당화되는) 이해와 존재 방식에 대한 합리적인 근거가 없다고 말하는 사람들의 상대주의를 피했다. 프레이리는 정치적 차이의 표현에서 정중한 관용의 태도를 선호했지만, 그 때문에 '뭐든 좋다는 식의 무책임한' 다원주의에 대한 지지자가 되지는 않았다. 프레이리는 모든 정치적인 목소리를 들으려는 민주주의의 원리를 옹호했지만 다양한 공헌에 대한 가치와 옳고 그름을 판단할 수 있는 그의 권리를 주장했다. 그는 사회적 평등 장치와 계몽의 평탄한 길로서 교육의 낭만적 개념을 문제 삼았지만, 진보적인 가르침과 배움을 사회적 변혁의 더 넓은 과정에서 잠재적으로 중요한 차원으로 보았다. 그는 종종 '지배 이데올로기'와 '지배 계급'과 같은 언어에 대한 포스트모던의 불편에도 불구하고 그런 언어를 계속 사용하면서, 사회가 점점 더 기업 엘리트 계층의 한(아주 적은) 계급의 지시로 규정되고 있는 시대에 그렇게 해야 하는 중요한 이유를 알고 있었다. 그는 모든 급진적인 특징에도 불구하고 여전히 많은 포스트모더니스트가 경멸하고 있는 인본주의 전통에 빚지고 있는 유토피아주의를 유지했다. 프레이리는 글과 세계에 대한 다양한 조망과 글과 세계의 읽기를 이야기했지만, 또한 학자들에게 텍스트의 '더 깊은 의미'를 찾도록 촉구했다. 프레이리에게는, 춤추는 기표)의 유희보다 삶에 더 중요한 것이 있었다. 즉, 그의 견지에서 표면적인 외관은 더 깊은 현실과 구분될 수 있고, 그럴 필요가 있었다. 프레이리는 문화적 차이에 대한 그의 존중이 교육자의 한 사람으로서 그에게 어떤 억압의 상황에서 개입하는 것을 막아서는 안 된다는 것을 믿었으며, 인간 존재에 대한 비판적 반성, 대화, 그리고 변혁적 활동이 가장 중요하다고 지치지 않고 거듭 주장했다.

프레이리가 본질적으로는 모더니스트로 머물러 있다는 것은 아마 '보편적인 인간 윤리'를 찬성하는 《자유의 교육학(Padagogy of Freedom)》에서 가장 생생하게 부각되고 있다.(1998c, p. 23) 이것은 본질적으로 새로운 형태의 세계 자본주의의 전개와 그에 반대하는 운동의 분열이 심해짐에 대한 반응으로 인간화의 개념을 재해석한 것이다. 프레이리는 우리가 신자유주의의 정책과 관행을 비난하는 것을 두려워해서는 안 되며, 세계화 체제에서 야비한 불평등을 유지하는 데 필요한 환상, 거짓, 이데올로기적 조작에 대해 말하는 것도 두려워해서는 안 된다고 주장한다. 신자유주의는 좀 더 완전한 인간이 되고자 하는 추구를 **왜곡**하는 것을 의미한다. 프레이리는 지구상의 모든 나라가 시장의 윤리학에 의해 '질식'하게 된다고 말한다.(pp. 24~25) 프레이리는 일상적 삶을 시장화시키는 것을 거부하기 위한 토대로 '호기심을 가지고 꼬치꼬치 캐고, 비교하고, 평가하고, 가치 부여하고, 결정하고, 관계를 끊고, 꿈을 꿀 수 있는'(p. 26) 인간의 능력을 강조하면서, 그의 초기 저작에서부터 근본적인 윤리적 원리를 반복해서 말하고 있다.

신자유주의자들은 우리 시대의 운명론적인 목소리를 지배한다. 그들은 많은 사람에게 대량 실업, 광범위한 기아, 착취, 차별, 빈곤, 비참함과 더불어 국가들의 부의 상대적 불균형이 수용되고 불가피하다고 믿게 만든다. 즉, 시장이 제공하는 '자유'에 대한 비용을 지불하는 데 필요한 대가라는 것이다. 프레이리는 그의 윤리적 우선순위에 대해 거의 의심하지 않는다. '상업의 자유'는 "인간이 될 자유보다 윤리적으로 더 중요할 수 없다"라고 말한다.(p. 116) 상업의 자유를 넘어 인간이 될 자유가 지지받으려면 입법적 변화와 국가 내 및 국가 간 생산의 사회적 관계의 변혁이 이루어져야 한다. 프레이리에 의하면, '자유화된' 무역의 가장 큰 수혜자는 다국적 자본가들이다. 공장이 다른 나라에서 생산되는 더 싼 상품과 경쟁할 수 없어서 문을 닫을 때, 수많은 사람이 고통받는다. 손해 보는 사람은 단지 공장주만 아니라 바로 노동자, 그들의 가족, 외국인 노동자(그들은 경쟁력 있는 상품을 만들 필요에 따라 더 낮은 임금을 받는다)이다. 모든 경제·사회 활동의 모델로서의 시장의 지배는 더 많은 이윤을 위한 잔인한 욕구 — '오늘날 세계를 지배하는 소수 권력자의 끝없는 탐욕' — 에 의해 주도되는 독재 정권을 구성한다.(pp. 115~116) 프레이리에게 시장 활동은 '우리 모두에게 공통적인 윤리적 규범'을 무시한다.(p. 116) 그의 견해로는, 우리의 존재론적 소명을 왜곡시키는 이러한 것을 효과적으로 분석하고 저항하고 타도하려면, 단결과 연대가 필수적일 것이다.

주

1 예를 들면, 계급에 대한 마르크스의 관점에서는, 자본주의 생산양식 아래에서 모든 노동자는 그들이 생산과정에서 맡은 소임을 수행하면서 억압받는다. 노동자들은 생산수단을 갖지 못하며 그들의 노동력을 임금과 교환하여 자본가들에게 팔도록 강요된다. 기존 산업 상황의 특수함과는 관계없이, 노동자들에게 지급되는 임금은 그들이 이런 억압적인 사이클을 깨트릴 수 있을 만큼 전혀 충분하지 않다. 오히려 그 임금은 언제나 노동자들이 먹고 생명을 유지해서 자본가들을 위해 노동을 계속할 수 있을 만큼만(즉, 잉여 가치를 창출하는 것을 지속시킬 수 있을 만큼만) 족하다. 마르크스(1976)를 보라.

제7장 프레이리안의 개입을 옹호하며

바우어스의 저술은 프레이리안 학자와 실천가에게 강한 이의를 제기한다. 만일 바우어스의 견해를 수용하면, 프레이리 교육학의 교육 원리뿐만 아니라, 서구·비서구 세계에서, 많은 교육 프로그램의 토대가 되는 가정에 대해 의심하게 된다. 프레이리는 여러 곳에서 바우어스를 간단하게 언급했지만, 그에 대해 상세한 답변을 하지 않았다. 예컨대 그는 《희망의 교육학》에서, 그와 바우어스가 1987년 7월에 오리건 대학에서 토론차 만났다고 기록하고 있다. 그들은 '거의 전반적으로' 의견의 일치를 보지 못했지만, '서로 방어하거나 비방하지 않은 채' 그렇게 할 수 있었다고 적고 있다. "우리는 단지 각자의, 상반된 입장을 주장했고, 서로의 생각에 대해 어떤 것도 왜곡할 필요는 없었다"라고 말한다.(1994, pp. 182~183) 이 장에서 개진한 주장은 같은 토론 정신에서 제기한다.

바우어스의 분석의 가장 큰 강점은 그가 제기한 문제의 중요성에 있다. 바우어스는 프레이리안의 교육에서 종종 매우 가치 있게 여기는 특징에 대해 의문을 제기하기 때문이다. 즉, 그는 비판적 반성, 확립된 신념과 권위 구조에 대해 문제 삼기, 일상생활의 대화적 문제제기, 그리고 사회 변혁에 대한 헌신이라는 특징에 대해 문제를 제기한다. 바우어스는 교사들이 직면하는 가장 깊은 우려 중의 하나인, 교육자로서 그들의 행위가 학생의 삶에 어떻게 영향을 주는가의 문제에 주목한다. 그의 저술은 다른 사람의 경험을 긍정하는 것과 부정하는 것 사이에는 항상 적정선이 있다는 것을 상기시키는 역할을 한다. 그는 연구에서 개입 문제를 중심에 둔다. 바우어스는 타인을 대변하거나 혹은 심지어 타인과 이야기하려는 데서 보이는 위험에 관한 포스트모던 이론가들의 추후의 저술을 예견하고 있다. 이처럼 바우어스는 프레이리 교육학자뿐만 아니라 모든 교육자에 대해 근본적으로 중요한 문제를 언급한다.

그리고 이런 점에서, 그의 논의는 자극적이고 유익하다.

그렇지만 나는 바우어스의 비판이 그의 구조와 주장에서 흠이 있다는 것을 보여주고 싶다. 이 장은 다섯 개의 관련 부분들로 나누어진다. 1절에서는 바우어스의 분석에서 '서구'와 '비서구' 간의 이분법과 관련한 몇 가지 어려움을 검토한다. 바우어스가 다양한 서구의 사상과 실천을 동질화하는 문제에 집중하고, 비서구와 전통문화를 낭만적으로 묘사하는 위험에 대해 주목한다. 이어 2절에서는 프레이리와 치페위안족 간의 비교를 논의하고, 이것을 매우 문제가 있는 것으로 본다. 3절과 4절은 교육, 개입, 그리고 변화 간의 관계를 말한다. 나는 근본적 교육 목적으로서 변화의 중요성을 강조하고, 불개입주의 교육 제도에서 잠재적인 긴장과 모순을 집중적으로 비추어본다. 그리고 억압의 상황에서 프레이리안의 교육적 개입이 촉발한 특별한 **형태**의 변화를 옹호한다. 마지막으로, 나는 바우어스의 문화적 보수주의에서 볼 수 있는 몇 가지 위험을 지적한다.

서구와 비서구 문화

바우어스는 프레이리안의 교육 성격에 대한 그의 주장을 뒷받침하고자, 일반적인 '서구'라는 범주를 채택한다. 예를 들어, 그는 '서구 문화', '서구화하는 의식의 방식', '서구적 인식', '진보적 변화에 대한 서구적인 가정', '서구 사상의 지배적 유형', '전통적 서구 사상의 유형', '서구적 사고방식', '서구적 문해의 관점', 그리고 '서구적인 이데올로기'를 말한다.(1983, pp. 935, 937~940, 947, 949, 951) 이것은 문제가 있다. 바우어스가 서구적인 의식의 방식, 인식, 사고 유형, 사고방식 등을 언급하는데, '서구'라는 용어를 지나치게 구체적으로 단정하여 서구 사상에서 여러 다른 이론적 관점 간의 복잡성, 모순, 그리고 깊은 불일치를 적당히 얼버무린다. 획일적인 서구적 사고방식, 단일한 서구 사상의 지배적 유형, 전형적으로 서구적인 문해의 관점이라는 것은 전혀 있을 수 없다.

　서구 사상과 행위의 방식에서 그런 동질성을 가정함으로써, 바우어스의 몇 가지 예는 불합리한 것이 되어버린다. 예컨대 그는 로드 그레이더(road grader: 땅을 고르는 차)를 운전하는 방법을 배우는 것에 대한 치페위안족과 서구인 간의 차이를 묘사한다. 바우어스는 "서구의 방법은 … 작동 매뉴얼을 읽고 다른 사람에게 작동 단계를 설명하는 것을 듣는 것을 포함할 것이다"라고 주장한다.(p. 940) 반면에, 치페위안족은 아주 다른 방식을 사용했다.

　　그들은 길 한편에 앉아 로드 그레이더를 운전하는 것을 지켜보았다. 며칠 지켜본 후, 그는 능숙하고 쉽게 그레이더를 운전했다. 그와의 인터뷰에서 … 그가 그 기계를 작동하는 방법을 설명할 수 없었다[는 것이 밝혀졌다]. 그는 통합적인 사고방식으로 직접적인 경험에서 배울 수 있었다. 그리고 추상적으로 운전을 설명할 수 있는 것, 즉 우리가 이해하는 지식을 갖는 것이 소용없었다. 특히 그들 자신의 경험에서 배운 것만을 믿을 수 있다고 하는 치페위안인의 관점에서는 그러했다. (p. 940)

이 사례가 보여주는 방식은, 마치 서구인들이 여태까지 직접적인 경험, 혹은 실천적인 본보기, 혹은 비형식적인 도제를 통해서는 전혀 배우지 않는 것처럼 보인다. 바우어스는 모든 혹은 거의 모든 서구인이 추상적이고, 인쇄물에 의하며, 직선적인, 혹은 완전히 같은 방식으로 배우는 학습 방법을 사용한다는 것을 우리에게 믿게 하려고 한다. 그는 심지어 과제가 그레이더를 운전하는 것과 같은 명백히 실천적인 것인 경우에도 그렇다고 한다. 바우어스가 프레이리를 비판할 때, 하나의 공격 무기로 바로 '그' 서구적 일 처리 방식에 대한 언급을 이용하는 것을 보면, 이런 예는 매우 아이러니하다. 왜냐하면 프레이리는 경험을 통한 배움을 옹호한 유명한 사람이기 때문이다. 프레이리의 성인문해 교육 접근법은 참여자들의 실존적 현실에서 직접 나오는, 혹은 관련된 어휘, 주제, 코드화를 중심으로 형성되었다.(Freire, 1976, pp. 41~84; 1972a, pp. 81~95; 1972b, pp. 29~47을 보라) 내가 2장에서 주장한 바와 같이, 프레이리는 완전히 **반**추상적인(antiabstract) 지식 이론을 주창한다. 프레이리의 관점에서, 지식은 오직 실천적 경험, 즉 타인과의 상호작용과 객관적 세계와의 상호작용을 통해서 획득할 수 있거나, 혹은 더 정확하게, 확실하게 구성될 수 있다.(참조. Freire, 1976, p. 99) 서구 사람은 전통적이고 비서구적인 사회 사람이 하는 것처럼, 엄청나게 다양한 방법으로 세계를 이해한다. 프레이리가 인정한 것처럼 서구에서 한 가지 학습, 이해, 혹은 교육 방법은 전혀 없다. 프레이리는 비판적·대화적·프락시스적·문제제기 등의 접근 방법을 지지한다. 또한 서구에서는 이와는 다른 방법도 널리 보급돼 있는데, 그것은 바로 프레이리가 비판한 것들이었다. 예컨대 프레이리는 반대화적이고 권위주의적인 학습 방법에 대해서 매우 비판적이었다. 그리고 그는 학교와 다른 기관에서 흔히 이론과 실천이 분리된 것이 안타깝다고 말했다.

(짐작하건대) 바우어스 자신이 서구적인 가정에 맞지 않는 입장을 보인 것은 서구의 사고방식에 대한 자신의 주장과는 모순된다. 비록 바

우어스는 그 자신 또한 서구적인 사고의 범주를 '완전히 피할 수 없음'을 인정하면서도,(Bowers, 1983, p. 944) 서구의 무대에서, 아주 많은 서구의 독자에게, 그의 서구적인 출판물에서 보여준 분석에서 서구적 가정에 어긋나는 입장을 취하려고 한다. 바우어스는 자신이 흐름에 거스르는 외로운 투사라는 모습을 보여주지 않고자, 여러 논문에서 여러 학자의 작품을 인용함으로써 '바로 그' 서구적인 전통 안에서는, 개인주의, 자유 합리주의, 그리고 그가 매우 반박하는 마르크스 역사관을 급진적으로 반대하는 견해를 주창한 사상가가 여럿이라는 많은 증거를 제시한다. 물론 바우어스 자신과 그가 말한 작가들 외에, 말 그대로 많은 사람이 바우어스가 다룬 서구 학문 안에 있는 요소들에 대해 상세한 비판을 가했고, 많은 경우에 그에 대한 대안을 주창했다.

바우어스는 이데올로기적이고 물질적인 힘이 문화적 관행, 태도, 사고 유형에 대해 영향을 준 모습에 대해서는 거의 언급하지 않는다. 그는 여러 곳에서(예컨대 p. 935) 서구 문화의 '헤게모니적인' 영향에 대해 말한다. 비록 그가 '헤게모니'의 개념이 그의 설명에서 무엇인지에 대해 상세하게 말하지 않지만, (예컨대 그것이 고전적인 그람시의 표현과 매우 유사한 것인지, 혹은 어떤 다른 출처에서 나온 것인지) 그 의미는 '서구 문화'를 대표하는 깃들이 종종 비서구 문화 사람들의 의식을 식민화시켰고, 의식적이거나 무의식적으로, 전통적 신념 구조가 자리 잡은 곳에서 서구적 사고방식을 강요했다. 바우어스는 이데올로기에 관해서는 더더욱 이야기하지 않는다. 그러나 그는 언젠가, 그가 인본주의 이데올로기에 의해 길들어져 있었다는 것을 인정한다.(p. 949) 그리고 그는 프레이리가 이와 마찬가지로 서구적 사고방식에 있는 자유주의, 실존주의, 마르크스주의, 그리고 인본주의 가닥에서 그의 사상이 형성되었다는 것을 분명히 말하길 원한다. 바우어스의 주장에 따르면 사실, 프레이리는 이런 서구적 전통에 너무 빠져 있어, 그의 교육사상에 (만연해 있는) 서구적 전통의 영향을 일일이 찾아낼 수는 없다.

그러나 바우어스는 이데올로기적인 과정이 전통적이거나 비서구적인 사회에 태도·실천·관념을 형성하는 데 작동하는 방식에 대해서는 사실상 전혀 말하지 않는다. 그는 전통사회에 관한 언급에서, 사회적 실천과 의식 형성에 특히 탈맥락적·탈정치적·반역사적인 관점을 채택한다. 이데올로기·헤게모니·지배는 모두 서구사회와 서구적 사고방식의 특징으로 보인다. 비서구와 전통사회에서는, (바우어스의 설명에서는) 이상하게도 이런 특징이 없는 것으로 보인다. 그는 서구 문화에 대한 모든 것이 바람직하지 않다고 주장하지 않지만, 확실히 서구적 사고방식에 문제가 있는 것이 많다는 것을 발견한다. 반면에 비서구 문화는 바우어스의 이분법에서 그의 반대 측과 비교하여 사실상, 거의 '깨끗할' 정도로, 흠이 없는 것으로 보인다. 바우어스는 이런 비판을 예상하지만,(p. 943) 그것을 언급하지 않고, 자신이 전통문화를 낭만적으로 묘사하고 공동체의 이상화된 관념을 설정한다는 비난을 받도록 내버려둔다.

프레이리와 치페위안족

바우어스는 프레이리의 저술이나 그의 실천에서 확인되지 않은 많은 생각을 프레이리의 것으로 돌린다. 부분적으로, 이것은 다양한 지적 전통, 실천과 삶의 방식을 명백히 두 개의 대립하는 그룹으로 분해하는 수사학적 장치의 결과이다. 두 개의 대립 그룹은 서구와 비서구이다.

바우어스의 주장은 적어도 프레이리의 철학과 교육적 실천에서 중추적인 가정에 관한 한, 프레이리가 전자와 함께 있다는 것에 의존한다. 치페위안족은 외관상 '서구적' 사고방식을 약화시키는 것에서 프레이리와는 논리적인 '타자'로 반대편에 있다. 프레이리는 일종의 '연관'에 의한 유죄를 받는다. 거기에서는 연관의 양상과 그가 관련됐다고 주장한 연관에 대한 묘사가 의심스럽다. 가장 근본적인 수준에서, 프레이리의 접근과 치페위안족의 신념 구조를 비교하는 그 자체가 문제가 된다.

바우어스는 서구적인 사고의 가닥으로 프레이리와 관련짓는다. 이런 입장에서 어떤 문제에 대해 언급하고, 그다음, 요컨대 "만일 프레이리의 교육 형태가 치페위안족의 맥락에 적용한다면 어떨까?"라고 묻는다. 다음에, 바우어스는 어떻게 해서 프레이리의 이론과 치페위안족의 현실 개념이 서로 잘 맞지 않는지를 보여주려고 논의를 전개하고서, 서구적 사고방식에 이미 부분적으로 동화되지 않은 이슬람 문화나 치페위안족과 같은 문화에서 '프레이리의 교육'을 '사용'하는 것은 문제가 있을 것이라는 결론을 내린다.(p. 943) 그런데 바우어스의 비판은 프레이리의 교육 프로그램이 작동하지 않는 부분에 대한 교훈을 얻을 수 있을 뿐이다. 그러나 바우어스는 이 점을 지적하면서, 탈맥락화의 위험에 대한 프레이리의 경고에는 주의를 기울이지 않는다.

프레이리는 (내가 아는 한) 치페위안족의 맥락에 관해 전혀 자세한 언급을 하지 않았다. 그리고 그는 분명히 치페위안족 사람들과 함께 공부하는 데 그의 교육학을 결코 '이용'하지도 않았다. 여기 '이용'이라는 용어에 속하는 문제는 제쳐놓고, 주요한 교육적 조치를 위한 각 환경을 적절한 역사적·사회적·문화적 맥락 속에서 다루어야 한다는 프레이리의 주장을 인정하는 것이 중요하다. 치페위안족의 세계관에 핵심적인 것으로서 바우어스가 말한 요점은 프레이리의 윤리적 이상의 요소와는 확실히 서로 어긋난다. 그러나 프레이리는 그들 신념을 어떻게 해석하거나 그에 대해 반응할 것인가에 관해 언급하기 전에, 만일 성인문해 교육에 대한 그의 방법을 증거로 삼으려면, 그는 앞으로 그와 함께 공부할 사람들에게서 어떤 것을 배울 기회를 먼저 얻어야 한다고 주장했을 것이다. 예컨대 프레이리는 치페위안족 사고의 '묻지 않기'와 '불개입주의'의 특성에 대해서는, 그들이 자극을 받아야 할 것인가와 어떻게 자극을 받아야 하는가에 대한 어떤 결정을 내리기 전에 그런 특성이 발달해온 **방식**을 검토해야 할 것이라고 말할 것이다. 이것은 치페위안족 사회를 특징짓는 더욱 넓은 문화적·사회적 관습, 구조, 관행, 그리고 관계와 관련하여 이런 사고방식을 고려하는 것을 포함할 것이다.

프레이리가 그의 교육사상은 결코 이 맥락에서 저 맥락으로 단순히 넘기거나 바꾸어 놓아서는 안 된다는 거듭된 경고에도, 그리고 프레이리는 치페위안족 문화의 복잡성을 결코 논의한 적이 없었다는 사실에도 불구하고, 바우어스는 다음과 같이 단호하게 말한다.

> 만일 캐나다에서 혁명 사회주의 정부가 집권하여 프레이리에게 치페위안족에 그의 성인문해 프로그램을 사용해달라고 부탁한다면, 그는 분명히 역사의 억압에서 다른 집단을 해방할 기회로 환영할 것이다. 비록 대화 교육을 하더라도, 그 교육은 가장 근본적인 형태의 문화적 개입을 포함할 것이다. (p. 942)

그러나 이것은 순전히 사변(思辨)이다. 왜냐하면 바우어스와 프레이리는 치페위안족이 억압받고 있는지(받아왔는지)와 어떤 점에서 그런

지를 전혀 입증하지 않았기 때문이다. 대화가 어느 정도로 가능할지와, 그리고 대화가 지닐 정확한 형태는 제안된 교육 프로그램의 성격을 마땅히 고려하고, 오직 치폐위안족 생활의 구체적 현실에 대한 평가에 따라 판단할 수 있다. 바우어스가 치폐위안족의 '인식의 통합적 형태'와 프레이리가 경험의 일상적인 흐름으로부터 합리적 거리 두기를 강조하는 것 간에 차이를 둔 것 또한 문제가 있다. 바우어스는 "동일한 유형의 사고가, 극단으로 갈 때, 추상적-이론적 사고력을 물화한 전문기술자의 행위에도 표현된다"라는 프레이리의 견해에 대해 주목한다.(p. 941) 바우어스는 프레이리가 추상적 이론의 비변증법이고 권위주의적인 성격을 '매우 비판하지만', 그럼에도 '그의 교육에 기초가 되는 문화적 인식은 그가 비판한 기술공학적인 문화의 극단적인 형태로 쉽게 나아갈 수 있는 동일한 인식론적인 가정에 토대를 두고 있다는 것'을 주장하고 있음을 인정한다.(p. 941) 그러나 중요한 점은 프레이리가 합리적/비판적 사고 과정에 관한 그의 생각을 그리고 특히 인간이 그의 사회 환경으로부터 '거리 두기'의 개념에 속하는 생각을 기술공학적 형태의 합리성으로 확대하지 않았다는 점이다. 프레이리는 인간은 바우어스가(p. 941) '현재 진행 중인 경험 흐름'이라고 부른 것(McLaren and da Silva, 1993)에서 자신을 결코 완전히 분리할 수 없다고 주장했을 것이다. 비록 프레이리와 전문기술자들이 모두 합리적 거리 두기에 대한 비슷한 전제에서 시작한 것이 설령 사실이라고 하더라도, 바우어스가 제시한 관련성을 끌어낼 논리적 근거는 전혀 없을 것이다. 왜냐하면, 합리성에 관한 프레이리의 입장에 그의 의미를 부여한 많은 **다른** 이론적 가정들(대화, 지식의 성격, 변증법적 사유 등)은 기술공학적 입장과는 극명하게 대조를 보이고, 그리고 몇몇 경우에는 정반대가 되기 때문이다.(이 책의 2장과 8장을 보라) 합리적 거리 두기에 대한 근본적 전제는 '극단적 형태의 기술공학적 문화'로 이어질 수도 혹은 이어지지 않을 수도 있다. 그리고 프레이리 관점에서 보자면, 이들 전제는 명백하게 극단적인 기술공학적 문화로 이어지지 않는다.

교육, 억압, 그리고 개입

이제 프레이리의 교육적 개입과 직접 관련된 바우어스의 분석적인 모습을 보고자 한다. 바우어스는 프레이리의 교육접근은 변화에 대한 '편견'을 갖고 있다고 주장한다.(Bowers, 1983, p. 942) 그러나 어느 교육프로그램, 그리고 실제로는 어느 교육적 과정에 대해서도 동일하게 말할 수 있다. 다양한 자유주의 그리고 급진적 입장에서, 그리고 어떤 보수적인 설명에서도 마찬가지로, 교육은 반드시 교육받은 사람들을 변화시키는 것에 관계한다. 실제로, 변화란 교육에 관한 언급에서 서로 다른 이질적인 집단들을 함께 묶어주는 소수의 주제 중의 하나다. 비록 그런 변화의 성격과 방향에 대해 심히 이견을 보일지라도, 그리고 그 성격에서 개인적인가 혹은 사회적인가 혹은 구조적인지에 관한 질문에 대해 불일치가 있더라도, 교육적인 문제에 관한 대부분 논평자는 어떤 종류의 변화가 교육을 통해 일어나야 한다고 주장한다. 따라서, 만일 '프로그램'이라는 용어가 구조화된, 조직적인 교육 형태나 교육제도를 의미한다면, 변화는 늘 기본적인 목적이 되고 개입은 논리적인 필연이다. 학교에서든, 감옥에서든, 노인을 위한 교육에서든, 성인과 함께하는 교육에서든, 어디서 교육 프로그램을 검토하든지 간에, 사람들의 참여나 개입의 결과로서 어떤 방식으로든 그들이 변할 것이라는 가정을 하지 않으면, 그것은 하나의 프로그램이 될 수 없을 것이다.

바우어스는 프레이리가 비판적 반성, 질문하기, 문제제기를 통한 변화의 중요성을 강조한 것을 특히 비판한다. 만일 묻지 않기의 원리를 지지한다면, 그리고 그 원리가 불개입의 정책과 결합될 경우, 무엇을 '교육의 과정'으로 적절하게 간주할 수 있는지 생각해보는 것이 교육적이다. 한 가지 가능성은 그 교육적 과정은 기존 형태의 지식을 전달하는 것이 된다는 것이다. 여기서 전달의 개념이 문제가 된다. 왜냐하면 이것은 전달자와 아이디어를 전달받는 사람을 수반하기 때문이다. 즉, 그런 관계는 불개입의 요건에 의해 배제된다. 심지어 '현존 지식'을 물려주는 더 넓은 개념도 거부되어야 한다. 왜냐하면 이것은 여전히 물려주고 물려받는 행위를 하는 사람을 수반하기 때문이다. 그러므로 교육적 과정을 경험으로 널리 인정된 신념, 가치, 실천 등을 획득하거나 **배우는** 활동으로 말하는 것이 더 정확할 것이다. 만일 불개입의 정책을 엄격하게 적용하면, 이것은 완전히 자발적인 과정이 되어야 한다. 심지어 성인들이 예컨대 아동을 신체적 상해로부터 보호하는 정책을 무시하는 경우가 생길지라도, 치폐위안족 사례처럼, 아동의 행위에 대해 '거의 통제하지 않는 것'이 성인의 일반적인 태도가 될 것이다.(Bowers, 1983, p. 940) 개개인은 대개, **원리상으로**, 그들이 원할 때, 좋아하는 대로, 하고 싶은 것은 무엇이든지 자유로이 배울 수 있을 것이다.

그러나 만일 아동이 '그들 자신의 경험으로 배울 수 있도록' 권장하는데, 한 아동이 이런 경험을 토대로 기존의 어떤 신념 체계를 문제시하거나 도전한다면 어떻게 될까? 이것은 딜레마를 제기할 것이다. 왜냐하면 불개입의 책무를 따르자면, 아무도 그런 문제제기를 금지하거나,

심지어 문제제기를 단념시키기 위해서 끼어들어서는 안 되기 때문이다. 바우어스는 치페위안족은 신념을 문제제기하고 재협상하는 것으로 가는 상황에 처하지 않도록 노력한다고 지적한다.(p. 941) 그렇지만 그런 경우를 완전히 피할 수 있을 것 같지가 않다. 실제로, 아동들이 흔히 일상생활의 이상한 점들을 자연스럽게 탐구하면서 보여주는 호기심이 있다면, 비록 비교적 덜 정교한 방식이지만, 기존의 신념, 생각, 실천, 그리고 권위의 형식에 대한 문제제기가 매우 자주 일어날 수 있을 것이다. 성인의 경우, 만일 문제제기를 단념하도록 했음에도 불구하고, 한두 사람이 일반적으로 인정된 견해나 현재의 실천 양식에 대해 문제를 제기**했다면**, 이런 문제제기를 비난하고자 취할 수 있는 조치는 무엇인가? 문제제기나 신념의 재협상을 저지하기 위해 **어떤** 조치를 한 순간, 불개입의 원리는 무너져버린다. 이와 비슷한 어려움은 집단의 한 구성원이 다른 사람들의 행위(예컨대 아동을 돕는)에 개입**했던** 상황에서도 일어날 것이다. 만일 그 집단의 다른 구성원들이 이런 개입을 막기 위해 개입한다면, 불개입의 원리는 침해된다. 반면에, 만일 그들이 개입하지 않는다면, 이것은 원래의 개입을 계속하도록 허용하는 것이다. 바우어스는 치페위안족 사회 분석에서, 그런 모순을 해결할 방안이나, 혹은 그들을 정당화할 수 있는 경우나, 또는 주어진 환경 아래 타인을 무시하는 원리가 무엇인지에 대해서는 전혀 아무런 말을 하지 않는다.

이들 문제에 대한 답을 스콜론과 스콜론(Scollon, R and Scollon, S. B. K)의 《언어적 수렴(Linguistic Convergence, 1979)》에서 찾아볼 수 있다. 이 책은 바우어스가 치페위안족 문화를 논의하는 데 인용한 책이다. 스콜론과 스콜론은 치페위안족 아이들은 광범위한 성인들의 활동을 관찰하는 기회를 얻고, 그리고 심각한 상해의 위험이 있을 때만 제한받는다고 말한다. 아이들은 성인들이 보여준 불개입의 모델을 모방할 것으로 예상된다. 그리고 '성인들에 의한 개입은 매우 심각한 문제로 여겨진다.' 학습은 두 가지 의미에서 불개입적이다.

> 교육자로서, 교사는 학생의 행위에 직접 개입하지 않는다. 아이는 … 교사 측의 적극적인 개입이 없이 보고 배우도록 기대한다. 반면에, 학습자는 작동에서 직접적으로 개입하지 않은 채 사물을 다루는 방식을 배우도록 기대한다. 즉, 학습은 전체론적(holistic)이고 점진적(incremental)이지 않다.[1] (p. 202)

여기서 우리는 프레이리의 교육 개념과는 뚜렷한 대조를 분명히 보게 된다. 프레이리(1998c, p. 99)는 교육을 '세계에 개입하는 특별한 인간 행위'로 본다. 이 맥락에서 사용했던 개입이라는 용어는 특별한 정치적 집단의 행위나 한 형태의 교육에 국한되지 않는다. 좌파 급진주의자들과 우파 반동주의자들 모두 그들이 교육할 때 개입자가 된다. 교육 개입은 혁명적인 사회적 변화의 형태를 띨 것이지만, 그것은 또한 인간관계, 사고방식이나 소규모 집단 간의 행위 양식에서 교묘한 변화로 예시될 수도 있을 것이다. 프레이리의 입장에서, 교사나 교육자(프레이리는 이 용어들을 서로 바꾸어 사용한다)는 타자의 삶에 개입하게 되는 권리와 **책임**을 갖는다. 모든 형태의 가르침은, 형식적 수업에서 직접

---

1) 전체론적 학습은 아동들이 그들 자신의 문제를 스스로 해결하려는 동기를 강조하고, 학습이 교사의 자극과 아동의 반응의 단순한 결합으로 구성된다는 전제에 의문을 제기한다. 경험은 항상 분리된 세부사항의 합에 반응하는 것이 아니라 자극의 복잡한 양상에 반응하도록 구조화된다. 아동은 그런 경험에서 자극을 분리된 부분들이 아니라 조직화된 전체로 지각한다고 본다. 존 듀이의 경험 중심 학습이론이나 브루너의 발견학습이 전체론적 모델 학습에 속한다.

적인 가르침이든 비형식적인 환경에서 모범에 의하든 간에, 개입적이다. 케빈 해리스(Kevin Harris)는 이와 비슷한 입장을 취한다.

> 단순한 현실은 누구도 교사가 되어서 중립적으로 선택을 제시하거나, 평온을 영원하게 유지할 수 없다는 것이다. 가르침은, 저널과 서적과 같은 매우 특권적이고 합법화된 맥락에서 그들의 사례를 언급하는 학문을 포함할 수 있어… 개입적일 수밖에 없다. 즉, 자신의 입장을 말하고, 가장 약한 자의 처지에서 자신의 생각을 '의제에 넣으며', 그리고 권력과 생득적 지위에서 나온 특권적 위치에서 그렇게 하는 것을 배제할 수 없다. (1990, pp. 180~181)

만일 '교육자'가 타자들이 그에게서 배울 것을 의도하거나 희망하는 사람이라면, 혹은 어떤 점에서는 교육적인 관계에 참여하는 데서 이득을 보려고 하거나 희망하는 사람이라면, 그런 사람은 엄격하게 불개입적인 시스템에서는 존재할 수 없다. 심지어는 '촉진자'가 된다는 개념도 배제되어야 한다. 왜냐하면 타자들이 배우는 조건을 설정하려고 하는데서 생기는 개입의 요소가 여전히 있기 때문이다. 사실, 그 어떤 종류의 고의적인 지도의 낌새도 전혀 없을 수 있다. 왜냐하면 학습 과정에서 의도적인 지원은 타자의 삶에 개입이 있어야 하기 때문이다. 프레이리가 볼 때, 그런 조건에서는 교육의 모든 과정을 포기해야 한다. 프레이리는 "만일 우리가 아무것도 제시하지 않거나, 단순히 제시하기를 거절한다면, 우리는 실로 교육의 실천과는 아무 관련이 없다"라고 주장한다.(Freire and Faundez, 1989, p. 34) 프레이리에게 문제는 '교육자로서 어떻게 타자의 삶에 개입하기를 피할 수 있을 것인가가 아니라, 이런 개입이 어떤 형태를 취할 것인가?'이다.

　치페위안족 사회에서 교육과 불개입의 관계를 언급하는데, 매우 중요한 것은 '교사'와 '교육자'의 용어를 어떻게 이해하고 있는가이다. 프레이리와 해리스에게는, 가르침은 반드시 개입적인 과정이다. 만일 가르침에 대한 그들의 입장을 따른다면, 스콜론과 스콜론이 치페위안족 아이들이 배우는 어른들을 가리켜 '교사'라고 부른 것은 잘못된 것으로 보아야 하거나, 혹은 치페위안족 사회에서 배움이 불개입적인 것이라는 주장에도 불구하고 개입의 요소는 여전히 존재한다고 보아야 한다. 후자일 경우, 그것은 바우어스와 스콜론과 스콜론의 치페위안족의 태도와 관행에 대한 설명에서 문제가 있는 것으로 볼 수 있는 적절한 근거가 된다. 이런 주장을 고려하면, 스콜론과 스콜론(그러나 바우어스는 아닌)이 묘사한 장면의 실체가 드러난다. 스콜론과 스콜론은 치페위안족 문화에서는 '자신과 거리를 두는 것(관조하기)'이 잘못된 것이라고 지적하면서, 아기가 거울 속에 비친 자신을 보고 있었기 때문에, 아기의 인형에 위에 있는 거울을 테이프로 붙였던 한 어머니의 사례를 상기시킨다.(1979, p. 188) 이 장면은 스콜론과 스콜론이 치페위안족의 '미개간된 의식'이라고 부른 중요한 특징이 개입의 기로에 선 상황에서, 개입이 실행되고, 그것이 징당하다고 인정되는 것임을 보여준다. 이 사례에서, 개입은 아기가 치페위안족의 통합적 세계관과는 모순되었던 일종의 반사적 행동을 못 하도록 하는 데 필요한 것으로 보였다. 아동이 치페위안족 사고의 예측불허의 무질서하고, 통합적이며, 개인주의적이고, 불개입적인 측면을 배우는 데 필요한 여건을 만들고자, 치페위안족 어른들은 일종의 교육적 개입을 실행한다.[1] 따라서 특정한 때, 어떤 종류의 개입은 어떤 면에서 아동이 성인과 같이 최소한 개입자가 되게 하는 데 필요하다. 따라서 치페위안족이 불개입적이라기보다는, 오히려 그들이 행사한 개입의 **종류**가 프레이리가(그리고 다른 사람들이) 실천했던 것과는 다르다고 말하는 것이 더 정확할 것이다. 이제 프레이리가 브라질에서 1950년대 후반과 1960년대 초에 주도했던 특별한 형태의 개입이 정당화될 수 있었는지의 문제를 살펴보고자 한다.

억압 상황에서 교육적 개입

바우어스는 불개입의 사례를 만들면서, 프레이리(그리고 그 밖에 다른 교육자)가 직면한 가장 어려운 어떤 실천적·윤리적 문제를 효과적으로 회피한다. 만일 그가 프레이리의 입장이었다면, 그는 어떻게 했을 것인가? 프레이리가 국제적으로 인정을 받았던 문해 프로그램에서는 바우어스의 분석이 의존했던 집단인 치페위안족을 다루지 않았지만, 그는 대부분이 심히 가난했던 1960년대 초 브라질의 문맹 성인들을 다루고 있었다. 브라질의 역사를 잠깐 살펴보는 것도 진지한 읽기에 도움이 된다. 1956년과 1961년 사이 브라질은 급속한 산업 발전에도 불구하고, 대부분의 부가 여전히 상대적으로 극소수의 사람들 수중에 집중되어 있었다. 1960년에는 총인구에서 하위 50%의 국민소득의 몫이 단지 14.5%에 불과했다. 최하위 10% 소득층은 단지 국부의 1.9%를 벌었다. 1970년에 이들 수치는 하위 50%와 최하위 10%가 각각 13.9%와 1.2%로 더욱 감소했다.[2] 도시와 농촌 지역 빈민들은 무서운 고난을 감내했다. 특히 1960년대 초에 브라질 북동부는 '실로 끔찍한 사회적 조건, 즉 고통의 6만 제곱마일'로 특징지어졌다.[3] 프레이리가 국가 문해 프로그램의 책임자로 임명되기 직전 북동부지역에서 평균 칼로리 섭취량은 겨우 생명을 유지할 만큼의 수준이었다. 기대 수명은 남자는 28세, 여자는 32세였고, 유아는 한 살이 되기도 전에 흔히 사망했다.[4] 프레이리는 매우 심각한 영양실조가 정신 능력에 영구적인 손상을 초래한다고 말한다.(1972b, p. 62) 높은 질병률과 더불어 수준 낮은 주거 환경, 그리고 기본 위생 관행에 대한 최소의 시설까지, 브라질 빈민의 생활 여건은 실로 견디기 어려운 것이었다.

프레이리는 세계를 '주술적'으로 보는 끔찍한 상황에 지배받는 사람들은 브라질의 역사 배경에 비추어서 살펴볼 필요가 있다고 주장한다. (다음 장은 프레이리가 확인한 다양한 의식 수준에 대해 자세하게 논의한다.) 프레이리의 말에서, 반쯤-고착된(준변화불능적) 의식(Semi-intransitive consciousness)은 '역사적으로 사회적 구조에 의해 조건화된 의식'이었다. 그것은 하나의 **피지배** 의식이었다.(p. 62) 주술적 혹은 반쯤-고착된 사고의 특징, 즉 수동성, 숙명론, 문제 해결을 높은 권력자들에게 돌리는 것은 몰역사적인 진공 속에서는 존재하지 않았다. 오히려 이 모든 것은 권력이 불평등하게 구조화되어 있었던 관계 안에서 나타났다. 지배 그룹들, 즉 여기서는 지주, 교회 보수 우익, 그리고 신흥 기업 엘리트 계급에 대해 언급할 수 있는데, 이들은 타인의 삶에 막강한 영향력을 행사했고, 문맹 성인들(다른 그룹들 가운데)이 행동하고 생각할 수 있는 조건을 제한했다. 프레이리는 지배 계급은 동료 인간의 비참함에 무감각을 키워나가고, 타인들의 경험한 배고픔과 빈곤을 인정하기를 거부한다고 주장한다.(1996, p. 112; 1997a, p. 65) 타인들이 주술적인 용어로 생각하기를 조장했기 때문에, 농민들은 그들 자신의 물질적 지배를 '변명'했을 뿐만 아니라 강화했다. 이에 따라 **의**

도적인 것은 아닐지라도 그들은 그들을 억압했던 바로 그 체제를 영속시키는 데 일조했다.

물론 억압적 구조와 관행에 대한 농민의 저항 정도를 무시하거나 과소평가하지 않는 것이 중요하다. 프레이리는《정치와 교육(Politics and Education)》에서 이런 것을 피억압자의 '핑계'라고 일컫는다. 교육자들은 '파티, 춤, 농담, 신화, 기도, 두려움, 의미론, 구문론, (그리고) 신앙심'을 포함한 다양한 형태의 민중 저항을 이해하고 연구하는 데 중요한 역할을 한다.(1998b, p. 47) 집합적으로, 이들 행위는 잠재적, 흔히 숨겨진 형태의 계급 투쟁을 구성한다.[5] 그러나 그런 형태의 저항은 무시해서는 안 되지만, 그리고 새로운 더 민주적인 사회 체제를 건설하는 데 잠재적으로는 중요할 것이지만, 한계를 지닌다. 프레이리는 "단순한 저항적 태도나 행동은 정당한 분노에 대한 불가피한 반응이지만, 그것으로는 충분하지 않다"라고 말한다.(1998c, p. 74) 저항적 의식은 아직 혁명적 의식이 아니다.(Freire, 1996, p. 118) 피지배 집단이 저항의 표현이 잔인한 보복과 더욱 억압적인 현실의 전개에 부딪힌다는 것을 발견하면 공포의 벽이 만들어질 수 있다. 교육자들이 만일 조심하지 않는다면, 공포의 장벽을 무너뜨리는 대신에 그것을 강화할 수 있다.

억압자와 그들의 지배 폭력이 너무 가혹해 민중 계급에 일종의 실존적 피로감을 낳고 있으며, 이것이 이번에는 하나의 가능한 프로젝트로서 내일에 대한 생각을 상실해버린 … 역사적인 기억상실증과 연관되어 있다. 내일은 오늘의 반복이 되고, 오늘은 언제까지나 늘 폭력적이고 사악하다. (Freire, 1998c, p. 48)

이것은 바로 프레이리가 1950년대와 1960년대 브라질 일부 지역에서 마주한 것이다. 많은 민중 그룹은 불평등한 사회의 폭력에 너무 억눌려서 '미래'에 대한 생각은 상상할 수도 없었다. '절망과 체념의 영원한 증여'로 환원된 역사를 지니고 '억압받는 손자가 그의 할아버지의 고통을 되풀이하는' 이런 상황은 오늘날에도 브라질 북동부지역에서 지속하고 있다.(Freire, 1997a, p. 45)

그렇다면 프레이리는 이런 상황에서 무엇을 해야 했을까? 그 어떤 종류의 개입이 없이는, 상황은 변하지 않을 것이다. 실제로 상황은 계속 나빠질 수 있다는 증거가 있었다.[6] 프레이리는 상황에서 손을 떼고, 상황을 무시하며, 전혀 개입하지 말아야 하는가? 혹은 이런 상황에서 모종의 개입은 정당화되어야 했는가? 만일 그렇다면, 이것은 어떤 방향을 취해야 하는가? 바우어스는 사실상 이 문제에 대해 아무런 언급을 하지 않았다. 하지만 이 문제는 윤리적인 입장과 교육적인 입장에서는 확실히 중요하다. 바우어스가 지적한 바와 같이, 만일 프레이리가 많은 문맹 성인들이 억압받고 있다는 것을 확신한다면, 프레이리의 철학적·윤리적·교육적 입장에서 볼 때, 이런 억압적 상황의 변혁을 지향한 개입은 반드시 있어야 한다.(참조. Freire, 1998c, pp. 72~73) 프레이리는 "나는 굶주리는 사람들의 고통에 무관심할 수 없다. 그리고 나는 그들에게 그들의 상황이 신의 섭리라고 말해서 안 된다. 그것은 거짓말이다"라고 말한다.(1997a, p. 45) 프레이리는 그의 입장을 명확히 하려고 한다.

분명히 그것은 착취당해 온 빈민층을 선동해서 반란, 동원, 조직, 세계 뒤흔들기에 참여하도록 하는 문제와는 다르다. 사실 그것은 문해이든 보건이든 복음이든 어떤 특정 영역에 참여하는 문제이며, 그 영역에서 구

체적으로 일어날 폭력과 극단적 불의에 대해 각 집단의 양심을 건설적,
비판적 방식으로 일깨우려는 노력이다. (1998c, p. 75)

바우어스는 대개 억압의 문제를 회피하는 것 같이 보인다. 즉, 그에
게 최고의 관심은 집단의 문화를 존중하려는 것이다. 그러나 프레이리
에게는, 그가 다루고 있는 사례에서(모든 사례는 아니지만)는 '문화에
대한 존중'을 이유로 움직이지 않는 것은, 현상에 대한 사실상의 지지,
따라서 억압적 상황의 지속에 대한 지지가 되어버린다. 바우어스는 프
레이리의 문해 프로그램이 서구의 지배를 영속시킬 것이라고 주장하
지만, 프레이리는 이 점에서는 판을 뒤집었을 것이다. 프레이리는, 만일
바우어스가 같은 환경에서 아무것도 하지 않는다면, 스스로 지배를 강
화한다는 비난받을 것이라고 말했을 것이다. 물론 바우어스는 그러한
여건에서는 개입에 반대하지 않을 것이다. 그는 단지 교육적인 개입의
성격과 잠재적인 결과에 대해 주의를 표명할 것이다. 그러나 바우어스
는 프레이리가 활동했던 브라질, 칠레, 그리고 다른 나라에서 억압, 교
육, 그리고 개입 간의 관계에 대해서 전혀 언급하지 않기 때문에, 그가
무엇을 말하려는지를 정확히 알기 어렵다.[7]

문화적 보수주의를 넘어서

프레이리안의 교육은 어려움이 없지 않다. 프레이리가 비판적 의식의
이상을 촉진하는 목적을 위해, 특히 유의해야 할 점은 쉽게 피할 수 없
을 적어도 하나의 딜레마가 있다는 것이다. 프레이리는 모든 관념은 질

문에 개방되어야 한다고 주장한다. 이것의 논리적인 결과는 질문할 수 없는 관념은 없다는 것이다. 이에 따라 프레이리에게는, 모든 관념은 잠재적으로 변한다. 프레이리가 말하듯이, 우리는 우리의 확실성을 너무 확신해서는 안 된다. 우리는 그 어떤 관념도 비판적 반성을 토대로 거부될 수 있을 것이라는 가능성에 대해 열려 있어야 한다. 하지만 이 관념에는 질문할 수 없는 관념은 없다는 관념도 포함해야 한다. 그러나 이 관념을 문제 삼는 것은 동시에 이 관념을 확인하는 것이다. 그런데 사실상 문제 삼을 수 없을 하나의 관념이 **있는데**, 즉 문제 삼을 수 없는 관념은 없다는 관념이다.[8]

그러나 문제 삼을 수 없는 관념은 없다고 말하는 데서, 모든 관념은 항상 문제 삼아야 한다는 결론이 반드시 나오는 것이 아니라는 점을 주목하라. 프레이리는 이론적이고 실천적인 작업의 진전을 위해서 어떤 관념에 대한 '잠정적인' 수용이라고 일컬을 수 있는 것을 인정한다. 그는 당분간 어떤 관념을 당연한 것으로 받아들이지 않고서는, 의식적으로 지향한 어떤 행동에 개입하는 것, 혹은 철학을 발전시키는 것, 혹은 윤리적 입장을 개진하는 것이 아주 불가능할 것이라고 인정한다.(예컨대 Freire and Shor, 1987, pp. 101~102를 참조하라) 이것은 우리가 취하는 정치적 입장이 무엇이든 간에 사실이고, 프레이리와 마찬가지로 바우어스에게도 적용된다. 바우어스가 문화를 서구와 비서구의 범주로 나누는 것, 전통의 가치, 공동체의 중요성 등을 당연히 받아들이듯이, 프레이리는 현실은 변증법적이고, 교육은 대화적이어야 하며, 억압으로부터 해방은 바람직하다는 것 등을 당연한 것으로 여긴다.

그렇지만 문제제기는 프레이리안의 윤리적 이상의 중요한 요소다. 프레이리는 세계에 대해 부단하고, 탐색적이며, 연구적이고, 비판적으로 지향할 것을 주장한다. 프레이리에게 교육은 비판적인 태도를 조장해야 한다. 그런데 성인문해 교육의 프레이리안 프로그램에 참여하는 것은 특정한 사고와 행동 방식으로 안내하는 것이어야 한다. 바우어스의 분석이 보여주듯이, 이런 비판적 지향은 현실을 이해하는 데 많은 사람이 '전통문화'에서 채택하는 접근법과는 다를 것이다. 내가 믿기로는, 바우어스가 프레이리의 교육이 '서구적 사고방식'을 반영하고, 강화하며, 재생산한다고 주장한 것에서는 이론적으로 잘못되었지만, 프레이리안 성인문해 프로그램이 프레이리가 수동적이고 순진한 사고방식으로 여긴 것보다는 비판적 의식방식에 특전을 부여한(그리고 조장한) 것을 부인할 수 없다.

그러나 만일 대안적 입장을 잠시 생각해본다면 비판적 사고에 대한 이런 '편견'은 강력하게 옹호될 수 있다. 바우어스는 1983년 논문에서 그의 윤리적 입장을 분명히 하지 않았지만, 지루와 맥라렌의 비평에서,[9] 다음과 같이 주장한다.

> 정치적으로 다루지 않아야 하는 어떤 신념, 가치, 그리고 실천이 있다. 예를 들어, 우리가 나머지 생물 집단과 우리의 관계를 우리의 도덕적 질서 감각의 일부로 보는 새로운 문화적 합의에 도달하려면 나는 교사들이 각 세대 학생들이 그것에 대해 자신만의 '개인주의적인 결정'을 하도록 조장함으로써 그것을 정치적 문제로 삼는 것을 권하고 싶지 않다. 학생들에게 헌법과 권리장전의 신화성을 없애도록 권장해야만 하는가? 성과 인종 차별의 부도덕성과 관련하여 상대적으로 생각하는 교육적 부정주의의 힘을 점점 더 당연한 것으로 받아들이는 것으로 나아가야만 하는가? (Bowers, 1991a, p. 483)

이런 언급은 문제 삼는 것을 넘어선 어떤 문제가 있다거나, 비판적 반성을 받아서는 안 된다든가, 혹은 우리는 구속적인 합의를 이루도록 노력해야 한다는 것을 제시한다. 바우어스의 입장에서는, 어떤 관념은 문제 삼지 말아야 하고, 또한 심지어 문제 삼기와 비판적 토의의 여지가 없다고 본다.(혹은 바우어스가 말한 대로 '정치적인 문제'로 삼지 않아야 한다는 것이다) 바우어스의 초기 프레이리 비평(1983)에서는 이런 입장을 분명하게 전하지 않는다는 점을 지적하는 것은 중요하다. 그러나 바우어스는 치페위안족의 논의에서는 젊은이들 사이에 비판적 반성을 조장하는 것의 가치를 문제 삼고 있다. 바우어스가 나중에 어떤 문제에 대한 문화적 일치를 요구한 것이 그의 초기 프레이리안의 교육적 개입 비평에서 반드시 나온 것은 아니지만, 문화적 일치를 요구한 것은 그의 초기 프레이리안의 교육적 개입 비평과 일치한다.

프레이리는 어떤 관념, 법칙, 혹은 합의는 문제제기나 정치적 문제로 다루는 것을 넘어선다는 입장을 받아들이지 않았을 것이다. 그러나 모든 개념을 문제 삼을 수 있게 한다는 것이 모든 입장을 상위의 입장으로 즉시 대체해야 한다는 것을 의미하지 않는다. 그것은 바로 개념을 고려하고, 비교하며, 분석하고, 평가받을 수 있게 함으로써, 그 개념들이 더 큰 확신을 지닐 수 있다는 것이다. 바우어스는 마치 낙태와 교육과 같은 문제들이 어떻게든 결정적으로 해결되고 더 이상의 문제 삼을 수 없는 것처럼, 서구사회에서 이들 문제에 대한 합의의 부족을 아쉬워한다. 프레이리의 윤리는 그런 복잡한 문제들에 대한 합의에 도달할 가능성을 배제하지는 않는다. 프레이리안의 입장은 단지 그런 합의를 항상 모든 문화적 혹은 사회적 맥락에서 보아야지, 고정적이고, 절대적이며, 모든 집단을 구속하는 것으로 여겨서는 안 된다는 것이다.

바우어스의 비평은 교육자들이 다른 사람들의 삶에 관여하는 데서 보여주어야 하는 민감성을 강조하는 데 도움이 된다. 교사, 토론 촉진자, 성인문해 코디네이터, 그리고 교육적 책임을 지닌 이들은 교육자로서의 그의 행동이 항상 결과를 초래하는 사람들이다.(Freire, 1998c, p. 97을 보라) 그의 몇몇 결과는 '침략적이거나', '지배적이거나', '억압적인' 것으로 해석될 수도 있을 것이다. 프레이리는 이것을 민감하게 알았다. 그리고 그는 성인문해 활동에서 매우 신중하게 방법을 채택했다. 그는 만일 그의 프로그램이 그가 바라는 대로 효과가 있다면, 참가자들이 결코 예전 같지 않을 것이라고 보았다. 그러므로 세계에 대한 비판적 지향의 가치는 어떤 교육자가 합리적으로 예측하는 한, 그것이 육성해왔던 사람들의 삶을 실질적으로 향상시키는 방식이어야 한다. 비록 프레이리안 성인문해 프로그램의 참여자들이 이전의 사고방식으로 (완전히) 결코 돌아갈 수는 없을지라도, 비판적 반성의 이상을 주창하는 데서 프레이리는 사람들이 사고와 행위의 낡은 유형을 **다시 돌아보고 재해석할** 수 있을 수단을 조장했다. 물론 내가 서문과 이전의 장에서 주장했듯이, 우리는 관념을 다시 해석하는데, 그것을 왜곡할 수 있을 것이다. 종종 프레이리의 원리를 잘못 재해석하는 것이 좋은 예다. 그러나 이와 마찬가지로 몇몇 형태의 재해석은 중요하게도 연구 대상에 대한 이해를 한층 더 잘할 수 있는 결과를 얻을 수다. 비판적 의식의 발달이 전통적인 실천, 의례, 관습, 권위의 형태를 반드시 폐기한다는 것을 의미하지는 않는다. 즉, 그것은 단지 어느 집단의 이런 삶의 세계 요소가 문제제기 위에 있지 않아야 한다는 것을 요구할 따름이다.

바우어스는 전통적 세계관의 가장 긍정적인 어떤 특징을 확인한다. 그리고 그는 인간과 그의 넓은 환경의 관계에 대한 전체론적인 안목의 중요성에 특히 주의를 기울인다. 몇몇 서구인들이 모든 다른 생태학적 생활 위에 인간 활동을 두고 있는 것은 분명히 큰 문제가 된다. (바우어스를 포함하여) 많은 서구 사상가들이 인식하고 있는 것처럼, 우리 자신과는 다른 문화적 집단으로부터 배울 것이 많다. 그러나 바우어스는 세계를 보는 대안적 방식들을 진지하게 탐구하려는 의지가 비판적 의식의 본질적인 특징의 하나임을 망각하고 있는 것으로 보인다. 프레이리가 많은 서구적 지성의 전통에 의존하여, 많은 다른 서구 학자들이 좋아하는 원리를 채택하고 존중한다는 것을 수긍한 것은 (바우어스가 제시한 바와 같이) 프레이리가 **모든** 서구적인 입장, 혹은 몇몇 물화된, 동질적인, 일반화된 서구인의 사고방식을 무반성적이고, '맹목적으로' 전달하는 자임을 의미하는 것이 아니다. 프레이리안의 비판적 반성의 개념은 다양한 서구와 비서구의 관념을 음미하고, 이해하며, 그리고 인정하는 가능성을 포용한다.

프레이리와 서구/비서구의 이분법에서의 서구적인 면을 연관 지을 때, 바우어스는 어쩔 수 없이 프레이리를 전통문화의 반대자이며 '전통' 자체의 반대자로 보고 있다.[10] 그러나 프레이리는, 비판적 의식은 다른 특징 중에서도 무엇보다도 단순히 신기함을 넘어선, 여러 근거에 의한 새로운 것에 대한 '감수성'과 분별로 정의되며, **낡은 것과 새것 모두에서 타당함을 수용함으로써** 단지 낡은 것이기 때문에 낡은 것을 거부하지 않는다고 했다.(Freire, 1976, p. 18, 강조점 추가) 이 말은 바우어스의 프레이리안의 비판적 이상에 대한 설명에는 없다. 바우어스가 프레이리는 그의 브라질 문해 프로그램에서 참가자들이 비판적 의식을 개발할 것임을 기대했다고 주장한 점에서는 분명 옳은 것이지만, 그는 프레이리안의 비판적 의식의 견해가 수반하는 완성된 그림을 제공하지는 못한다. 이런 실패는 바우어스의 비평에서 더 큰 문제의 한 모습으로 볼 필요가 있다. 바우어스는 프레이리를 비판적 활동, 개인의 자유, 합리적 자율성 등에 관한 일반적인 서구의 견해를 사실상 지지하는 사람으로 묘사하는 데서, 그는 프레이리의 분석에 많은 세밀한 점들을 무시하거나 경시한다. 이런 세밀한 점들의 특징은 그의 활동에 그것의 특수성을 부여하고, 프락시스, 대화, 비판적 반성, 인식과 같은 개념에 대한 그의 해석에 경계를 정하며, 다른 설명과 구분하게 한다.

바우어스는 전통적 신념과 실천을 지키길 원한다. 왜냐하면 그것은 공동체 결속력을 증진하는 일종의 권위를 제공하기 때문이다. 그가 주장하기를, 전통적 문화 집단의 구성원들은 삶에 대해 더욱 '통합적인' 방식을 채택하려고 하고, 그들의 서구적인 상대편보다는 그들의 생물적 환경과 더 조화롭게 살아가는 경향이 있다고 한다. 프레이리는 바우어스가 전통문화를 낭만적으로 만드는 성향을 비판했을 뿐만 아니라 집단 응집력을 무비판적으로 중시한 것에 대해 의문을 제기했을 것이다. 명백한 합의는 종종 미묘하거나 뿌리 깊은 차이를 숨긴다. 즉, 동의나 조화는 종종 환상적이다. 더구나 높은 수준의 사회적 응집력은 많은 사람이 그의 활동을 심히 억압적이라고 여기는 집단(예를 들어, KKK단, 나치의 청년대 등) 사이에 존재할 수 있다. 만약 그런 집단의 존재를 감안하면, 프레이리는 어떤 대가를 치르더라도, 확고한 사회적 실천, 신념, 그리고 문화적 표현의 형태를 따르는 입장을 지지하지 않았을 것이다. 실제로 내가 생각하기로는, 그는 만일 삶의 전통적 패턴이 명백하게 억압적이라면 그것들을 **무너뜨리는 것**에 찬성했을 것이다.

프레이리에 반박하여 만약 어떤 집단의 압도적인 지배를 받는다면, 자신의 상황을 비판적으로 보는 사람들은 여전히 변화를 일으키는데

무기력한 채로, 그들은 이전보다 더 좌절에 빠지고, 불행하며, 분개하고, 비통해할 것이라고 주장할 수도 있다. 왜냐하면 신비적이거나 순진한 의식의 방식이 일종의 '차단' 장치 역할을 했던 과거에는, 어른들이 상황을 받아들였던 방식으로, 상황을 '설명'하거나 '합리화'하거나 '이해'했다가, 사회적 세계에 대해 비판적으로 보는 경향이 발달하면서, 불현듯 이제는 모든 것이 단순하게 보이지 않았기 때문이다. 존재의 비판적 형태가 출현한 후, 세계는 단번에 그 어느 때보다 더 복잡하고 더 참을 수 없게 되었다. 그러나 이것의 대안은 무엇인가? 프레이리는 분명히 '무지는 행복'이라는 세계관을 옹호하지 않았을 것이다. 사람들의 고통 뒤에 있는 더욱 깊은 이유에 대해 무지의 상태로 그들을 계속 두는 것은, 프레이리 관점에서는 절대 정당하지 않다. 분명히 그것은 사람들에게 세계를 다른 방식으로 볼 수 없게 하는 데 대한 충분한 이유를 제시하지 않는다. 프레이리의 윤리에서 해방은 '행복'과 동일시될 수 없다. 해방은 투쟁, 희생, 그리고 동료 인간에 대한 깊은 존중을 포함한다. 프레이리가 종종 말하듯, 더 좋은 세계를 위한 투쟁은 늘 위험과 불확실성으로 가득 차 있다. 만일 더 비판적으로 의식하게 되는 것이 불행이나 좌절로 향해 간다고 할지라도, 이것으로 하나의 이상으로서 비판적 의식의 목표를 포기할 이유는 전혀 없다. 오히려 그것은 비판적 성찰의 대상을 형성하는 구조와 관계를 바꿀 필요성을 확인하는 것이다.

마무리

프레이리안의 관점에서, 교육은 결코 중립적일 수 없다. 프레이리는 그의 문해 프로그램에서 참가자들에게 그들의 기존의 관습, 가치, 신념, 관행을 포기하라고 '강요'하지 않았다. 그리고 그는 단지 사람들에게 사회 현실에 대해 다른 사고방식을 **고려**하라고 격려했을 뿐이다. 이 장에서는 '프레이리가 다루었던 상황을 감안해볼 때, 정당화되는 비판적 의식의 방식이 어느 정도로 조장되었는가?'라는 문제를 거론하는 것이 중요하다고 강조했다. 프레이리는 이상적이고, '순수한' 공동체에서 무엇을 할 수 있는 것인지를 묻는 것으로써는 얻을 것이 거의 없었을 것이다. 왜냐하면, 그의 견해에서는, 그런 공동체는 존재하지 않고, 존재할 수 없었기 때문이다. 비록 앞의 분석에서 바우어스가 프레이리안의 이상의 요소를 물화[2]하고, 과장하며, 왜곡한다고 하지만, 프레이리의 사회적 세계에 대한 지향은 치페위안족과 다른 많은 집단의 전통 사회에서 채택했던 것과는 중요한 점들에서 분명 대조가 된다. 프레이리는 성인문해 활동을 통해 글과 세계 읽기에 대한 비판적 방법을 조장하여, 브라질 농민과 도시 빈민(그리고 다른 프로그램에서 다른 집단들)을 지배한 사고방식을 문제 삼았다. 프레이리는 이런 변화를 촉진하고 싶은 그의 소망을 매우 명백하게 밝혔다. 그리고 그는 그것을 억압의 여건에서 해방을 위한 보다 넓은 투쟁의 진정한 일부로 보았다. 바우어스의 관점에서는 이런 개입은 수용될 수 없거나, 적어도 (매우) 문제가 된다. 나는 바우어스의 비평은 결함 있는 토대에 의존해 있음을 논증해 보이려고 했고, 프레이리의 교육적 접근은 그런 상황에서 정당화되었다고 주장해왔다.

---

2) 여기서 물화(reify)란 프레이리안의 이상을 경제적 불평등 문제나 계급 대립의 문제로 환원하여 해석하는 것을 의미한다.

주

1 치페위안족의 세계관의 네 가지 측면의 요약은 Scollon and Scollon(1979, pp. 178~192)을 참조하라.

2 타일러(Taylor, 1993, p. 18)에서 인용한, 1970년 브라질 센서스에서 인용.

3 타일러(Taylor, 1993, p. 18)에서 인용한, 조슈 드 카스트로(Josue de Castro)의 논평.

4 타일러(Taylor, 1993, p. 18)에서 인용한, Tad Szulic의 언급에서 인용.

5 농민 사회의 미묘하고 숨겨진 저항의 형태에 대한 또 다른 통찰력 있는 토론을 위해서는, 스콧(Scott, 1990)을 참조하라.

6 타일러(Taylor, 1993)의 1960과 1970년간 변화를 비교해보라.

7 다양한 유형의 교육이 다양한 종류의 해방을 성취할 것이다. 이런 주장은 바우어스와 프레이리에 대한 추후의 비판적 연구에 유용한 출발점을 제공할 것이다.

8 여기서 대안적인 주장이 가능하다. 사람은 어떤 관념도 의심할 수 없다는 생각에 종종 의문을 제기할 수 있고, 그 관념이 어떤 절대적인 것일 수도 있다는 가능성을 생각할 수는 있지만, 그가 아직 그것을 발견하지 못했다는 것을 인정하면서 의문을 제기할 수도 있다. 만일 그런 절대성이 (이후에) 발견된다면, 그 사람은 어떤 관념도 의심할 수 없다는 그의 생각을 바꿀 수도 있을 것이다.

9 바우어스(Bowers, 1991a)를 참조하라. 이 논문은 피터 맥라렌(Peter McLaren)의 대답(1991)과 바우어스의 반론(1991b)으로 이어졌다.

10 바우어스는 프레이리의 《교육과 정치의식(The Politics of Education)》(1985)의 리뷰(1986)에서 이 점을 분명히 하고 있다. 거기서 그는 주장하기를, "프레이리의 이론은 전통에 대해 지나치게 단순화된 견해를 우리에게 제시한다. 그것은 계몽주의의 유산을 물려받은 것으로, 전통이 개인적인 의미, 역량 강화, 그리고 공동체의 공유된 삶을 결합하는 원천이 될 가능성에 대한 고려를 반동적인 것으로 거부하는 지적인 자세로 유도한다"라고 한다.

제8장 의식화를 다시 생각하며

1970년대 초반 프레이리의 연구가 세계적인 관심을 끌기 시작했을 때, 의식화(conscientization)라는 새로운 용어가 교육 담론으로 등장했다. 의식화 개념은 교육 담론이 되자마자 억압과 착취 문제에 대한 기적 같은 해결책으로 받아들여졌다. 의식화가 사람들의 삶을 급격하고도 역동적으로 바꿀 수 있다는 프레이리의 원리로 '개종한' 사람들에 의해, 브라질과 칠레에서 프레이리식 성인문해 활동이 성공한 것이 해결책의 증거로 여겨졌다. 그러나 처음부터 프레이리는 의식화를 이해할 때 의식화 용어가 사용되는 맥락에서, 그리고 프레이리 자신의 철학 속에서 이해해야 한다는 점을 강조했다. 의식화는 빠르게 매혹적 대상이자 동시에 혼란의 대상이 되었다.

지난 20년 이상, 많은 학자가 의식화 개념을 언급해왔고, 제1세계의 교육상황에서 의식화 개념을 적용하려는 여러 시도가 있었다.[1] 얼핏 보면 의식화는 마치, 단계마다 특정한 태도와 행동이 있고 그 각각 다른 단계들을 연속해 밟아가는 개인들의 발달 운동처럼 보인다. 이 장에서는 '단계' 모델이 본질적으로 결점이 있다는 사실과 대안적 관점 ― 의식화와 프락시스의 직접적인 연계를 이끌어내는 것 ―을 제안하고자 한다. 그리고 주체중심적 이성(subject-centered reason)에 대한 포스트모더니즘의 비판과 프레이리식 모더니즘 사이의 상호연관을 간략히 검토하였다. 마지막으로 비판적 의식에 대한 개인주의적 해석을 거부하고, 다중주체들이라는 포스트모더니즘적 생각에서 의식화 개념을 재작업하였다.

프레이리와 의식화 단계 모델

흔히 프레이리의 명성이 의식화 개념과 동일시되지만, 프레이리가 최초로 의식화를 말한 인물은 아니다. 원래 포르투갈어인 **conscientizacao**는 브라질 고등학술원(ISEB) 교수들이 수차례 회담하는 동안 생겨났다. 이 의식화 개념을 즉각 수용하여 자신의 새로운 교육학 이론에 적절하게 활용한 인물이 프레이리이고, **conscientizacao**를 최초로 대중화시키고 영어로 통용시켰던 인물은 에우데르 까마라(Helder Camara)이다.(Freire, 1974b, p. 575)

주체에 대한 초기 저술에서, 프레이리는 브라질의 사회역사적 상황과 의식화를 연결지었다.(Freire, 1972b : 57~71; 1976 : 17~20) 핵심적으로 말하면, 의식화는 '주술적' 단계나 '순진한' 단계에서 '비판적' 의식으로 나아간다는 것이다. 주술적(반쯤 고착된) 의식은 시골 지역에 널리 퍼져 있었다. '내향적'인 농민공동체들은 브라질 다른 지역에서 일어나고 있는 정치적·산업적 변화에서 소외되어 있었고, 착취나 다름없는 노동환경, 영양결핍, 매우 높은 유아 사망률과 질병률, 낮은 기대수명 같은 문제를 겪고 있었다. 비문해는 어디에나 퍼져 있었다. 프레이리(1976)는 이런 공동체에 속한 개인들이 지닌 전형적인 세계관에 대해 이렇게 얘기한다.

> 그들은 생존문제에 온통 신경을 쓰고, 좀 더 역사적인 수준의 삶에 대해서는 관심이 없다. … 반쯤 고착된 상태(semi-intransitivity)란 사람들이 자신의 실존으로부터 거의 유리되어 있음을 보여준다. 이 단계에서 사리분별은 어렵다. 사람들은 대상에 대한 자신의 의식(perception)과

환경에 대해 문제제기하는 것을 혼동하고, 진짜 인과관계를 몰라서 주술적 설명에 빠져든다. (p. 17)

19세기 말 노예제 폐지 이후 브라질의 내부구조가 변화하면서, 의식도 '순진한' 수준으로 변화했다. 도시 지역이 발달하고 (지주가 아닌) 대중 지도자가 등장하는 등, 변화는 제1차 대전 동안 가속화되었고, 2차 대전 이후 더욱 집중되었다.(Freire, 1972 , 63~68) 프레이리(1976)는 이렇게 쓴다.

순진한 변화가능성(naïve transitivity)은 브라질이 변화하는 시기 동안 도심에서 우세했던 의식단계로서, 이 의식의 특징을 나열하면 다음과 같다. 문제들의 지나친 단순화, 과거에 대한 향수, 보통 사람에 대한 폄하, 강한 집단성, 공상적인 설명법에 빠져 결여된 탐구정신, 취약한 주장, 강한 감정적 스타일, 대화보다는 말싸움의 실천, 주술적 설명법이 그 특성이다. (p. 18)

주술적 의식과 순진한 의식은 비판적 의식과는 대비된다. 비판적 의식, 즉 '진정하게 민주적인 체제들'(p. 18)은 다음 같은 특성이 있다.

심도 깊은 문제 해석, 주술적 설명법 대신 인과적 원리의 채택, 누군가의 '발견들'에 대해 실험하고 기꺼이 교정하려는 자세, 문제를 인식할 때 왜곡하지 않고 문제를 분석할 때 선입관을 갖지 않으려는 시도, 책임 전가의 거부, 수동적인 입장 거부, 주장의 건전성, 말싸움 대신에 대화의 실천, 단지 신기하다는 이유를 넘어서서 새로움을 받아들이는 수용성과

단지 낡았다는 이유로 오래된 걸 거부하지 않는 건전한 판단력 — 오래
된 것과 새것 둘 모두에서 타당한 것의 수용. (p. 18)

명백한 최종적인 단계를 향한 의식의 '고양'이라는 식으로 프레이리
가 의식화 개념을 인식했다는 많은 증거를 통해, 그가 의식의 세 수준
에 초점을 두었다는 것을 알 수 있다. 의식화 '단계' 모델에 대한 구체
적인 사례는 윌리엄 스미스(William Smith, 1976)가 제공하였다. 스미
스에 따르면, 의식화는 "세 가지 독특한 단계 — 주술적 의식, 순진한 의
식, 비판적 의식 — 로 나눠진 발달 과정"(pp. 41~42)이다. 각 단계의
사람들은 각기 다른 방식으로 세계를 해석하고 세계에 대해 행위 한
다. 스미스는 주술적 개인, 순진한 개인, 비판적인 개인들이 다음 세 가
지 질문에 대해 보이는 고유한 반응을 범주화했다. "당신의 삶에서 가
장 비인간적인 문제는 무엇인가(명명, naming), 그 문제들의 원인과 결
과는 무엇인가?(반성), 이 문제들을 어떻게 해결할 수 있는가?(행위)"(p.
42) 자신의 세계를 이름 지을 때(명명), 주술적 의식을 가진 개인들은
자신에게 그런 문제가 있다는 걸 부인하거나 그 문제가 과거나 다른
곳에서 일어난다며 회피하는 경향이 있다.(p. 46) 자신의 환경을 반성
할 때 그들은 '신의 뜻', 운명, 나쁜 운 탓을 하며 견딘다.(p. 48) 스미스
는 에콰도르 농부들과 함께했던 자기 경험을 사례로, 주술적 의식을
가진 사람들은 자주 억압자에게 공감하거나 억압자들을 두려워하며
살아낸다고 설명한다.(p. 49) 당면한 문제의 원인을 단순하게 설명하는
경우가 많다. 예컨대 농부들은 말한다. "우리가 돈이 없어서 공부를 못
했다"라고 하지 왜 가난해졌는지 원인을 탐구하려고 하지 않는다. 주술
적 의식을 가진 이들은 비판적 분석과 변혁 대신에, 열악한 사회 환경

을 수동적으로 수용하는 게 보통이다.

순진한 수준의 사람들은 기존 사회 시스템 속에서의 개선을 주요한 과제로 생각한다. 문제를 발견하면, 흔히 (사회구조나 시스템이 아니라) 개인들을 비난한다.(p. 52) 순진한 개인들은 때로 자신을 억압하는 이들의 행동을 흉내 내고, 자기처럼 억압받는 동료들을 멀리하려고 한다. 이 단계의 사람들은 가족과 집단 내에서 폭력을 자주 휘두른다.(p. 58) 난관을 극복하려 할 때 시스템 변경보다 시스템 활용을 중요시한다.

비판적 의식은 억압적 사회구조를 바꾸려는 특징이 있다.(p. 60) 자기를 존중하는 마음이 커지고, 동료에 대한 이해와 공감이 뒤따른다.(pp. 61, 63) 다양한 억압적 구조들 사이의 관계들을 정의한다.(p. 64) 자아실현이 가능하고, 협동적인 대화 관계를 추구한다.(pp. 65~67) 비판적 의식을 지닌 개인은 기꺼이 억압에 저항하려고 도전한다.(p. 66)

스미스가 보기에, 이런 의식화 과정은 엄격하게 단계를 밟아가는 것이다. 즉, "의식은 주술적인 것에서 시작하지, 비판적인 것에서 시작하지 않으며, 주술적 단계에서 비판적 단계로 건너뛰지 않으며, 세 단계들 사이를 자유로이 오가지도 않는다. 발달은 주술적인 것에서 순진한 것으로, 순진한 것에서 비판적인 것으로 신보한다."(p. 79) 이 생각은 발달을 '순서가 고정된 연속적 단계'라고 한 콜버그(Kohlberg)와 메이어(Mayer)의 연구에서, 많은 도움을 받았다. 이 아이디어는 모든 개인이 동일한 발달 경로를 따른다고 가정한다.(p. 78) 개인들이 발달 단계를 따라 진보하는 정도에 환경적 요인과 개인적 요인들이 영향을 끼치지만, 어떤 경우이든 단계만큼은 동일한 순서로 발달한다.(p. 78) 스미스의 의식화 모델에서 보면, 모든 사람이 비판적 의식 단계에 도달하지는 않겠지만, 사람들은 반드시 순서대로 단계를 옮겨간다. 예를 들면, 순진한 의식의 특징을 지닌 에콰도르 농부가 '단계를 건너뛰어' 곧바로 비판적 의식으로 올라갈 수는 없다. 주술적 의식은 가장 바람직하지 않은 (가장 낮은) 수준이고, 순진한 의식은 중간, 비판적 의식은 가장 바람직한 (최고의) 단계이다. 그래서 이런 틀에서라면 의식화는 한 단계에서 다음 단계로 **고양되는** 과정으로 보는 게 타당하다.

'의식 고양'이라는 개념은 수년 동안 상당히 매혹적이었다. 6장에서 지적했듯이, 피터 버거(Peter Berger)만큼 이 생각을 솔직하게 비판한 사람은 거의 없었다.(1974) 버거의 비판에 맞서 케빈 해리스(Kevin Harris, 1979)는 프레이리를 강력하게 옹호했다. 해리스는 마르크스 다시 읽기를 교육 분석에 적용하여, 자신들이 살아가는 상황을 (비판적으로) 인식하지 못하거나 자신에게 최고 이익이 무엇인지 파악하지 못하는 사람들이 있는 상황이라면 의식 고양이란 바람직하다고 주장했다.(p. 171) 해리스에 따르면, '의식 고양'의 배후에 담긴 핵심적인 아이디어는 다음과 같다.

> 일부 사람들의 의식이 어떤 지점에 사로잡혀 고착되어 있다면, 상황에 대한 의식이 고양된 사람들은 전자들이 상황을 적절히 이해하도록 개입하고 도울 수 있다. 혹은 우리가 이전에 채택한 마르크스주의 용어를 조금 다르게 차용하자면, 일부 사람들은 허위의식을 가지고 있고, 그 의식은 허위의식을 갖지 않은 이들에 의해 교정할 수 있다. (p. 171)

해리스가 보기에, 일부 아이디어는 다른 아이디어들보다 현실을 더 잘 읽도록 도와준다. 자본주의 사회에서 지배 이데올로기가 현실을 왜곡한다는 점을 감안하면, 세계에 대한 비판적 이해가 부족한 이들을 계몽하는 조건을 제공해준다는 점에서 좀 더 의식이 높은 생각은 정당화된다. 그러나 버거(Berger)의 주장과 달리, 비판적인 의식을 지닌 개인들이 '더 상층의' '더 교육받은' 계급에서 나올 합당한 이유가 없다. 정반대로 해리스는 비판적인 의식을 소유한 개인들은 '착취당하고 기만당한' 계급에서 나올 가능성이 크다고 주장한다.(p. 171) 버거가 잊어버린 것은, 다른 것들에 비교해 어떤 특정 이해관계가 더 특권을 많이 누리는 지배 관계 속에서 의식이 형성된다는 점이다. 사실, '허위와 신비화는 … 사람들이 자기 상황을 자유롭고도 적극적으로 통제하고 있다는 의식과, 상황의 현실을 완벽하게 잘 이해하고 있다는 의식을 심어주는 것에 있다.'(p. 172) 의식 고양이란 누군가의 관점을 다른 이에게 부과한다는 의미가 아니다. 정확히 말하면, 의식 고양의 목적은 차라리 사람들이 각자 다른 방식으로 자신들의 세계를 점검하도록 격려하는 것이다.(p. 174) 독백 대신에 대화를 활용한다면, 그리고 어떤 프로그램이든 그 출발점이 학습자의 살아온 현실이라면,

> 의식 고양은 … 사람들이 **자기** 이해관계에 따라 세계와 상호작용함으로써 왜곡되지 않은 지식을 얻을 수 있게 해준다는 의미에서, 실행 가능한 교육적 대안으로 … 여겨질 수 있다. … 왜곡은 지식생산이라는 사회적 차원에서 흔히 발생하는데, 이 왜곡을 반드시 없애서 사람들이 자신의 세계를 현실 그대로 이해할 수 있도록 해야 한다. (p. 176)

하나의 대안적 해석: 의식화와 프락시스

스미스의 연구에서 특히 강조했던 이 의식화 단계 모델은 방법론적이고, 체계적이며, 편리하다. 이 모델은 우리가 사람을 의식 수준에 따라 범주화하고, 사람들의 태도와 행위를 미리 정해놓은 특성에 맞춰 설명할 수 있도록 해준다. 교육자들은 사람들이 한 단계에서 다음 단계로 나아가도록 돕는 방법을 찾는 데 중요한 역할을 한다. 한 사람이 비판적 의식에 도달했다면, 그 혹은 그녀는 삶에서 '다 이뤘다'. 비판적 의식 단계에 이른 사람은 의식 발달의 가장 바람직한 자질을 내내 보여줄 것이며 그전 단계로 퇴보하지 않는다는 기대를 아마 받게 될 것이다.

이런 식의 설명은 단계 모델이 지닌 일부 특성을 과장했을 수도 있지만, 나는 이런 설명이 의식화에 대한 접근법의 논리적 방향을 나타낸다고 믿는다. 이 장에서 나는 단계 이론의 이 체계화가 난점을 유발한다는 점, 다시 말해 현실에 대한 프레이리의 변증법적 관점과는 어긋나는 기계적인 의식화 이론을 낳는다는 점에 대해 얘기할 것이다. 내 주장은 의식화를 프락시스 개념과 직접 결부시키는 것이 프레이리가 의식화 개념을 사용한 의도에 우리가 더 가까워지는 방법이라는 것이다.

단계 모델에서는 단계마다 독자적인 특징을 범주화한다. 스미스의 도식에서 볼 때, 주술적으로 의식하는 개인들은 문제를 부정하고, 자기 상황을 수동적으로 받아들이며 매우 단순하게 인과관계를 설명한다는 공통점이 있다. 이와는 대조적으로 비판적으로 의식하는 개인들은 높은 자기 존중감을 느끼고, 도전하며, 동료에 공감하고, 타인들과 대화하며 일한다. 그래서 의식의 각 단계마다 다른 단계에 전형적인 특성과는 다른 특정한 인성적인 자질들 — 독특한 태도, 그리고 사고하고 행동하고 처신하는 방식 — 이 있다. 이런 특성들로 인해 각 단계는 다른 단계와 구분된다. 스미스 이론에서 주술적 의식, 순진한 의식, 비판적 의식은 서로 겹치는 바가 없다. 의식화를 의식 고양의 과정으로 묘사할 때, 단계 모델은 또한 위계적이다. 즉, 순진한 의식은 주술적 의식보다 더 높은 단계이며, 비판적 의식은 순진한 의식보다 더 높은 단계이다. 비판적 의식은 가장 (윤리적으로) 바람직한 존재 양식이고, 주술적 의식은 가장 바람직하지 않은 의식을 나타낸다.

프레이리는 비판적 의식을 다른 의식 수준과는 뚜렷이 구분하려고 했었다. 그러나 그는 주술적 의식과 순진한 의식의 중첩을 인정했다. 예를 들어 《자유를 위한 문화 행동(Cultural Action for Freedom)》에서, 다음과 같이 주장했다.

> 반쯤 고착된 의식과 순진하게 변화가능한 의식 사이의 질적인 차이가 사회의 구조적 변혁 때문에 나타난 현상으로 설명된다고 해도, 사람의 인식을 질적으로 바꾸는 역사적 계기들을 엄격하게 나눌 수 있는 경계는 없다. 많은 측면에서, 반쯤 고착된 의식은 순진하게 변화가능한 의식에서도 여전히 보인다. (1972b, p. 65)

그리고 프레이리는 《교육: 자유의 실천(Education: The Practice of Freedom)》에서 순진한 의식에 관해 이렇게 적고 있다. "고착(intransitivity)에서 전형적으로 나타나는 주술적) 측면이 순진한 의식에서도 부분적으로 나타난다. 사람들의 시야가 확장되고 자극에 좀 더 개방적으로 반응하더라도, 이런 반응은 여전히 주술적 특징을 가지고 있다."(1976, p. 18) 순진하게 의식하는 그룹은 주술적 의식 집단만큼이나 억압자들에게 여전히 지배당하고 있으며, 억압자들이 영속화시킨 신화가 그들 삶에 지속적으로 강력한 영향을 미치고 있다.(1972, p. 65) 순진하게 의식하는 집단에서 억압에 저항할 잠재력이 현실화되고 비판적 의식이 충분히 꽃 필 때만이, 이런 신화 같은 족쇄가 제거된다.

스미스가 한 분석에서는 수준 간에 경계의 모호함이 없다. 주술적 개인들, 순진한 개인들, 비판적 개인들에 대한 구별은 깔끔하고 명확하게 이뤄진다. 한 단계에서 다음 단계로의 변화에는 거의 관심을 기울이지 않는다. 프레이리는 순진한 의식에 주술적 단계의 측면도 있고 억압에 저항할 수 있는 씨앗도 있다고 보지만, 스미스의 연구에서는 두 단계들이 독자적인 특징을 지닌 별개의 범주들이다. 프레이리가 보기에, 주술적 의식과 순진한 의식이라는 범주는 현대사회집단과 과거사회집단 속에서 일반적인 사고 패턴의 본질을 파악하려는 시도를 보여준다. 스미스 연구는 개인들에게 초점을 두었고, 개인의 태도와 행동이 각 단계마다 예정된 특성과 얼마나 일치하는지에 초점을 두었다. 스미스는 프레이리가 정의한 특성에서 출발했지만, 약간의 수정을 가해 의식화를 '측정'하기 위한 체계적 코드를 개발하려고 노력했다. 알슈울러(Alschuler)는 서문에서 스미스의 연구 접근법을 이렇게 요약한다.

우리는 **의식화**를 정의할 필요가 있었다 … 프레이리의 난해한 철학보다 훨씬 더 구체적으로. 우리가 만약 의식화의 조작적 정의, 달리 말해 의식화를 측정하는 방식을 만들어낸다면, 이 용어를 명료하게 이해할 수 있었을 것이라고 추론했다. 또한 우리는 의식을 고양하기 이전과 이

후 상황에서 의식 수준을 정확하게 재는 방법을 가졌을 것이다. (1976, pp. vi-vii)

이런 체계화는 문제가 많았다. 내가 서론과 3장에서 주장했듯이, 프레이리 교육학을 하나의 방법 또는 일련의 방법들로 바꾸려는 시도 속에는 프레이리 연구를 순치시킬 위험이 항상 온존한다. 프레이리는 교육에 관한 독특한 접근법을 제공하지만—인간, 지식, 현실의 본질을 독특하게 이해한다고 알려져 있다.—그는 그의 교육학적 아이디어들을 효과적인 교수·학습·발달을 위한 명쾌한 규칙·단계·방법들로 체계화하는 것은 거부했다. 의식 수준을 정확히 측정하겠다는 목표는 인간 의식과 활동에 대한 행동주의적 관점, 기술공학적 교육 개념을 드러내 보여준다. '조작적' 정의가 의식화에 대한 '명확한' 이해를 제공할 것이라는 공개적 희망은, 내가 믿기에는 근거가 없다. 이런 식의 의식화 해석은 개념의 맥락적이고 이론적인 '짐(baggage)'을 제거함으로써 개념을 확실히 단순화하고, 그 점에서 일종의 명백함을 아마 제공했을 것이다. 그러나 프레이리가 행동주의와 기술공학적 환원주의를 분명히 거부했다는 점을 감안하면(2장과 7장을 보라), 이것은 프레이리가 지지했던 명료함의 형태는 분명히 아니다. 즉, 의식화를 이런 식으로 체세화하면, 의식화 개념이 교육에서 중요해지는 바로 그 특색이 거의 제거되어 버린다. 그렇다면 무엇이 대안적 해석이 될 수 있을까?

프레이리는 주술적 의식과 순진한 의식에 대한 담론을 《교육: 자유의 실천(Education: The Practice of Freedom)》(1976)과 《자유를 위한 문화 행동(Cultural Action for Freedom)》(1972b) 두 연구물에 주로 담았다. 그의 고전 《페다고지》에 '비판적 사고', '현실적 의식', '잠재적 의식' 같은 새로운 용어들이 등장하지만, 주술적 의식 단계와 순진한 의식 단계에 대한 명시적인 언급은 거의 없다.(Freire, 1972a, pp. 65, 85를 보라) 글을 발표하는 내내 프레이리는 현실을 비판적으로 이해할 필요성을 핵심 주제로 삼았고, 후기 저작 중 일부에서(1994; 1996; 1998c)는 다시 의식화를 좀 더 상세하게 언급하기 시작했다. 프레이리는 일부 비문해 공동체들이 자신의 사회 환경을 숙명론적 시각으로 보려고 하는 지속적 경향을 언급하고, 기아 같은 문제를 설명하는데 계속적인 의식화가 필요하다고 했다.(1996, pp. 182~183) 프레이리의 여러 책에서 순진한 사고에 대한 언급을 발견할 수 있지만, 순진함(naïveté)의 개념이 《교육: 자유의 실천》과 《자유를 위한 문화 행동》에서 처음 공식화될 때보다 나중에 더 넓은 의미로 쓰였다. 초기 저작에서 세 개의 대조적인 의식 수준에 대해 프레이리가 기술한 설명이 후기 저작에서는 반복되지 않았다. 지금 중요한 점은 프레이리가 원래는 **구체적인** 상황(즉, 1960년대 초반 이전과 1960년대 초반 동안 브라질 도시와 농촌 지역에 퍼져 있던 상황)을 설명하기 위해 주술적 의식과 순진한 의식이라는 범주를 개발했다는 점이다. 주술적이고 순진한 의식의 자질 중 일부는 오늘날에도 지속되고 있지만, 프레이리는 이 범주들을 모든 사회의 모든 개인에게 통하는 무(無)역사적이고 보편적인 단계로 기술하려고 했던 것은 결코 아니었다.

자신의 책, 논문, 인터뷰에서 프레이리는 '의식 고양'이라는 용어를 잘 사용하지 않으려 했다는 사실을 아는 게 또한 유익할 것이다. 예외가 매우 적은 편이지만, 그래도 이 용어가 프레이리 이름(예, Freire, 1975; 1994, p. 104)에 따라 나왔다면, 포르투갈어를 영어로 번역한 결과였을 것이다. 부인할 수 없는 점은 주술적 의식 소유자와 순진한 의식 소유자를 비교했을 때, 프레이리가 비판적 의식을 윤리적으로 더 선호할 만한 존재 양식으로 보았다는 점이다. 이 점에서, 그는 비문해자들을 '더 높은' 수준의 의식으로 '고양'시키기를 희망했다고 말할 수 있다. 그렇다고 해서 일부 사람들은 다른 이들에 비해 '낮은' 의식 수준에 있다는 개념을 논리적으로 필연적인 귀결점이라고 보지는 않았다. (버거의 비판에도 불구하고) 내가 보기에, 프레이리는 세상을 인식하는 상이한 방식을 단순하게 정의했고, 그 인식방식 중 일부는 현 상태를 붕괴시킬 가능성이 훨씬 적다는 생각을 가졌다고 말하는 편이 더 정확했을 수도 있다. 함께 활동한 사람들을 더 낮은 존재로 규정하고 그들을 폄하하는 일이 없도록 (버거와 바우어스와 대조적으로, 재차) 프레이리는 신경을 썼다. 주술적 의식 양식과 순진한 의식 양식을 정의할 때 프레이리의 핵심은 이런 사고 형식들이 억압자 계급에 의해 형성되고 억압자 계급의 이익에 봉사한다는 것이다. 만약 프레이리로 인해 존재가 '폄하당한' 어떤 집단이 있다고 한다면, 하나의 세계관, 즉 억압적 사회질서를 재생산하는 세계관을 의도적으로 퍼뜨리는 바로 그 집단들이다.

《교육: 자유의 실천》과 《자유를 위한 문화 행동》에서 프레이리가 처음 의식화 개념을 사용했을 때 내가 말한 '단계 모델'의 일부 특징을 보이긴 했지만, 이후 (그리고 다른) 작품에서는 프레이리가 의식화에 관한 대안적 해석을 지지했다. 예컨대 프레이리는 '정치적 문해의 과정'이라는 에세이에서 의식화가 '우리가 세상을 살아가는 동안 우리들 속에 감춰진 것을 지속적으로 밝히는 것'과 연관되어 있다고 말했다. 의식화는 '이런 장막을 벗기는 변혁적 행동을 무시할 수 없고', '어떤 주어진 순간에 하나의 과정으로서 일어난다.'(Freire, 1985, p. 107) 프레이리가 의도한 의식화란, 달성해야 할 태도나 행동이 고정되어 있는 유한한 일련의 단계를 밟아가는 진보가 아니라, 계속적으로 진화하는 하나의 과정이다. 의식화에 대한 이런 구상은 의식화의 단계 이론과는 매우 대조적이다. 단계 모델은 특정 시기 동안 일련의 성격들이 지속된다고 보는 명료한 생각에 의존한다. 즉, 사람이 한 수준에서 다른 수준으로 시시때때로 오갈 가능성에 대해 고려하지 않는다. 한 단계에서 다음 단계로 진행하는 것은 점진적이고, 어려우며, (스미스에게는) 아예 불가역적이다. 여기서 고려해볼 만한 대안적 해석은 의식화가 단계나 수준들 사이에 확고하고 고정된 경계 없이 지속적으로 일어난다는 것이다.

나는 이런 주장을 확장해서, 의식화와 프락시스 사이의 명확한 관계를 서술하고 싶다. 나는 프락시스가 프레이리의 윤리적 이상에서 중심적인 개념이라고 2장에서 주장한 바 있다. 프레이리는 우리가 프락시스에 관여하는 만큼 자신을 인간화한다고 하였다. 프레이리 관점에서 보면, 프락시스를 통한 인간화의 추구는 필연적으로 거쳐야 하는 불완전한 절차이다. 즉, 반성적 행동으로 인해 생긴 변혁된 현실이 일련의 새로운 (물질적 혹은 사회적) 상황을 보여주고, 이는 또다시 반성을 요구한다. 곧 다시 말하겠지만, 프레이리는 물질세계와 주관적 현실 양쪽 모두의 유동적 성질을 강조한다. 물질적 세계의 모든 측면이 운동 속에 있을 뿐만 아니라, 의식 역시도 항상 변화하고 있다. 프레이리는 기계적 객관론도 유아론적 관념론도 부정하고, 대신 현실의 내면적 차원과 외면적 차원의 관계를 강조한다. 우리는 객관적 세상을 의식이 주도하는 행동을 통해 바꾸지만, 우리의 관념 역시도 물질적 현상, 과정, 행동을 통해 형성된다. 프레이리는 행동지상주의(activism)도 말지상주의(verbalism)도 피하면서, 프락시스를 반성과 행동의 **종합**으로 이해했다.

프레이리는 의식화를 '인간이 변혁적 행동에 비판적으로 참여하는 과정'(p. 106)이라고 하고, '의식화가 프락시스와 무관하게, 즉 이론-실천의 통일, 반성-행동의 통일과 무관하게 존재하지 않는다'(p. 160)라고 강조한다. 다른 곳에서 프레이리가 적었듯이, 의식화는 '아주 구체적인 프락시스(이것은 단순한 의식의 활동으로 제한될 수 없다) 속에서만 표현될 수 있다.'(1976, p. 147) 그래서 나는 두 개념을 분리하기보다는 프레이리 아이디어를 적용하려는 많은 사람이 그랬던 것처럼 차라리 의식화와 프락시스를 **필연적으로** 상호연관된 것으로 봐야만 한다고 제안하는 바이다. 내 제안은 의식화가 프락시스의 반성적 차원이라는 것이다. 그래서 인간이 프락시스에 관여할 때, 인간은 필연적으로 의식화된 존재이다. 비판적 반성이 행동과 통합되는 변혁의 순간에 의식화가 일어난다.

우리 주변 세상의 지속적인 변화를 위해서는 현실을 재해석하려는 지속적인 노력이 필요하다. 앞의 장들에서 보았듯이, 읽고 쓰고 생각할 때 학습자들이 흥미와 호기심을 갖고 탐색하고 질문하기를 프레이리는 원한다. 그의 주장은 현실이 항상 변화하고 있기에 인간이 공부하는 대상을 완벽히 알 수는 없다는 것이다. 즉, 세상에 대한 인간의 지식은 필언적으로 불완전하나. 그러나 그 공부하는 내상 이면의 본질이나 원인을 한층 더 심층적으로 이해하려 노력하는 것은 가능하다. 이런 인식론적이고 교육적인 기초 아이디어를 통해 프레이리의 의식화 개념을 알 수 있다. 의식화를 위해서는 표면적인 외양의 이면을 계속해서 밝히려는 노력이 필요하다. 이는 프레이리가 우리에게 바랐던 바, 즉 세상을 더 잘 이해하기 위해 항상 추구하며 현실의 이면을 밝혀내는 것과 같다. 프레이리에게 지식이란 어떤 의미에서 항상 **잠정적이고**, 어떤 주어진 순간에 현실을 있는 그대로 이해하는 것이다. 그러나 지식을 추구하는 과정은 계속적인 것이다. 즉, 불완전하고 탐구적인 존재로서 우리 인간의 존재론적 소명의 일부이다. 프레이리안 관점에서, 문제의 제기와 설명, 문제에 답하기, 대화의 실천, 사회 현실의 변혁이야말로 인간 존재의 근본적인 특징으로 보는 것이 필연적이다. 의식화는 바로 이 같은 인간 활동 형태들을 종합하는 교육적 과정이라고 볼 수 있다.

프레이리가 의식화 개념을 사용할 때는 반드시 그 개념이 사용되는 원래 맥락과 결부시켜서 이해했다. 단계 모델에 대한 대안을 찾기 위해서, 프레이리 초기 연구에 담긴 의식화의 **정치적** 성격을 강조하는 것이 중요하다. 의식화의 목표는 브라질 (후에는 칠레) 사회 내의 억압적 사회구조와 관습에 대한 비판적 반성과 실질적 변혁이었다. 그래서 어떤 집단이 억압받고 있는 곳에서, 그리고 이런 억압을 해명하는 데 특정한 프락시스가 필요하다고 여겨지는 곳에서, 의식화는 뚜렷한 정치적 의제와 직접 관련되어 있었다. 프레이리가 옹호하는 프락시스란 그 **어떠한** 측면의 세상이든 세상을 바꾸기 위해 설계된 단순히 반성적 행동인 것만은 아니다. 차라리 그 목표는 농민공동체와 브라질 북동부의 가난한 도시인들의 구체적인 관심사들에 적합한 비판적인 가르침과 배움, 그리고 대화를 강화하는 것이었다. 프레이리는 모든 교육이 특정한 이해관계에 복무한다고 보고 문해활동의 정치적 의도에 대해 상당히 열린 자세를 취했고, 이 때문에 그는 큰 대가—강요된 망명(enforced exile)—를 치렀다.

포스트모더니즘, 개인주의, 그리고 의식화

내가 지금껏 논의한 것은 프레이리의 연구에 나타난 의식화에 대한 두 가지 구상이었다. 하나는 명시적으로 정치적인 프로젝트와 결합시킨 단계 모델 버전이고, 또 하나는 의식화를 계속적인 반성적 과정으로 보는 변증법적 재현이었다. 전자의 개념은 행동주의적 가정과 관련된 반면, 후자는 의식화 개념의 재공식화—즉, 프락시스라는 이상과 결부되어 있지만, 보편주의적 사고와 주체중심적 이성에 대해 비판적인 의식화—의 가능성을 열어두고 있다. 이 절에서 나는 비판적 의식에 대한 개인주의적 해석에 반대하고, 포스터모더니즘의 다중주체들이라는 개념에서 의식화를 재해석하고자 한다.

근대적 사고의 중심에는 단일하고도 자율적인 주체가 자리한 반면, 포스트모던 사회 철학은 그런 주체를 해체했으며 자기 주도적이고 자각적인 행위자라는 이상도 거부한다. 포스트모더니스트들은 인간 존재들이 가정한 (때로는 모순된) 주체 지위의 다중성을 강조한다.(Weiler, 1991) 말하자면 우리는 여러 상이한 '자아들'의 혼합물이다. '본질적'이거나 '아무런 장애 없이 자유로운' 자아란 존재하지 않는다. 모든 개인은 담론 속에서 또는 기호 체계들 속에서 구성된다.(Gee, 1993) 근본적인 근대주의 원리에 대한 이런 도전들이 벌어지는 상황에서, 말끔하게 정돈된 봉합 '박스들(주술적인 박스, 순진한 박스, 비판적인 박스)'처럼 개인들을 구분한 스미스의 범주화는 낡고 인위적으로 보인다. 포스트모더니즘 관점에서 보면, 본질적으로 주술적인 (순진한, 혹은 비판적인) 개인은 불가능하다. 역사는 비지속적이고, 무질서하며, 비연속적이라고 보는 포스트모더니스트의 관점과 비교해보면, 의식화를 연속적이고 불가역적인 단계를 통한 **직선적** 진보라고 보는 스미스의 생각 또한 우려스럽다.(참조. Benhabib, 1991)

이런 우려는 의식화에 대한 프레이리의 초기 글에서도 얼마간 확인할 수 있다. 문학 비평과 문화학 같은 분야의 포스트모더니스트들이 텍스트(texts: 글, 문장, 교재, 작품, 창작물, 상징물)와 컨텍스트(contexts: 문맥, 맥락, 상황)에 대해 전개한 아이디어들은 프레이리 연구의 요소들과 공명하는 부분이 있다.(Peters, 1999) 그러나 내가 6장에서 주장했듯이, 프레이리 교육학을 지탱하는 존재론적·인식론적·윤리적 원리들은 본질적으로 근대적이다. 주체중심적 이성의 종말(Peters and Marshall, 1993)은 프레이리 이론을 곤경에 처하게 한다. 명백히 프레이리는 지각하고, 실천하며, 대화적인 인간 주체(human Subject)(대문자 주체는 프레이리가 한 것이다)를 그의 윤리학과 의식화 개념의 중심에 놓았고, 우리는 의식화 개념에서 이런 교육적 선언이 매우 탁월한 이상이라는 걸 알고 있다. 프레이리의 관점에서 교육이란, 겉으로 보이는 피상적인 것의 이면을 검증하면서 (다른 것들 중에서) 사회생활의 모순을 사람들이 더한층 깊이 인식하도록 만드는 것이며, 동시에 비판적으로 의식하는 주체들로서 역사적 과정에 가담하도록 하는 것이다. 비판적으로 의식한다는 것은 인간을 역사와 문화를 창조하는 존재로 확정하는 것이다. 그래서 얼핏 보면, 비판적으로 의식하는 인간이란 계몽주의 프로젝트에서 중시하는 자각적이고, 자기 주도적이며, 자족적인 주체의 구현 바로 그것으로 보인다. 비판적 의식은 세상을 변혁하는 능력뿐만 아니라, 변화에 대해 **자기-의식적이고, 반성적이며, 합리적인** 과정도 포함한다.

바우어스(Bowers 1983, p. 943)는 프레이리의 성인문해 프로그램이 실존주의적이고 인본주의적인 관점의 개인주의에 입각해 있으며, 이 관점에서 '합리적 사고가 개인의 선택을 관장해야 한다'는 생각을 프레이리가 이끌어 냈다고 주장한다. 프레이리는 개인을 '자기 형성적이고 자기 주도적인 존재'라고 본 자유 계몽주의적 구상에서부터 시작한다.(Bowers, 1986, p. 151) 중세적 의식에서 근대 서양 의식으로의 변화, 즉 전통적인 권위를 공격하여 이룬 변화에 근거한 프레이리 교육학은 전통과 연속성보다 개인적이고 사회적인 변화를 더 중시했다. 바우어스의 관점에서 보면, 프레이리 윤리학에 의해, 그리고 구체적으로 비판적 의식에 의해 일상생활에 대해 지속적으로 문제제기하는 것은 특성상 서구적이고 두말할 필요도 없이 개인주의적이다. "사고의 학습은 반드시 민주적이고도 상호 책임지는 공동체 형식으로 이뤄져야 한다"(p. 937)고 말함으로써 비판적 반성에 대한 프레이리 자신의 이상을 조정하지만, 그러나 개인 판단의 권위와 '공동체가 단일한 정체성과 목적의식을 갖도록 하는 권위의 형식'(Bowers, 1986, p. 150) 사이의 긴장을 해결하지는 못한다.

(바우어스가 일반적으로 채택한 용어를 사용하자면) '의식 고양'은 개인주의적 이상이라고 한 바우어스의 주장은, 의식화를 단계로 해석한 스미스와 알슈울러(Alschuler) 같은 사람들의 연구에 의해 더욱 강화되었다. 스미스에게 의식화란 개인적인 발달 과정으로 여겨졌다. 의식화에 대한 개인주의적 설명을 더욱 강화해준 것은 프레이리안을 지향한다고 알려진 다양한 '권력강화' 교육학이다. 이런 많은 권력강화 교육학들은 **자기**-권력화에 초점을 두고 있고, 또 스미스의 의식화 관점이 근거한 바로 그 가정에 직접적이진 않지만, 슬그머니 의지하고 있다. 그러나 특정한 태도, 사고 양식, 행위 형태를 체득하거나 적용함으로써,

개별적 인간 존재가 자기 삶을 더 광범위하게 통제할 수 있을 것이라는 이상은 현재 위기에 처해 있다.

의식화를 개인주의적 입장에서 규정하는 것은 프레이리의 강조점, 즉 변혁을 위한 해방적 반성과 행동이 지닌 집단적이고 대화적인 성격을 강조했던 프레이리의 관점과는 일치하지 않는다. 프레이리는 초기 저작들에서부터 의식화의 **사회적** 성격을 강조했다. "제대로 이해하자면, 의식화는 허공의 추상적 존재들에게서 일어나는 게 아니라 현실 속의 남녀에게서 그리고 사회구조 속에서 일어나는 것이라는 사실을 알아야 하고, 의식화가 개인의 수준에 머무를 수 없다는 점을 이해해야 한다"라는 것이다.(Freire, 1976, pp. 146~157) 이는 프레이리의 마지막 작품《자유의 교육학(Pedagogy of Freedom)》에서 더 잘 알 수 있는데, 이 책에서 프레이리는 비록 사회 현실을 새롭게 지각하게 하는 최초의 자극은 한 개인에게서 나오지만, 의식의 돌파구를 가능하게 하는 경험은 **집단적인 것**이라고 주장한다.(1998c, p. 77) 프레이리가 생각했듯이, 대화라는 개념은 의식화의 중심이고, 반드시 맥락적이고 정치적인 차원에서 이해해야만 한다. 프레이리 성인문해 교육에서 특히 의식화의 과정으로 볼 때, 대화는 단순히 한담도 아니고 일반적 의미에서 (가령 학습을 위한 대화처럼) 단지 교육적 목적의 회화도 아니다. 차라리 부분적으로 대화는 억압 상황을 규정하고 분석하고 비판하고 변혁하려는 지향이 명확한 것이다. 프레이리에게 집단성이란 아무리 강조해도 지나치지 않을 만큼 중요하다. 집단성이 없다면, 지배적 관념과 실천에 대항하는 투쟁을 파괴하는 (그래서 투쟁의 효과성을 줄이는) 지렛대를 최고 권력자들이 쥐는 꼴이라고 프레이리는 경고한다. 의식화를 위한 대화는 인간 **존재** 자체의 본질에서 나오는 하나의 확실한 목적, 즉 바로 인간화라는 존재론적 소명을 의미한다.

프레이리에게 '진정으로 **존재하는 것**이 어떤 의미인지 안다면, 의식화에 대한 개인주의적 설명은 존재론적으로 옹호할 수 없다(혹은 옹호해서도 안 된다). 비판적·대화적·프락시스적이 된다는 것 — 말하자면 프레이리식 의미에서 주체가 된다는 것 — 은 많은 부분 인간 존재에 따라 나오는 것이다. 의식화(와 더 넓게는 프레이리안 이론)에 대한 개인주의적 독해는 프레이리식 '앎'의 개념과도 상충하여, 인식론적 불화를 또한 일으킨다. 2장에서 살펴보았듯이, 프레이리는 어느 누구도 홀로 '알 수'는 없다고 주장했다. 앎이 신뢰성을 획득하려면 (비록 즉자적인 물리적 존재가 아니라 하더라도) '타인'이라는 존재가 있어야만 한다. 무엇보다 의식화는 상이한 방식으로 세상을 '알아가는' 과정을 나타낸다. 이 과정이 지닌 한 가지 차원은 자신을 타인들 속의 한 존재로서 — 즉, 계급의 일원으로서, 혹은 적어도 한 집단의 일원으로서 — 인식하는 것이며, 그래서 개인적 난관을 더욱 넓은 사회적 맥락에서 볼 수 있게 하는 것이다. 이는 '개인 생애사'를 '구조'와 결합시키는 과정이며,(Mills, 1970) 충분히 반(反)개인주의적인 것이고, 또한 교육과 일상 활동들에 대한 좀 더 집단적 (대화적) 접근법을 **통해** 오직 진정성 있게 진행될 수 있는 것이다.

어쩌면 스미스와 알슈울러는 자신들의 분석이 프레이리의 이상에 담긴 대화의 중요성을 전혀 훼손하지 않았다고 항의할지도 모른다. 비판적으로 의식하는 개인들의 뚜렷한 자질 중 하나가 그들이 대화적이라는 사실이다. 순진한 의식을 지닌 개인들은 개량주의적 입장에서 세상을 분석도 하고 직면도 하지만, 자기 동료들과 관계를 피하고 자기 출신 계급을 부정할 때도 잦다.(Smith, 1976, pp. 52, 58을 보라) 주술적 의식 소유자들은 자신을 세상 **속에서** 세상과 **더불어 있는** 존재로 보지도 못하고 또 삶을 역사적 사회적 지평으로 보는 개념도 없다. 그들의 실존은, 번영하려는 요구보다는 차라리 생존투쟁에 국한된다.(Freire, 1976, p. 17과 비교하라) 그러나 의식화 과정을 개인주의 담론 안에 두면서 ― 그리고 구체적으로는 (스미스의 경우에) 콜버그의 발달심리학적 접근법 안에 두면서 ― 프레이리가 의식화 용어를 사용했던 전반적인 의도와는 상당히 멀어져버렸다. 프레이리는 개인들이 의식화 과정을 통해 변화할 것(이라거나 변화해야 한다는 것)이란 점을 부정하지 않지만, 그러나 의식화 과정은 **사회적** 변혁이라는 더 넓은 현상과 함께 하는 것으로 봐야 한다. '나는 생각한다'는 것은 그에 상응하는 '우리가 생각한다'는 것을 통해서만 (프레이리가 생각하기에) 오직 가능하다. 그래서 프레이리안 관점에서 보면, 집단적 의식 안에서 더 큰 변화와 결부시키지 않고서 개인들의 사고나 행동 패턴 변화로만 의식화를 보는 것은 터무니없는 생각이다.

그러나 프레이리 철학에서 '대화'와 같은 개념들을 지탱하는 윤리적 가정들이 철저히 서구적이고 **필연적으로** 개인주의적이라고 바우어스는 주장할지도 모른다. 이 생각은 내가 앞서 주장했듯이, '바로 그' 서구적 전통에 대한 독특한 구상을 중심주제로 삼고 또 프레이리와 서구 전통과의 관계(그리고 그 안에 자리 잡고 있는 것)를 중심주제로 삼는다. 바우어스는 프레이리의 이론화 전체를 지지하거나 '주도하는 것'이 세상을 보는 특별한 방식, 즉 서구적 사고방식이라 할 의식의 방식이라고 가정한다. 이 사고방식의 핵심에는 합리성, 통제, 행위자, 변화(의 가치)에 대한 어떤 전제가 있다. 대화는 둘 또는 그 이상의 사람들 사이의 토론과 관계되지만 ― 그리고 프레이리는 아마 집단적 관계, 계급의 자각, 공동체에 대한 감각을 촉진하는 게 중요하다고 말할 것이지만 ─ 바우어스는 아마 대화적이고 공동체적 상황 속에서 이뤄지는 인간의 사고와 행동 양식이 여전히 개인에 초점을 두고 있다고 말할 것이다.

《교육: 자유의 실천》에서 개괄한 비판적 의식의 특징이 자유 개인주의의 이상과 상당히 닮아 있는 것은 사실이다. 그러나 프레이리의 진술을 《교육: 자유의 실천》의 다른 부분들과 연관 지어 읽어야 하며, 다른 작품들도 함께 봐야 하고, 그의 성인문해 활동에 담긴 의식화의 **실천**이라는 점 또한 검토해야 한다. 단일한 개인들이 맥락과는 무관하게 '자유롭고도' 자율적인 선택을 한다는 생각에 프레이리의 윤리학이 기초를 두고 있지는 않다. 사실상 의식화 개념은 이런 견해에 직접 반대하는 가정들에 상당히 많이 의지한다. 인간 존재로서, 우리는 항상 사회적·문화적·정치적으로 '위치 지워져 있다'고 프레이리는 주장한다. 인간 의식은 이데올로기적 틀 속에서 타인들과 그리고 계속 변화하는 세계와 관계를 통해 구성된다(일부는 인식 가능하고, 다른 일부는 그 틀 속에 우리가 매몰되어 알아채지 못하기도 한다). 의식화를 정당화하는 것은, 의식이 결코 '순수하지' 않고 항상 형성되거나 조건화된다는 사실을 아는 것에 달려있다. 《교육: 자유의 실천》과 마지막 책 《자유의 교육학》에서 프레이리가 말한 바는 사고하고 행동하고 아는 것은 **사회적** 이벤트라는 것이다.(예컨대 pp. 134~135를 보라) 프레이리는 인간이 홀로 사고하고, 말하고, 읽고, 쓰고, 배우고, 존재할 수 없다는 확고한 입장을 가지고 있었다. **인간이 된다**는 것은 사회적 존재가 되는 것이다. 인간은 관계의 존재이다. 즉, 인간 존재의 실존은 타인을 참조로 하지 않으면 이해할 수 없다.

프레이리는 데카르트식의 자아 정체를 지닌 자각적 '나' 개념을 명백히 거부하고 대신에 대화적이고 사회적으로 구성된 '우리(We)'를 사용한다. 그래서 명백히 개인적이고 합리적인 자율성이라는 순수하고도 '원자적'인 개념을 프레이리는 수용하지 않는다. 바우어스도 이에 동의할 수도 있다. 하지만 프레이리가 윤리학의 중심에 반성적 주체를 둔다고 해서, 개인주의를 조장하는 걸 피할 수 없다고 바우어스는 주장한다. 바우어스는 프레이리식 대화가 '개인 친화적 의도'를 전제하고 있다고 주장했다.(Bowers, 1986, p. 150) 이것은 내가 보기에 프레이리의 생각을 왜곡한 것이다. 프레이리가 의식을 — 그리고 암묵적으로는 반성도 — '개인 친화적 의도'가 아니라 '세상을 지향하는 의도'로 본 것은 분명하다. 우리가 세상을 검토하기 위해 세상에 관심을 가지거나, 우리 문제의 성질을 더 명료하게 지각하기 위해 우리가 처한 직접적 환경에서부터 한 걸음 물러서려고 할 때, 우리는 이미 그리고 필연적으로 사회적으로 형성된 반성적인 의도를 갖고서 그렇게 한다. 의식은 사회적 세상 속에서, 그 세상과 상호교섭을 통해 만들어진다. 우리는 세상과의 관계 속에서 우리 자신을 알거나 이해하려고 노력할 수 있을 뿐, 우리 자신을 타인의 도움 없이 홀로 인지자가 되게 구성할 수는 없다. 그리고 인간은 **자기 구성적**이라기보다 **자기 의식적**이라는 것이 맥라렌과 해머(1989)의 주장이자 프레이리 입장과 일치한다. 우리가 비록 우리 자신의 의식을 개별화하진 않더라도, 그럼에도 우리는 '우리 자신의 자유의지가 처한 위험에서 벗어나 우리 자신의 구성을 인식할 수 있을 만큼' **충분히** 자기 의식적이 될 수 있다. 중요한 것은 자아의 구성에 대한 우리의 자아-의식이 바로 **해방을 가능하게 만든다**는 점이다.(p. 49)

의식화에서 중요한 한 가지 요소는 정확히 바로 이런 의식의 발달이다. 즉, 우리가 고립된 채 자기를 구성해가는 개인들이 **아니라**는 점을 더 깊이 (자기 의식하여) 이해하는 의식의 발달이다. 이런 성장의 실현 수단으로서, 대화는 단순히 개인적 의식의 집합일 수 없다. 대화를 시작하기도 전부터 의식은 사회적으로 구성되며, 타인들과 목적을 갖고 소통하면서 **재**구성된다. 대화를 통해 생겨난 생각들은 개인이 한 헌신의 합 그 이상이다. 즉, 그 생각들은 대화적 관계의 **종합**이며, 그 매개체는 세상을 알고 바꾸고자 하는 둘 또는 그 이상의 자기 의식적 주체들이 공부하는 대상이다.

프레이리가 담론 분석의 언어를 사용하지는 않았지만, 의식화에 대한 그의 이론은—그의 철학 전체와 관련지어 보고, 그의 후기 작품들을 참조해 볼 때—담론 분석 연구에서 나온 통찰들과 많은 측면에서 공존 가능하다. 프레이리가 말하고 싶어 한 것은, 우리 모두는 다중적인 담론들 속에서 그리고 그 담론을 통해 작동하고 있다는 것이다. (여기서 '담론'이라는 용어는 '세상에서 존재하는 방식'이라는 가장 광범위한 의미로 사용한다.) 어떤 점에서 의식화란, 사람들이 담론 속에서 활동하고 반성을 통해 참가하면서 그 담론의 범위를 확장하는 것에 관심 있다. 이것은 단지 '기호 체계' 내에서만의 이동이 아니라 일상생활 속 구체적 관습이 변화하는 것이다. 그러니 의식화에는 물질적 기초와 함께 '지적'인 기초도 존재한다. 비판적으로 의식한다는 것은 지속적인 변혁 과정을 의미한다. 의식화를 거친 사람들은 그들이 비판적으로 현실을 반성하고, 행동하며, 그들 자신과 그들의 환경 둘 모두를 바꾸고, 그런 변혁이 가져온 새로운 현실에 대해서 또다시 반성하고, 필요한 더 많은 행동을 수행하는 등의 활동을 하므로, 계속해서 재구성된다.

그래서 의식화된 프레이리식 주체는 '활동 중인' 주체로서, 현실을 형성하면서 또 그 현실에 의해 형성되는 존재이다. 프레이리안 이론에서 그 주체는 '의식이라는 집(home of consciousness)'(Oliver, 1991, p. 178)에 머물지만, 어떤 한 주체 속에 '거주하는' 의식이 결코 가만히 있는 것은 아니다. 프레이리에게 주체는 완벽히 자기 구성적이거나 자기 주도적이지도 않고 또한 상호교차하는 욕망들의 탈중심적 네트워크도 아니다.(참조. Eagleton, 1985, pp. 71~72) 프레이리는 사람들이 억압적인 구조나 아이디어, 관습들에 ─ 의식적으로, 반성적으로, 깊이 숙고하면서 ─ 저항한다는 관점을 유지하고 있다. 그러나 의식화의 핵심인 이런 저항은 항상 이데올로기적이고 정치적인 한계 속에서 이뤄지고, 타인들과 대화를 통해 수행되어야 하며, 그리고 필연적으로 불완전하다. 특히 의식화에 대한 개념에서 드러나듯이, 프레이리식 행위자 개념은 자유 개인주의적 관점과 충분히 성숙한 포스트모더니즘 입장 사이에 있다.

　포스트모더니즘의 다중주체들 개념은 의식화에 대한 사고를 재조정할 것을 제안한다. 개인들은 더 이상 '인성 유형'으로 말끔하게 범주화되지 않으며, 어느 (하나의) 의식 수준에 있는 존재로 적당히 설명될 수도 없다. 주체성에 대한 포스트모더니즘 관점에서 보면, 우리는 수많은 상이한 담론들 속에서, 그리고 그 담론들을 통해서 살아가고 있기 때문이다. 프레이리는 인생 후반기에, 이런 담론들이 자주 모순된다는 것을 파악했다. 만약 의식화를 주술적이거나 순진한 상태에서 '비판적' 의식을 향해 나아가는 과정이라고 보았던 최초의 구상을 재고한다면, 포스트모더니즘적 관점은 이 세 수준들 사이에서 계속적으로 움직인다는 것을 의미한다. 만약 사람들이 어느 한 시기에는 하나의 의식단계 특징만 보인다고 한다면, 그 가정은 상당히 문제가 있다.

먼저 단계마다 독특한 자질이 있다고 한 프레이리의 초기 목록을 염두에 두고, 주술적 의식 수준에 있다고 생각되는 브라질 농민을 상상해보자. 엄격한 단계 모델을 적용하면, 그 농민은 비판적 의식의 전형적 자질을 전혀 보이지 않을 것이다. '문제를 깊이 해석하기', '자신의 발견물 검증하기', '개방적인 수정 태도', 그리고 문제 인식에서 왜곡의 삼가는 모두 비판적 의식의 자질들이다.(Freire, 1976, p. 18 참조) 농부들은 자신이 처한 정치적인 문제를 이해하거나 평가할 때는 이런 비판적 자질들을 보이지 않을 수도 있지만, 자신의 토지와 곡식을 관리할 때는 이런 자질들을 드러낼 수 있다는 것은 확실하다. 대부분 토지 조성은 토양, 식물, 날씨, 관개시설, 윤작 등의 여러 요소를 조율하는 일과 결부되어 있다. 효율적인 곡식 재배를 위해 다양한 요소들을 깊이 해석하는 일은 상당히 잘 이뤄지는 경향이 있다. 많은 농부가 여러 해 동안 토지를 다양한 방법으로 활용하면서 자신의 '발견물들'을 '검증'할 수도 있다. 그리고 경험에 비추어 재배와 추수 절차를 바꾸는 일도 매우 중요하게 생각한다.

일상 경험 중 어느 순간을 반성해보면, 여러 수준의 자질을 드러내는 다중적 단계 개념이 가능할 뿐 아니라, 실제로 가능하다. 생각하건대, 한 사람을 삶의 어떤 국면에서 검토하느냐에 따라서 주술적이면서 순진하고, **동시에** 비판적이라고 분류될 수도 있다. 사람들은 어떤 담론 상황에서는 비판적 의식의 자질을 보이면서도 다른 상황에서는 전형적으로 주술적 방식이나 순진한 방식으로 행동할 수도 있다. 내 경우에는, 정당정치에 대해서는 정교하고 비판적인 이해를 전개해왔지만, 동시에 가족생활의 일에 대해서는 숙명론적 입장이나 초자연적 힘의 작용으로 설명하기도 한다. 혹은 내 직장생활(예를 들어, 한 명의 교사로서)에서는 비판적 의식이 지닌 모든 자질을 보이면서도 환경문제에 대해서는 순진한 이해에 그친다. 어떤 한순간에, 어떤 한 사람은 특정한 담론의 틀 안에서 특정한 방식으로 사고하고, 느끼며, 행동한다. 그 담론의 틀이 존재와 행위를 위한 한계와 가능성을 만든다. 그러나 사람들은 하나의 담론에서 다른 담론으로 이동하거나 혹은 동일한 담론 상황 안에서 상이한 '순간들' 사이로 옮겨 가는 것처럼, 거의 동시에 세상을 향한 구체적 지향도 역시 완전히 바뀔 수 있다.

그래서 각 수준에 딱 맞아떨어지는 독특한 특성을 가진 고정된 의식단계란 존재하지 않는다. 사람들은 다양한 담론 속에서, 물리적 상황 속에서, 역사적 순간 속에서 상이한 방식으로 사회적 현실을 경험하고 참가하고 구성한다. 우리가 특정한 사고방식으로 영원히 의식화되거나 '고정된 채'로 머물러 있지는 않는다. 그리고 의식화는 한순간의 과정으로 일어난다. 자기 삶을 비판적 형태로 이끌어 가는 유일하고도, '자족적이며', 자각적인 인간 주체에 더는 초점을 두지 않는다. 만약 본질적 자아가 없다면, 우리는 한 사람을 주어진 순간에 반성적 행동으로 참가하며 '존재한다'고만 할 수 있다. 비록 단계 모델에서 말하듯이 질서정연하지도, 연속적이지도, 행동주의적인 행태도 아니겠지만, 의식화를 통해, 한 사람은 세상 속에서 자신의 '위치'를 바꾼다.

결론

의식화의 원동력과 목적이 유지되려면, 억압 상황에 관해 대화하고 비판적으로 반성하는 계기들이 있어야 한다는 것이 중요하다. 의식화에 담긴 정치적 성격과 해방적 의도를 없애버리는 것은 의식화라는 용어를 처음 사용할 때의 목적을 없애버리는 것이다. 프레이리는 《크리스티나에게 보내는 편지(Letters to Cristina)》에서, 혁명적으로 비판적인 의식이라는 이상은, 비록 유지하기 상당히 힘들어도, '계속해서 본질적이면서도 잠재적인 것'(1996, p. 119)이라고 주장했다. '잃어버린' 시기, 즉 1980년대와 1990년대를 생각하면 흔히들 변화를 가로막았던 많은 방해물(정치적 부패, 마약 거래, 기업의 탐욕, 고질적인 가난 등)에 주목해 왔지만, 동시에 이 시기에 땅 없는 이들에게 토지소유권을, 학교교육을 못 받는 이들에게 새로운 지역공동체 학교를 제공하는 큰 이득도 있었다고 프레이리는 지적한다. 시간이 지나면서, 의식화에 대한 반응도 변화되어 왔다. 프레이리는, "과거에는" "의식화를 악마 같은 도구로 보았고, 나라는 존재를 많은 순진무구한 사람들의 고통스러운 영혼을 파멸에 이르게 하는 악마 자체로 보았다"라고 말한다. '지금은' '현상유지파들'이 과학적이고 기술적인 효율성을 추구하면서 의식화, 꿈, 유토피아를 방기한다(p. 136)고 말한다. 세계화 아래서 새로운 형태의 자본주의 헤게모니와 함께, 그리고 섬세하게 만들어진 미디어 이미지가 일상생활을 파고드는 것과 함께, 숙명론적 신자유주의 담론은 의식화 프로젝트에 새로운 의미를 부여하고 있다.(참조. Freire, 1998c, pp. 55, 114, 124; Mayo, 1996) 프레이리의 말로 하면, 의식화는 변함없는 '우리 인간 조건의 필수품'이다.(Freire, 1998c, p. 55)

나는 사회 이론이 포스트모던하게 변했다고 해서, 세상을 한층 더 비판적으로 이해하려는 (그리고 그 세상 속에서 그 기반 위에서 활동하려는) 시도의 가능성을 배제하진 않는다고 생각한다. 그러나 포스트모더니즘 관점에서 보면, 특정한 방식으로 행동하거나 사고하려는 노력은 반드시 편파적이고, 불완전하며, 다분히 모순적인 것으로 인식해야만 한다. 정말 비판적인 의식 활동의 중요한 측면은 다중적인 담론 안에 각자의 관점이 어떻게 심어졌는지 반성하는 과정이다. 이 과정은 담론 구성 과정과 주체들, 특히 억압과 해방의 형태와 연관된 주체들의 역사적 형성 과정을 철저히 검토하려는 시도를 요구한다. 포스트모던한 시대에는 비판적인 이론 분석, 정치적 헌신, 그리고 사회적 활동이 모두 필연적으로 잠정적이지만, 그렇다고 해서 덜 필요한 것은 아니다. 프레이리가 의식화에 대한 자신의 최초 생각을 출판한 지 벌써 30년이 지났으나, 인간화에 대한 많은 새로운 도전들이 지금도 존재한다. 우리가 이런 도전에 직면하고 미래의 도전에 직면할 때, 의식화 개념을 교육적 이상으로 다시 사고하고, 의식화를 사회변화를 위한 강력한 동인으로 채택하는 데서 잠재적으로 얻을 것이 많다.

주

1 예를 들어, Lioyd(1972); Sanders(1972); Gleeson(1974); Elias(1974); Plunkett(1978); Bock(1980); Kilian(1988); O'Hara(1989); Burstow(1989)를 보라.

Alschuler, A. (1976) Foreword, in W. Smith, *The Meaning of Conscienti-zacao: The Goal of Paulo Freire's Pedagogy*, pp. v-viii. Amherst, MA: Center for International Education.

Aristotle. (1976) *Ethics* (The Nicomachean Ethics), revised ed., trans.

J. A. K. Thomson. Harmondsworth: Penguin.

Aronowitz, S. (1993) Paulo Freire's radical democratic humanism. In P. McLaren & P. Leonard (eds.), *Paulo Freire: A Critical Encounter*, pp. 8-24. London: Routledge.

Ashton-Warner, S. (1966) *Teacher.* Harmondsworth: Penguin.

Bartolome, L. I. (1994) Beyond the methods fetish: towards a humanizing pedagogy. *Harvard Educational Review*, 64 (2), pp. 173-194.

Bee, B. (1980) The politics of literacy. In R. Mackie (ed.) *Literacy and Revolution: The Pedagogy of Paulo Freire*, pp. 39-56. London: Pluto Press.

Beilharz, P. (1991) Back to postmodernity. *Thesis Eleven*, 29, pp. 111-118.

Benhabib, S. (1991) Feminism and postmodernism: An uneasy alliance.

Praxis International, 11 (2), pp. 137-149.

Berger, P. (1974) "Consciousness raising" and the vicissitudes of policy. In *Pyramids of Sacrifice: Political Ethics and Social Change*, pp. 111-132. New York: Basic Books.

Bloom, A. (1988) *The Closing of the American Mind. New York: Simon and Schuster.*

Bock, S. (1980) Conscientization: Paulo Freire and class-based practice. *Catalyst*, 6, pp. 5-24.

Boler, M. (1999) Posing some feminist queries to Freire. In P. Roberts (ed.), *Paulo Freire. Politics and Pedagogy: Reflections froin Aotearoa-New Zealand*, pp. 61-69. Palmerston North: Dunmore Press.

Bowers, C. A. (1983) Linguistic roots of cultural invasion in Paulo Freire's pedagogy. *Teachers College Record,* 84 (4), pp. 935-953.

———. (1984) The problem of individualism and community in neo- Marxist educational thought. *Teachers College Record,* 85 (3). pp. 365-390.

———. (1986) Review of Freire, P., *The Politics of Education: Culture, Power, and Liberation.* (Mass.: Bergin and Garvey, 1985). Educational Studies, 17 (1), pp. 147-154.

———. (1991a) Some questions about the anachronistic elements in the Giroux-McLaren theory of critical pedagogy. *Curriculum Inquiry,* 21 (1), pp. 239-252.

———. (1991b) Critical pedagogy and the "arch of social dreaming": A response to the criticisms of Peter McLaren. *Curriculum Inquiry,* 21 (1), pp. 479-487.

Brady, J. (1994) Critical literacy, feminism and a politics of representa-tion. In P. McLaren and C. Lankshear (eds.) *Politics of Liberation: Paths from Freire,* pp. 142-153. London: Routledge.

Brandes, D. (1971) Education for liberation: An interview with Paulo Freire. Transcript of an interview conducted for the Canadian Broadcasting Corporation television programme "Something Else," June 18.

Brown, C. (1974) Literacy in 30 hours: Paulo Freire's process in northeast Brazil. *Social Policy,* 5 (2), pp. 25-32.

Bruss, N., and Macedo, D. (1985) Toward a pedagogy of the question: Conversations with Paulo Freire. *Journal of Education,* 167 (2), pp. 7-21.

Buber, M. (1958) *I and Thou,* trans. R. G. Smith. Edinburgh: T. and T. Clark.

———. (1961) Between Man and Man, trans. R. G. Smith. London: Fon tana.

Burstow, B. (1989) Conscientization: A new direction for ex-inmate education. *International Journal of Lifelong Education,* 8 (1), pp. 25-45.

Cabral. A. (1980) *Unity and Struggle.* London: Heinemann.

Castells. M. Flecha, R., Freire, P., Giroux, H. A., Macedo, D., and Willis, P. (1999) *Critical Education in the New Information Age.* Lanham, Md.: Rowman and Littlefield.

Chesterfield. R., and Schutz, P. (1978) Nonformal continuing education in rural Brazil. *Lifelong Learning: The Adult Years,* 2 (2), pp. 12-16.

Coben, D. (1998) *Radical Heroes: Gramsci, Freire and the Politics of Adult Education.* New York: Garland.

Connolly, R. (1980) Freire, praxis and education. In R. Mackie (ed.), *Literacy and Revolution: The Pedagogy of Paulo Freire,* pp. 70-81. London: Pluto Press.

Darling, J. (1994) *Child-Centred Education and Its Critics.* London: Paul Chapman.

Davis, R. (1980) Education for awareness: a talk with Paulo Freire. In R. Mackie (ed.), *Literacy and Revolution: The Pedagogy of Paulo Freire,* pp. 57-69. London: Pluto Press.

Declaration of Persepolis (1976). In L.B. Bataille (ed.), *A Turning Point for Literacy*, pp. 273-276. Oxford: Pergamon Press.

Descartes, R. (1931) *The Philosophical Works of Descartes*, Vol.1, trans. E. S. Haldane and G. R. T. Ross. London: Cambridge University Press.

Dillon, D. (1985) Reading the world and reading the word: An interview with Paulo Freire. Language Arts, 62 (1), pp. 15-21.

Eagleton, T. (1985) Capitalism, modernism and postmodernism. *New Left Review*, 152, pp. 60-73.

Elias, J. L. (1974) Social learning and Paulo Freire. *Journal of Educational Thought*, 8 (1), pp. 5-14.

————. (1994) *Paulo Freire: Pedagogue of Liberation*. Malabar, Fla.: Krieger.

Ellsworth, E. (1989) Why doesn't this feel empowering? Working through the repressive myths of critical pedagogy. *Harvard Educational Review*, 59 (3), pp. 297-324.

Escobar, M., Fernandez, A. L., Guevara-Niebla, G., and Freire, P. (1994) *Paulo Freire on Higher Education: A Dialogue at the National University of Mexico*. Albany: State University of New York Press.

Fanon, F. (1967) *The Wretched of the Earth*, trans. C. Farrington. Harmondsworth: Penguin.

Findsen, B. (1999) Freire and adult education: Principles and practice. In P. Roberts (ed.), *Paulo Freire, Politics and Pedagogy: Reflections from Aotearoa-New Zealand*, pp. 71-82. Palmerston North: Dunmore Press.

Fonseca, C. (1973) Paulo Freire in Bombay. *New Frontiers in Education*, 3 (2), pp. 92-98.

Freire, A. M. A., and Macedo, D. (1998) Introduction. In Freire, A. M. A. and Macedo, D. (eds.) (1998a), *The Paulo Freire Reader*, pp. 1-44. New York: Continuum.

Freire, P. (1969) Cultural liberty in Latin America. *International Catholic Auxiliaries News*, 7 (1), pp. 2-6.

————. (1970a) Cultural action. Lecture delivered at CIDOC, Cuernavaca, January.

————. (1970b) Showing a man how to name the world. *New World Out look*, August, pp. 16-17.

————. (1970c) Development and educational demands. *World Christian Education*, 25 (3), pp. 125-126.

————. (1971a) By learning they can teach. *Studies in Adult Education*, 2, pp. 1-9.

————. (1971b) Education as cultural action: an introduction, in L. M. Colonnese (ed.), *Conscientization for Liberation*, pp. 109-122. Washington, D.C., Division for Latin America.

———. (1972a) *Pedagogy of the Oppressed.* Harmondsworth: Penguin.

———. (1972b) *Cultural Action for Freedom.* Harmondsworth: Penguin.

———. (1972c) The third world and theology. *LADOC*, March, pp. 1-3.

———. (1974a) Research methods. *Literacy Discussion*, Spring, pp. 133-142.

———. (1974b) Conscientisation. *Month*, May, pp. 575-578.

———. (1975) Oppression. *LADOC*, September October, pp. 16-19.

———. (1976) *Education: The Practice of Freedom.* London: Writers and Readers.

———. (1978) *Pedagogy in Process: The Letters to Guinea-Bissau.* London: Writers and Readers.

———. (1979) Letter to adult education workers. In *Learning by Living and Doing*, pp. 27-32. Geneva: IDAC.

———. (1981) The people speak their word: Learning to read and write in Sao Tome and Principe. *Harvard Educational Review*, 51 (1), pp. 27-30.

———. (1983) The importance of the act of reading. *Journal of Education*, 165 (1), pp. 5-11.

———. (1985) *The Politics of Education.* London: Macmillan.

———. (1987) Letter to North-American teachers. In I. Shor (ed.), *Freire for the Classroom*, pp. 211-214. Portsmouth, NH: Boynton/Cook.

———. (1993a) *Pedagogy of the City.* New York: Continuum.

———. (1993b) Foreword. In P. McLaren and P. Leonard (eds.), *Paulo Freire: A Critical Encounter*, pp. ix-xii. London: Routledge.

———. (1994) *Pedagogy of Hope: Reliving Pedagogy of the Oppressed.* New York: Continuum.

———. (1996) *Letters to Cristina: Reflections on My Life and Work.* London: Routledge.

———. (1997a) *Pedagogy of the Heart.* New York: Continuum.

———. (1997b) A response. In P. Freire, J. W. Fraser, D. Macedo, T. McKinnon, and W. T. Stokes (eds.), *Mentoring the Mentor: A Critical Dialogue with Paulo Freire*, pp. 303-329. New York: Peter Lang.

———. (1998a) *Teachers as Cultural Workers: Letters to Those Who Dare Teach.* Boulder, Colo.: Westview Press.

———. (1998b) *Politics and Education.* Los Angeles: UCLA Latin American Center Publications.

———. (1998c) *Pedagogy of Freedom: Ethics, Democracy, and Civic Courage.* Lanham, Md.: Rowman and Littlefield.

———, and Faundez, A. (1989) *Learning to Question: A Pedagogy of Liberation.* Geneva: World Council of Churches.

Freire P. and Fraser, J. W., Macedo, D., McKinnon, T. and Stokes, W.T. (eds.) (1997) *Mentoring the Mentor: A Critical Dialogue with Paulo Freire.* New York: Peter Lang.

Freire, P., and Macedo, D. (1987) *Literacy: Reading the Word and the World.* London: Routledge and Kegan Paul.

————. (1993) A dialogue with Paulo Freire. In P. McLaren and P. Leonard (eds.), *Paulo Freire: A Critical Encounter,* pp. 169-176. London, Routledge.

————. (1995) A dialogue: Culture, language, and race. *Harvard Educational Review,* 65 (3), pp. 377-402.

————. (1999) *Ideology Matters.* Lanham, Md.: Rowman Littlefield.

Freire, P. and Shor, I. (1987) *A Pedagogy for Liberation.* London: Macmillan.

Fromm, E. (1984) *The Fear of Freedom.* London: Ark.

Gee, J. P. (1988) The legacies of literacy: from Plato to Freire through Harvey Graff. *Harvard Educational Review,* 58 (2), pp. 195-212.

————. (1993) Postmodernism and literacies. In P. McLaren and P. Leonard (eds.), *Critical Literacy: Politics, Praxis, and the Postmodern,* pp. 271-296. Albany: State University of New York Press.

Gerhardt, H-P. (1993) Paulo Freire. *Prospects,* 23 (3/4), pp. 439-458.

Giroux, H. A. (1981) *Ideology, Culture, and the Process of Schooling.* London: Falmer.

————. (1985) Introduction. In P. Freire, *The Politics of Education,* pp. xi-xxv. London: Macmillan.

————. (1987) Introduction. In P. Freire and D. Macedo, *Literacy: Reading the Word and the World,* pp. 1-27. London: Routledge.

————. (1988) Border pedagogy in the age of postmodernism. *Journal of Education,* 170 (3), pp. 162-181.

————. (1993) Paulo Freire and the politics of postcolonialism. In P. McLaren and P. Leonard (eds.), *Paulo Freire: A Critical Encounter,* pp. 177-188. London: Routledge.

Gleeson, D. (1974) "Theory and practice" in the sociology of Paulo Freire. *Universities Quarterly,* 28 (3), pp. 362-371.

Goodman, P. (1971) *Compulsory Miseducation.* Harmondsworth: Penguin.

Graff, H. J. (1987) *The Labyrinths of Literacy.* London: Falmer.

Gramsci, A. (1971) *Selections from the Prison Notebooks,* Eds. Q. Hoare and G. Nowell Smith. London: Lawrence and Wishart.

Harris, K. (1979) *Education and Knowledge.* London: Routledge and Kegan Paul.

————. (1990) Empowering teachers: Towards a justification for intervention. *Journal of Philosophy of Education,* 24 (2), pp. 171-183.

Hassan, I. (1993) Toward a concept of postmodernism. In T. Docherty (ed.), *Postmodernism: A Reader,* pp. 146-156. London: Harvester Wheatsheaf.

Hill, B. (1974) When I met Marx, I continued to meet Christ on the corners of the street. *Age,* 19 April.

Holt, J. (1969) *How Children Fail.* Harmondsworth: Penguin.

———. (1970) *How Children Learn.* Harmondsworth: Penguin.

———. (1971) *The Underachieving School.* Harmondsworth: Penguin.

Horton, M. and Freire, P. (1990) *We Make the Road by Walking: Conversations on Education and Social Change,* Eds. B. Bell, J. Gaventa, and J. Peters. Philadelphia: Temple University Press.

Illich, I. (1971) *Deschooling Society.* Harmondsworth: Penguin.

Janmohamed, A. R. (1994) Some implications of Paulo Freire's border pedagogy. In H. A. Giroux and P. McLaren (eds.), *Between Borders: Pedagogy and the Politics of Cultural Studies,* pp. 242-252. London: Routledge.

Jay, G. and Graff, G. (1995) A critique of critical pedagogy. In M. Berube and C. Nelson (eds.), *Higher Education under Fire: Politics, Economics, and the Crisis of the Humanities,* pp. 201-213. New York: Routledge.

Kilian, A. (1988) Conscientisation: An empowering, nonformal education approach for community health workers. *Community Development Journal,* 23 (2), pp. 17-123.

Kozol, J. (1978) A new look at the literacy campaign in Cuba. *Harvard Educational Review,* 48, pp. 341-377.

Lankshear, C. (1982) *Freedom and Education.* Auckland: Milton Brookes.

———. (1988) In whose interests? The role of intellectuals in New Zealand society. *Sites,* 17, pp. 3-21.

———. (1993) Functional literacy from a Freirean point of view. In P. McLaren and P. Leonard (eds.), *Paulo Freire: A Critical Encounter,* pp. 90-118. London: Routledge.

———. (1994a) Literacy and empowerment: discourse, power, critique. *New Zealand Journal of Educational Studies,* 29 (1), pp. 59-72.

———. (1994b) Afterword: Reclaiming empowerment and rethinking the past. In Escobar, M., Fernandez, A. L., Guevara-Niebla, G., with Freire, P., *Paulo Freire on Higher Education: A Dialogue at the National University of Mexico,* pp. 161-187. Albany: State University of New York Press.

———, with Lawler, M. (1987) *Literacy, Schooling and Revolution.* London: Falmer.

———, and McLaren, P. (1993) Preface. In C. Lankshear and P. McLaren (eds.), *Critical Literacy: Politics, Praxis, and the Postmodern,* pp. xii-xx. Albany: State University of New York Press.

Lister, I. (1973) Towards a pedagogy of the oppressed. *Times Higher Education Supplement,* September 13, pp. 13-14.

Lord. A.S. (1972) Freire, conscientization, and adult education. *Adult Education,* 23 (1), pp. 3-20.

Lopes-Correa, A. (1976) MOBRAL: Participation-reading in Brazil. *Journal of*

Reading, 19 (7), pp. 534-539.

LP News Service (Lima, Peru) (1971) Conscientization, not magic, warns Paulo Freire. August 6.

Lyotard, J-F. (1984) *The Postmodern Condition: A Report on Knowledge*, trans. G. Bennington and B. Massumi. Minneapolis: University of Minnesota Press.

Macedo, D. (1993) Literacy for stupidification: the pedagogy of big lies. *Harvard Educational Review*, 63 (2), pp. 196-197.

———. (1994) Preface. In P. McLaren and C. Lankshear (eds.), *Politics of Liberation: Paths from Freire*, pp. xiii-xviii. London: Routledge.

Mackie, R. (1980a) Introduction. In R. Mackie (ed.), *Literacy and Revolution: The Pedagogy of Paulo Freire*, pp. 1-11. London: Pluto Press.

———. (1980b) Contributions to the thought of Paulo Freire. In R. Mackie (ed.), *Literacy and Revolution: The Pedagogy of Paulo Freire*, pp. 93-119. London: Pluto Press.

Makins, V. (1972) Interview with Paulo Freire. *The Times Educational Supplement*, October 20, p. 80.

Mao Tse-tung (1968) *Four Essays on Philosophy*. Peking: Foreign Languages Press.

Marx, K. (1970) *A Contribution to the Critique of Political Economy*. Moscow: Progress Publishers.

———. (1976) *Capital*, vol.1, trans. B. Fowkes. Harmondsworth: Penguin.

———, & Engels, F. (1967) *The Communist Manifesto*. Harmondsworth: Penguin.

———, & Engels, F. (1976) *The German Ideology*. Moscow: Progress Publishers.

Mayo, P. (1993) When does it work? Freire's pedagogy in context. *Studies in the Education of Adults*, 25 (1), pp. 11-30.

———. (1994) Gramsci, Freire and radical adult education: A few "blind spots."*Humanity and Society*, 18 (3), pp. 82-98.

———. (1995) Critical literacy and emancipatory politics: The work of Paulo Freire. *International Journal of Educational Development*, 15 (4), pp. 363-379.

———. (1996) Transformative adult education in an age of globalization: A Gramscian-Freirean synthesis and beyond. *Alberta Journal of Educational Research*, June, pp. 148-160.

———. (1997) Tribute to Paulo Freire (1921-1997). *International Journal of Lifelong Education*, 16 (5), pp. 365-370.

McLaren, P. (1991) The emptiness of nothingness: Criticism as imperial anti-politics. *Curriculum Inquiry*, 21 (4), pp. 459-477.

———, and Hammer, R. (1989) Critical pedagogy and the postmodern challenge: Toward a critical postmodernist pedagogy of liberation. *Educational Foundations*, 3 (3), pp. 29-62.

McLaren, P., and Lankshear, C. (eds.), (1994) *Politics of Liberation: Paths from Freire.* London: Routledge.

McLaren, P., and Leonard, P. (eds.), (1993a) *Paulo Freire: A Critical Encounter.* London: Routledge.

———. (1993b) Absent discourses: Paulo Freire and the dangerous memories of liberation. In P. McLaren and P. Leonard (eds.), *Paulo Freire: A Critical Encounter,* pp. 1-7. London: Routledge.

McLaren, P., and Silva, T. T. da (1991) Language, experience and pedagogy: A tribute to Paulo Freire. *Access,* 10 (1), pp. 38-48.

———. (1993) Decentering pedagogy: Critical Literacy, resistance and the politics of memory. In P. McLaren and P. Leonard (eds.), *Paulo Freire: A Critical Encounter,* pp. 47-89. London: Routledge.

Mills, C. W.(1970) *The Sociological Imagination.* Harmondsworth: Penguin.

Moreira, C. (1985) Planning literacy and post-literacy programmes for the implementation of basic education: The case of Brazil. In G. Carron and A. Bordia (eds.), *Issues in Planning and Implementing National Literacy Campaigns,* pp. 338-357. Paris: Unesco.

New Citizen (1974) Freire on free space. May 30.

O'Cadiz, M. del P., Wong, P. L., and Torres, C. A. (1998) *Education and Democracy: Paulo Freire, Social Movements, and Educational Reform in Sao Paulo.* Boulder, Colo.: Westview Press.

O'Hara, M. (1989) Person-centered approach as conscientizacao: The works of Carl Rogers and Paulo Freire. *Journal of Humanistic Psychology,* 29 (1), pp. 11-36.

Oliver, K. (1991) Fractal politics: How to use "the subject." *Praxis Inter national,* 11 (2), pp. 178-194.

Peters, M. (1999) Freire and postmodernism. In P. Roberts (ed.), *Paulo Freire, Politics and Pedagogy: Reflections from Aotearoa New Zealand,* pp. 113-122. Palmerston North: Dunmore Press.

———, and Lankshear, C. (1994) Education and hermeneutics: A Freirean interpretation. In P. McLaren and C. Lankshear (eds.), *Politics of Liberation: Paths from Freire,* pp. 173-192. London: Routledge.

Peters, M., and Marshall, J. (1993) Beyond the philosophy of the subject: Liberalism, education and the critique of individualism. *Educational Philosophy and Theory,* 25 (1), pp. 19-39.

Plato (1974) *The Republic,* 2d ed., trans. H. D. P. Lee. Harmondsworth: Penguin.

Plunkett, H. D. (1978) Modernization reappraised: The Kentucky mountains revisited and confrontational politics reassessed. *Comparative Education Review,* 22 (1), pp. 134-142.

Postman, N., and Weingartner, D. (1971) *Teaching as a Subversive Activity.*

Harmondsworth: Penguin.

Reimer, E. (1971) *School Is Dead*. Harmondsworth: Penguin.

Roberts. P. (1993) Philosophy, education and knowledge: some com ments on Bloom. *New Zealand Journal of Educational Studies*, 28 (2), pp. 165-180.

———. (1994) Education, dialogue and intervention: Revisiting the Freirean project. *Educational Studies*, 20 (3), pp. 307-327.

———. (1995a) Education, literacy and political commitment in postmodern times. *The Review of Education/Pedagogy/Cultural Studies*, 17 (1), pp. 55-73.

———. (1995b) Defining literacy: Paradise, nightmare or red herring? *British Journal of Educational Studies*, 43 (4), pp. 412-432.

———. (1996a) The danger of domestication: A case study. *International Journal of Lifelong Education*, 15 (2), pp. 94-106.

———. (1996b) Structure, direction and rigour in liberating education. *Oxford Review of Education*, 22 (3), pp. 295-316.

———. (1996c) Critical literacy, breadth of perspective, and universities: Applying insights from Freire. *Studies in Higher Education*, 21 (2), pp. 149-163.

———. (1996d) Defending Freirean intervention. *Educational Theory*, 46 (3), pp. 335-352.

———. (1996e) Rethinking conscientisation. *Journal of Philosophy of Education*, 30 (2), pp. 179-196.

———. (1997a) Paulo Freire and political correctness. *Educational Philosophy and Theory*, 29 (2), pp. 83-101.

———. (1997b) The consequences and value of literacy: A critical reappraisal. *Journal of Educational Thought*, 31 (1), pp. 45-67.

———. (1997c) Political correctness, great books and the university curriculum. In M. Peters (ed.), *Cultural Politics and the University*, pp. 103-134. Palmerston North: Dunmore Press.

———. (1998a) Beyond Pedagogy of the Oppressed: Reading Freire holistically. *New Zealand Journal of Adult Learning*, 26 (1), pp. 32-47.

———. (1998b) Knowledge, dialogue and humanization: The moral philosophy of Paulo Freire. *Journal of Educational Thought*, 32 (2), pp. 95-117.

———. (1998c) Extending literate horizons: Paulo Freire and the multidimensional word. *Educational Review*, 50 (2), pp. 105-114.

———. (1998d) Bloom on books, reading and the determination of greatness: A critique and an alternative. *Interchange: A Quarterly Review of Education*, 29 (3), pp. 245-260.

———. (1999a) A dilemma for critical educators? *Journal of Moral Education*, 28 (1), pp. 19-30.

———. (ed.) (1999b) *Paulo Freire, Politics and Pedagogy: Reflections from Aotearoa-New*

Zealand. Palmerston North: Dunmore Press.

———. (1999c) Freire, neoliberalism and the university. In P. Roberts (ed.), *Paulo Freire, Politics and Pedagogy: Reflections from Aotearoa-New Zealand*, pp. 97-111. Palmerston North: Dunmore Press.

Rowe, K. (1974) Freire speaks on Freire. *Church and Community*, 13 (4), pp. 4-7.

Sanders, T. G. (1972) The Paulo Freire method: Literacy training and conscientization. In T.J. La Belle (ed.), *Education and Development: Latin America and the Caribbean*, pp. 587-599. Los Angeles: Latin American Center.

Sartre, J-P. (1969) *Being and Nothingness*, trans. Hazel E. Barnes. London: Methuen.

Scollon, R., and Scollon, S. B. K. (1979) *Linguistic Convergence: An Ethnography of Speaking at Fort Chipewyan*. New York: Academic Press.

Scott, J. C. (1990) *Domination and the Arts of Resistance: Hidden Transcripts*. New Haven: Yale University Press.

Shallcrass, J. (1974) The politics of education. *New Zealand Listener*, April 13, p. 24.

Shor, I. (1980) *Critical Teaching and Everyday Life*. Boston: South End Press.

———. (Ed.) (1987) *Freire for the Classroom*. Portsmouth, NH: Boynton/Cook.

———. (1992) Empowering Education: Critical Teaching and Social Change. Chicago: Chicago University Press.

———. (1993) Education is politics. In P. McLaren and P. Leonard (eds.), Paulo Freire: *A Critical Encounter*, pp. 25-35. London: Routledge.

———. (1996) *When Students Have Power: Negotiating Authority in a Critical Pedagogy*. Chicago: Chicago University Press.

Smith, G. (1999) Paulo Freire: Lessons in transformative praxis. In P. Roberts (ed.), *Paulo Freire, Politics and Pedagogy: Reflections from Aotearoa-New Zealand*, pp. 35-41. Palmerston North: Dunmore Press.

Smith, W. (1976) *The Meaning of Conscientizacao: The Goal of Paulo Freire's Pedagogy*. Amherst, MA: Center for International Education.

Street, B. (1984) *Literacy in Theory and Practice*. Cambridge: Cambridge University Press.

Taboo: The Journal of Culture and Education (1997) Special issue on Paulo Freire, 2 (Fall), pp. 1-188.

Taylor, P. V. (1993) *The Texts of Paulo Freire*. Buckingham: Open University Press.

Teilhard de Chardin, P. (1959) *The Phenomenon of Man*. London: Collins.

Torres, C. A. (1994a) Paulo Freire as Secretary of Education in the municipality of Sao Paulo. *Comparative Education Review*, 38 (2), pp. 181-214.

———. (1994b) Education and the archeology of consciousness: Freire and Hegel. *Educational Theory*, 44 (4), pp. 429-445.

———, and Freire, P. (1994) Twenty years after Pedagogy of the Oppressed:

Paulo Freire in conversation with Carlos Alberto Torres. In P. McLaren and C. Lankshear (eds.), *Politics of Liberation: Paths from Freire*, pp. 100-107. London: Routledge.

UNESCO Courier (1990) Reading the world (interview with Brazilian educator Paulo Freire), December, pp. 4-10.

Walker, J. (1980) The end of dialogue: Paulo Freire on politics and education. In R. Mackie (ed.), *Literacy and Revolution: The Pedagogy of Paulo Freire*, pp. 120-150. London: Pluto Press.

Weiler, K. (1991) Paulo Freire and a feminist pedagogy of difference. *Harvard Educational Review*, 61 (4), pp. 449-474.

———. (1996) Myths of Paulo Freire. *Educational Theory*, 46 (3), pp. 353-371.

West, C. (1993) Preface. In P. McLaren and P. Leonard (eds.), *Paulo Freire: A Critical Encounter*, pp. xiii-xiv. London: Routledge.

찾아보기

교육 문해 그리고 인간화

전작으로 보는 파울루 프레이리의 삶과 사상

초판 1쇄 발행 2021년 2월 8일

지은이 피터 로버츠(Peter Roberts)
옮긴이 사람대사람
펴낸이 박유상

펴낸곳 (주)빈빈책방
편 집 강동준, 배혜진
본문디자인 강동준
표지디자인 박주란

등 록 제300-2017-115
주 소 경기 파주시 회동길 325-12 3층
전 화 031-955-9773
팩 스 031-955-9774
이메일 binbinbooks@daum.net

ISBN 979-11-90105-15-6 93370